# 西晋一郎の思想

——広島から「平和・和解」を問う——

衛藤吉則

エゴやとらわれのない境位を西は「虚」「無私」と呼んだ。
（縄田二郎氏のご息女、吉田尚子氏、伊藤和子氏、伊藤道子氏から寄贈）

晩年の西晋一郎

**北條時敬**（安政5年－昭和4年）
西が生涯尊敬した北條時敬と西とに通じている所は、
「我執に淡きこと、謂はば無私の一点である」とされる。
（「西先生の御茲訓」『尚志』218号）

毎週日曜日の朝5時から始められた国泰寺禅学会
（中央が西晋一郎：山口県立図書館所蔵）

広島大学仏教青年会
（『廣島高等師範学校五十年史 永懐』 29頁から）

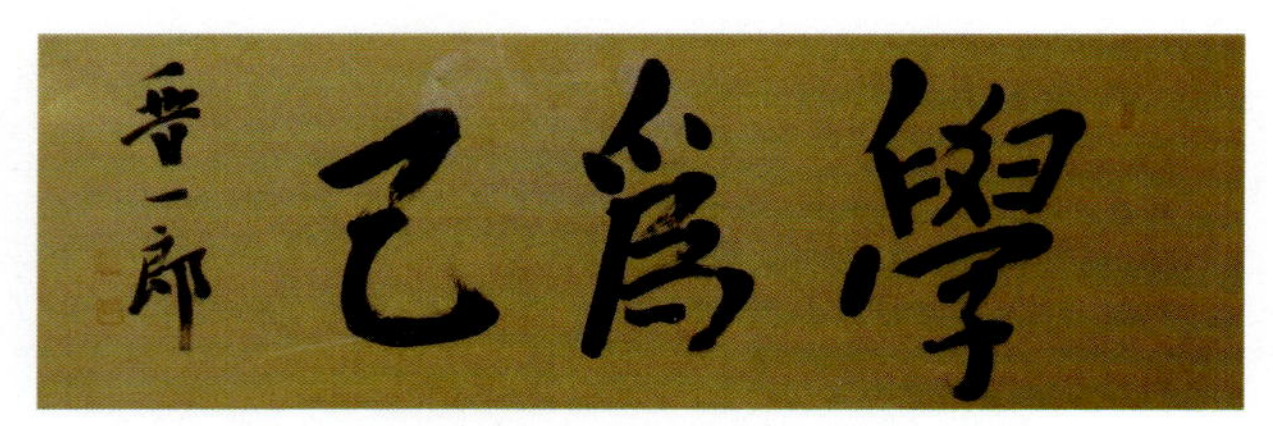


広島大学仏教青年会館
（「古の学は己の為にす」『論語』憲問篇）
学問を自己修養と考えた西にふさわしい言葉である。

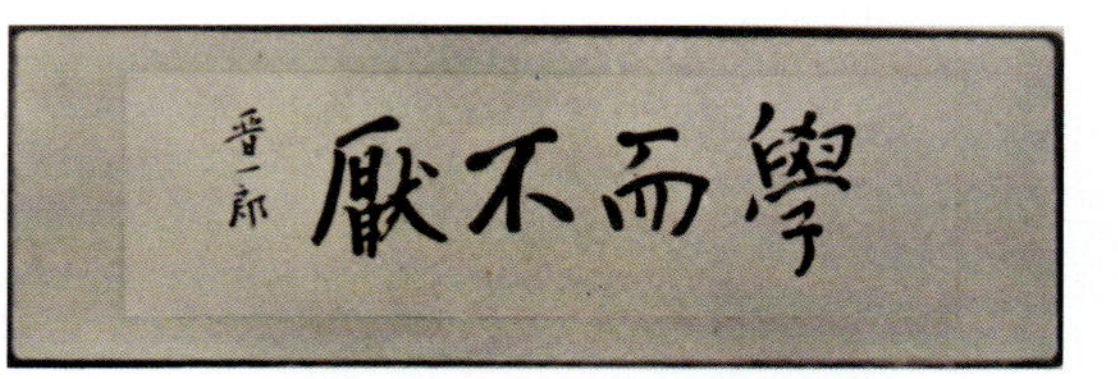


旧広島文理科大学国体学研究室所蔵
（「学びて厭わず」『論語』述而篇）

《目　次》

## 第一部　理論編


**序論**……… 8

**1．西思想への注目とその原風景**……… 15

（1）教育学における西思想再考の動き ……… 15

（2）倫理学者・西晋一郎 ……… 16

（3）思想上の端緒と課題 ……… 19

**2．西思想における「特殊即普遍のパラダイム」**……… 24

（1）実在の構造 ……… 25

（2）主体変容のプロセス ……… 40

**3．西思想の現代的意義**……… 59

（1）絶対的創造としての自由の理論 ……… 59

（2）価値相対主義の克服として―「任意の自由」への危惧 ……… 64

（3）パラダイムの現代的意義 ……… 67

**4．ナショナリズムとの距離**……… 69

（1）ナショナリズムの定義 ……… 69

（2）西理論と闘争的排他的ナショナリズムとの関係 ……… 70

**結論**―西思想とナショナリズムとの関係ならびに「平和・和解」理論の可能性 ……… 80

**註**……… 87

## 第二部　資料編


1. 西文庫目録（広島大学所蔵）……… 110
はじめに　凡例 ……… 110
（1）中央図書館所蔵 ……… 111
（2）文学研究科所蔵 ……… 157
2. 著作・講義・講演の分類 ……… 164
（1）道徳及び教育に関する主著 ……… 164
（2）共著 ……… 166
（3）小冊子その他 ……… 167
（4）講義筆記 ……… 168
（5）講演 ……… 169
3. 関連文献（追想録、研究書、研究論文、講義録復刻版）……… 171
（1）追想録 ……… 171
（2）研究所 ……… 171
（3）研究論文 ……… 171
（4）西晋一郎講義　復刻版 ……… 174
4. 縄田二郎氏寄贈図書類 ……… 176
5. 西晋一郎略年譜 ……… 179
あとがき ……… 200

# 第一部　理論編

# 「徹底というのは水が出るまで井戸を掘ることです」

『清風録』

## 序論

この言葉をはじめて聞いたのは、広島大学の学部三年生に在籍していたころで、たしか、日本倫理思想の演習の時間だった。当時、どなたの言葉であるかの説明はなく、「よりよく生きる」とはどういうことかについて解説される際、例としてあげられた言葉であった。「井戸を掘る」の説明はこうつづく。

「その作業は、はじめ瓦礫ばかり出てきて、苦労が多い割に少しもよい変化を実感できない。それどころか後戻りしているようにも感じられる。そのため、多くの者はこの生き方を最初の時点で無意味であると諦めてしまう。しかし、けっして諦めてはいけない。この問いの徹底の先に真の生き方があるので、うまずたゆまず掘り進めなさい。先に進めば、必ず、掘る土に変化が生じ、湿った土、さらには泥水が出てくる。そこに達すれば、自らの進んできた方向に確信をもつことができる。そうすれば自信をもっていっきに掘り進めなさい。すると、奥からこんこんと清らかな水が湧き出てくる」、と。

この寸言が、戦前の倫理学者・西晋一郎（一八七三〜一九四三／明治六〜昭和一八）のものであることを知ったのは、広島大学に教員として赴任後、西倫理学に取り組むようになって以降のことであった。この言葉に込められた西の意図は次のようなものである。

ひとは、「相手にとっても自分にとってもそれが自由であるか」という点に意識の照準を定め、井戸を掘るように突き進むことで、より高い意識と生を実現できる。ここでの〈知〉は、エゴイスティックな〈吾我（ego-I）〉の否定や、とらわれのある自己尺度の更新の果てにもたらされる。ここに至り、一般的で可視的な水平軸上の明証性とは別の、内観に基づく垂直軸的な「理解」の〈確からしさ〉が自知されることになる。西の言う、「井戸を掘る」作業を経て、個々人の〈特殊内部〉のうちに〈具体的普遍〉が実現するのである。

ところが、現在の世界状況をみれば、ある特定の立場と利害にもとづく〈異質な者への排除と同質化〉の結果、テロリズムとその応酬という新たな〈負の連鎖〉がもたらされていることがわかる。こうした事態に対して、特殊が特殊なまま「多様性」と「共生」を保持しつつ「持続的な発展」を可能とするパラダイムが今日求められている。

こうした今日的課題に応えるべく本書では、「平和・和解」概念構築の手がかりとして、意識を核とする西の主体変容論がもつ「共生理論（平和・和解論）」の可能性と有効性を描き出してみたいと考えている。序にあたり、本書の意図と西論読み解きの鍵となる視点をあらかじめ略述しておきたい。

この著作の目的は、「平和・和解」概念に焦点を当て、応用倫理学の諸研究を通じ、平和実現のための実践的で実効的な理論モデルを提示することにある。ここでいう「和解」とは、異質なもの（異質だと感じられるもの）が対峙する様態を示す〈不和〉の対概念をさす。それゆえ、「和解」のプロセスは、〈不和〉からなんらかの

〈歩み寄り〉を経て〈互いの赦し：互恵・共生・共存〉へと向かう道筋を描くことになる。異質なものどうしが対立する〈不和〉の状態は、わたしたちの日常におこる不理解や仲たがいをはじめとして、民族や国家の対立、さらには人と自然、宗教の問題にいたるまで多岐にわたる。

なかでも、価値衝突に起因する事象のうち、とりわけ、戦争をめぐる政治問題については、正戦論の文脈にもとづき、キリスト教の諸理念や民主主義政体を想定した〈不可避な戦争において最低限許容かつ共有しうる正義のシステム〉が模索されてきた。

ただし、本書のテーマである「和解」が多様で特殊具体的な現実を対象としていることをふまえた場合、こうした〈客観的で包括的な共有理論〉の精緻化に加えて、〈特殊〉が特殊なままそれぞれの普遍を〈自己創造〉していくという特殊共存的な普遍理論（曼荼羅的視点）の可能性もまた検討していく必要があるものと考えられる。今回とりあげる西の「特殊即普遍のパラダイム」は、そうした共生・共存社会をめざす自己創造的な〈主体変容の知〉を構造化した理論モデルといえる。以下では、西論の検討に先立ち、筆者が考える、〈客観的で包括的な共有理論〉の問題点と、西理論をふまえたその克服視点とを事前に示しておこう。

まず、〈客観的で包括的な共有理論〉における〈客観〉とその〈共有化〉とに付随する問題性を述べてみたい。この理論で規定される〈客観的な普遍概念（わたしにとっても他者にとっても全体にとってもよりよい理念という意味）〉と、〈個人、民族、国家の側の具体的で特殊な理念〉との間には、実際上の問題を考えるとき、正義とケアの問題のように、埋めがたい落差が存在する。事実、歴史をみれば、現実の具体的で特殊な生において、抽象的で実感や共感をともなわない正義が通用しない例は枚挙にいとまがない。

今日では、民主主義や市場主義という理念を根拠に未成熟とみなされる国にかざされた〈頭越しの正義〉や

〈功利的なグローバリズム〉が、その国の文化や精神をふみにじられたと考える原理主義者たちを刺激し、〈聖戦〉の名のもとに際限のない攻撃とテロリズムが繰り返されている。排他性はさらなる排他性を引き起こし、負の連鎖があらゆる領域で生じている。たしかに、あるべき民主主義等の純粋理念を考究し、それを基盤に諸理論を提示することには、「共有された関心領域の拡大 the widening of the area of shared concerns」[*1]や「合意の形成」、さらには「多様な個人的能力の解放 the liberation of a greater diversity of personal capacities」[*2]をうながし、生の本質とされる「自己更新（self-renewing）」[*3]を阻害する〈障壁 barriers〉[*4]を打ち壊すことが期待できる。だが、こうした理念提示とそれをめぐる互恵的な対話の継続を超えて、〈成熟を自負する者〉がそれと別の尺度で変容をはかる〈未成熟とみなされた者〉に対して―内部成熟を待つことなく―一方向的に固定した尺度でもってその正義を強要し、干渉することは問題をさらに複雑にする可能性をはらむ。

以上のことをふまえるならば、理念として示された〈普

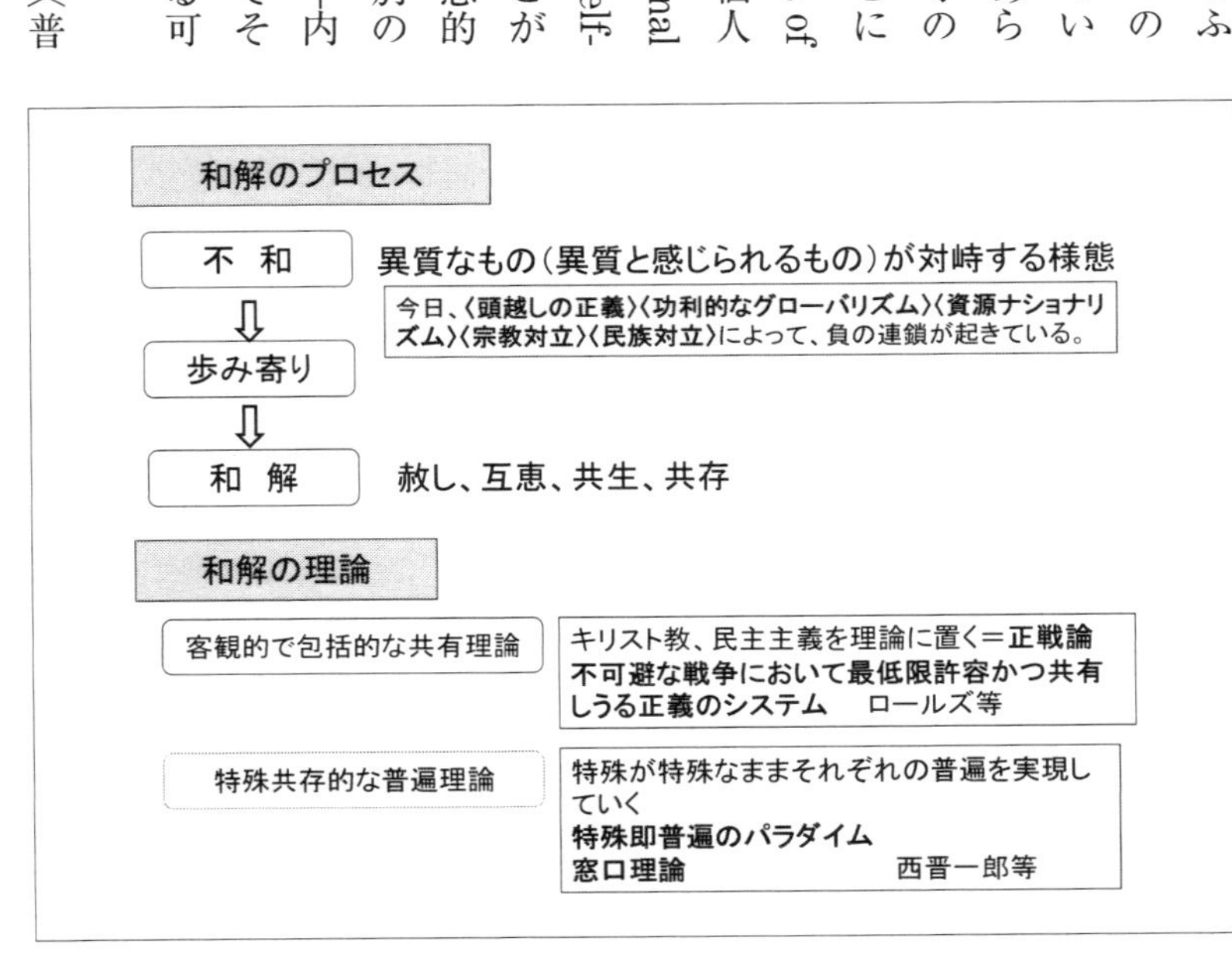

遍〉の側から〈特殊〉を導く図式のみが正義を実にする道筋だと断定することはできない。正義論が前提とする民主主義の特徴である、コミュニケーションにもとづく、「より自由な相互作用 freer interaction〈個性・多様性の保持〉」と「均衡のとれた環境 balanced environment の創出〈共生的統合への志向〉[5]」をふまえたとしても、特殊の側における個別の〈自己創造〉という垂直軸的な変容を軸とした「成熟過程の多様性」は担保されうるだろう。つまり、〈特殊が特殊を窓口として具体的な成熟をめざす〉というプロセスは一つの可能性として追求されうるのである。

### [窓口理論の可能性]

加えて、感覚主観と切り離された抽象的な価値の客観論は、〈人間認識の制約性〉を根拠に、認識射程に限界をもうけ、認識と存在を、特殊内の一般的な次元と特殊外の普遍的次元とに分断する。そこでは、現象認識に際して、〈静止した制約的な認識〉が支配し、右で述べた〈特殊な個が特殊なまま普遍へと向かう〉という主体変容にもとづく知と在の一元的な普遍化プロセスの可能性は閉ざされることになる。一方、この立場とは別に、あらゆる価値普遍化の試みに対して〈例外〉を指摘することで類型化の試みそのものを疑い排除する〈状況相対主義を絶対視する立場〉がある。この立場は、一般的で可視化可能な〈統計的見方〉や多様な事実のアベレージに根拠を置く〈輪切り的認識手法〉を支持し、この見解も主体変容（知・情・意・モラル・感覚の質的変容）の視点を考慮することはない。

しかしながら、〈状況相対的な現実〉を容認したうえで、それを超えて、ひとが認識や存在の次元を含めて連続的質的に変容していくと考えることは十分可能である。意識の連続的で拡張的な性質や、近年の無意識ならびに変性意識の研究成果[6]からも、「個の意識レベルが高進変化する程度に応じて普遍が開示される」という見方は追求するに値するものといえる。また、元来、「平和・和解」概念の構築をめざす本書の目的は、現実の生における特殊具体の内実をふまえ、異質なものが異質なままに共生できるための新たな理論を考究することを含意していた。しかも、普遍と特殊を有機的につなぐ理論枠組みの構築は、今日の正義論における一つの研究方向といえ、この意味でも、〈主体変容〉という軸で〈特殊〉と〈普遍〉を即なる関係でつなぐ理論枠組みを解明することは意義を有するものと思われる。

## 【状況相対主義の問い直しと特殊即普遍のパラダイムの構造化】

最後に、こうしたパラダイムを実践的に応用する際にかかわる教育領域との関係についても見取り図を示しておこう。この「特殊即普遍のパラダイム」の見方は、認識と存在の一元論を支持し、〈主体変容〉という垂直軸的な発達図式において、〈知在一〉〈知行一〉〈知徳一〉〈知情意の合一〉〈主客の合一〉へ向けたプロセスを描くことになる。ロールズ（John Rawls：1921-2002）に影響を与えたデューイ（John Dewey：1859-1952）は、複雑化する社会において民主主義が成り立つためには意図された学校教育が必要となると主張したが、この「特殊即普遍」のパラダイムを支持する立場もまた、自由な精神や平和の実現にとって教育が重要な働きをなすものと考えている。[*7] 本書においては、西論を中心に、こうした主体変容の理論構造を示すことになるが、このパラダイムの現代的意義や具体的な教育実践との関係については、西論と類似の構造をもつシュタイナー（Rudolf Steiner：1861-1925）の理論—実践図式が有効であると思われる（これについては拙著『シュタイナー教育思想の再構築—その学問としての妥当性を問う』ナカニシヤ出版を参照されたい）。加えて、ここでとりあげる「特殊即普遍のパラダイム」は、精神・文化・民族・国家を主体変容との関係でとらえるため、この思想にもとづく〈教育とナショナリズムの関係〉が問われることになる。これについても、西の国家観（ヘーゲル的人倫国家観）とシュタイナーのそれ（M・シュティルナー的国家観）を考察することで、このパラダイムを保有する思想とナショナリズムとの関係について言及することができるだろう（これもまた本書では西論にのみ言及するにとどまる）。

### 〔特殊即普遍のパラダイムと教育、ナショナリズムの関係〕

以上が本書の着目する理論視点の鳥瞰図となる。「平和・和解」概念の構築という〈倫理的実践的課題〉は、教育、芸術、技術、医術等の「術（techné, art, Kunst）」同様、不可視な理（ことわり）を可視化（表現）していく〈生成としての実践的課題〉でもある。以下、まず、今日のわが国教育学における西理論に関する課題を切り口として、かれの倫理学の内実にふみこんでいきたい。

## 1．西思想への注目とその原風景

### （1）教育学における西思想再考の動き

現在、わが国の教育学の領域において、戦後教育学によって〈封印〉〈分断〉された戦前の教育学に原理的な再検討を加え、「教育哲学のアイデンティティ」（田中毎実[*8]）を追求する試みが進められている。具体的に、戦後教育学が〈封印〉し〈分断〉したものは、戦前・戦中の教育学のうち、「前近代的な天皇制イデオロギーに適合的な観念論的かつ非科学的な性格」（森田尚人[*9]）をもつとされた教育学（思想）である。しかも、そうした選り分けの最大の基準は、「国家主義的イデオロギー」（小笠原道雄[*10]）の保持・非保持であり、それは政治的な思惑を背景に「検閲」的な機能を果たしていく。その結果、「戦前と戦後の教育学の切断」「思想的継承への意識的無意識的な忘却」（矢野智司[*11]）が生じることになったのである。

筆者が考察の対象とする戦前の倫理学者・西晋一郎の生涯と思索における歩みは、まさにこの近代天皇制公教育体制の成立から終焉までの時期と重なる。西の職歴を略述してみよう。

かれは、山口高等中学校[*12]、東京帝国大学文科大学哲学科、同大学大学院（文部省欧米各国師範教育取調嘱託兼任）を修了後、一九〇二年の広島高等師範学校創設に伴い、三〇歳の時に同校教授（一九二七年から広島文理科大学教授）となり、徳育、倫理学、国体学の各専攻を指導していく。一九三一年の欧米留学後には、国民精神文化研究所所員を兼務し、さらに教学刷新評議会委員（1935）、文教審議会委員・教育審議会委員（1937）を兼務・歴任し、わが国の国体論形成に大きくかかわっていく[*13]。しかし、一九四〇年には大学をはじめ国家の要職を退き、一九四三年、七〇歳の時、終戦を待たずに生を閉じることとなる。

こうした西の履歴をみるかぎり、かれの思想や教育が冒頭の文脈に位置づけられ、「国家主義的イデオロギー」の側に意識的無意識的に振り分けられていったことが予想できる。事実、当時、ともに高い評価を受け、戦後もさらに発展をつづける西田幾多郎の思想とは逆に、西の思想は戦後、〈封印〉されたように衰微していく。

以上の状況をふまえ、本論では、西の思想を、戦前における東西の思想的蓄積と発展のうちに位置づけ直し、「平和・和解」理論としての可能性を問う予定である。具体的には、当時趨勢を占めつつあったカント的二元論、唯物論、功利主義を克服すべきものとして提示されたかれの認識論（存在論的領域にかかわる）に注目し、その独自な構造（特殊即普遍のパラダイム）を解明することによって考察を進めたい。認識論が諸学を規定し、さらにその学問が社会での実践や生活を導くものであることを考えると、教育の問い直しに際して、根本学としての認識論をその構造から吟味し直すことは重要な意味をもつものと思われる。これらの考察を通して、西の思想と排他的闘争的なナショナリズムとの理論上の分岐点、ならびに冒頭であげた西的〈窓口理論〉の可能性を描出できればと考えている。[*14] さて、「明治維新前まで達せられた大なる思想に内面的に接続すること」[*15]を生涯の課題とした西の思想は、〈封印〉が解かれることでどのような姿をわたしたちに現すのだろうか。

## （2）倫理学者・西晋一郎

「学園の魂」。西を語る際、教え子たちはかれをそう称した。一九〇二年の広島高等師範学校創立以来、広島文理科大学時代を含め、西の教え子は数千人に上るとされる。かれらにとって、西はたんに学問的な導きの師であるだけではなく、西の人格そのものが学びと畏敬の対象となっていた。[*16] 教え子のひとりに、広島高等師範学校で西に学び、その後、京都帝国大学に進み西田幾多郎に師事し、「全一学」の哲学を提唱し、「立腰教育」を全国に普及させた哲学者にして教育実践家である森信三（1896-1992）がいる。かれは、西と西田を、わが国の哲学界に空前絶後の偉業を成し遂げた人物と評し、とりわけ、西については、「生をこの世に享けてよりこの方、五十有余年の歳月の間に、直接まのあたりに接しえた日本人のうち、おそらく最高にして最深なる人格ではないかと思う」[*17]と、その人格の崇高さに最大の敬意を表している。

西晋一郎　東洋倫理講義風景
（山口県立図書館森岡正美関係文書）

こうした評価は、西の思想と生き方が重なりをもつものであることの一端を物語っており、その意味で、思想家西は倫理探求者（求道者）でもあったといえる。白井成允は、こうした性質をもつ西の思想を、人の人たる所以の道を倣い行い証する「証道の学」と呼ぶにふさわしいものであるという。[*18] 隈元忠敬もまた、西の哲学思索の根底には「学と人との一致」への確信があったとし、西田幾多郎の思想が西田哲学と呼ばれ、専ら形而上学的・宗教的であったのに対し、西の思想はむしろ実践的・道徳的で「西倫理学」と呼びうるものであったと述べている。[*19] では、こうした〈思想・哲学即倫理学〉を学的構造にもつとされる西の思想は、いかなる整合性をもって語られることになるのであろうか。

西は、処女作『倫理哲学講話』（1915）において、学問とは「修養」であり、「哲学」は「修身の学」である、と記述している。[20] ここに「修身の学」というのは、たんなる知識の観念的理解にとどまらず、知の血肉化（内在化）・人格化（徳化）を意味する。それゆえ、かれが哲学の課題としたものは「人（道徳的存在）となる」ための根本原理の構築であったといえる。ここでは、〈知（認識）〉と〈道徳〉と〈存在〉が〈哲学的営為〉において結びつけられるのである。

広島高等師範学校

しかも、西が「実在は即ち意識であり、意識なればこそ実在[21]」「一切の意識は善悪正邪真妄美醜の識別でないものはない。価値と存在とは実に別ではない[22]」と語るように、〈認識〉と〈存在〉と〈道徳〉をつなぐかれの〈哲学的思索〉にとって、「意識」の問題が非常に重要な論点となる。ここにおいては、諸学の根本学としての認識論は、「意識の本を尋ねること」に他ならないとされた。[23] 加えて、意識は、習慣化・理性化を旨とする道徳同様、志向性・行為（身体）性を根本的性質とする「意志」と深くかかわることとなり、必然、かれの思想は、「自由」の問題を射程に組み込むことになる。

それゆえ、西にとって「道徳」は、自然即ち所与を素とし、これを「よりよい生」に向けて意志的に統一する「意識の道」「存在の道」「生の道」として考究されることになる。[24] そして、そうした具体的現実的な〈道〉の先に「最具体的統一[25]」として〈自己実現〉や〈自由〉

が獲得されると考えたのである。かれが自らの思想を「倫理学」と位置づけるのは以上の背景による。

では、つづいて、「認識」や「存在」それに「道徳」の問題を〈意識の次元〉から総合的に論じていくことができるとする西の思想的背景について、具体的にみていくことにしよう。

### （3）思想上の端緒と課題

西の思想は、何を端緒としていかなる課題をもって形成されていったのだろうか。その学的な萌芽は東京帝国大学文科大学哲学科の学生時代にすでにみることができる。西は、哲学を担当したケーベル（Raphael von Koeber：1848-1923）や倫理学の中島力造（1858-1918）らを通じて、西洋近代思想を理解していき、その学びを通じて、ドイツ観念論や当時広がりをみせつつあった功利主義的な物の見方に問題性をみることになる。それは、経験世界としての現象界や感覚を超えた客観世界のどちらかのみに根拠を置いたり、それら両者を分断したりする思想（存在や認識を二元論的にとらえる物の見方）に対する懐疑であった。それゆえ、かれは、現実と理想の一元論的な克服の図式を、ライプニッツ（Gottfried Wilhelm Leibniz：1646-1716）や新カント派のロッツェ（R.H.Lotze：1817-1881）の思想のうちに追求することになる。[*26]
そうしたなか、西は『倫理学書解説』の分冊第一〇として、イギリスの哲学者T・H・グリーン（Thomas Hill Green：1836-1882）に関する『グリーン氏倫理學序論』（育成会、一九〇一年）を公刊することになる。[*27] 本書は、西によるグリーンの"*Prolegomena to ethics*"（C. Bradley（ed.）Oxford, 1883）の邦訳であり、この訳出にあたって西は、「近来の倫理学書の中の一傑作なり」と高く評価している。[*28]
このグリーンの思想は理想主義的人格主義倫理学と称され、当時広がりをみせていたベンサムやミル流の倫理的自由主義に基づく「最大幸福」に疑義を呈する。かれによれば、そうした倫理的自由主義における快楽や幸福の見方には、「望まれるもの（desired）」としての現実と、「望ましいもの（desirable）」としての理想との混同がみられるとされる。かれにとって倫理は、現実表層的な大衆的合意レベルで追求されるものではなく、それを超えた理想的次元において個人的な自己実現（Self-realization）の取り組みの果てに求められるべきものと考えられた。ここにおいて、欲望（desire）と意志（will）はともに自己意識主体の働きであり、個人の自己実現のプロセスにおいて密接不離なものと考えられた。そして、この欲望から意志的行為への昇華プロセス（「あるべきもの」から「あるもの」へ向かう質的変容過程）を経て、無制約的な（外の支配を受けない）自由が成立するとされる。かれはこれを精神原理（spiritual principle）と呼び、それにもとづき現実的次元を超えて理想的次元へと突き抜けた先に、共同善（common good）の形成をみるのである。西が『普遍への復帰と報謝の生活』（一九二〇年）において、道徳論について、その特殊な行為結果から組み立てるのではなく、「純一なる根本原理に反省すること」を軸に構築している思想として、カント（Immanuel Kant：1724-1804）やJ・G・フィヒテ（Johann Gottlieb Fichte：1762-1814）とならびこのグリーンをあげていることは、グリーン思想への共鳴がこうした根源的な一元論に立つ精神原理にあったことをうかがい知ることができる。[*29] しかし、このグリーンの理論が当時のイギリスの自由放任政策のアンチテーゼとして出され、社会の保護政策の擁護論のうちに個人性の追求と共同善への強制が構想される点は、のちの西の思想との相違を表すことになる。西は晩年に全集発行の計画がもちあがった際、このグリーンの翻訳・解説をそこから外すか、配本扱いにすることを希望している。[*30] 西が重視したのは、あくまで主体の側の意識変容をとおした普遍化プロセスであり、共同善を前提とする外からの強要をともなう普遍化の過程は容認できなかったものと思われる。

以上の学生時代に漠として描かれた〈現実から理想への連続的架橋〉〈普遍へと向けられた個的な意志・意識の変容プロセス〉といった枠組みのイメージは、以後の西の思想にも引き継がれ、精度を増していくことになる。卒業後、西は広島高等師範学校教授となり徳育教育にたずさわるなか、自らの思想を基礎づけるべくさらに当時の西洋近代思想のうちにパラダイムを求めていく。その成果が、『普遍への復帰と報謝の生活』（一九二〇年）であり、ここにおいて西は、主にカント的な認識・存在の二元論の克服をフィヒテの思想に求めていく。

西にとって感性や経験は実践理性的領域と分断されて考えられるべきものではないとみなされた。かれは、フィヒテの、「純粋自我は自己の道徳的活動を現ずるために自然的衝動という抵抗物を自ら作ったので、抵抗なき所には活動は現れようがない」[*31]という言葉を引用し、道徳的行為は必ず自然的衝動を経由して行われるものと主張した。[*32]このように、西の場合、自然的衝動を含む感性や経験は、主体の変容・克己プロセスに不可欠であり、カント的な純粋理性と実践理性は克己的な自己意識の高みにおいて統一されると理解された。かれにとって、自然的衝動は、実践理性や純粋意志の裏に即なる関係としてつねに働くものと解されたのである（男女の欲を退けては夫婦の人倫は行われないように）。つまり、理性と感性（非理性）との「対峙の裏面」に「合一」が蔵されていることに、道徳における「創造の密意」があると考えられたのである。[*33]そして、そうした理性・感性の裏に「共同一元」をみることによってはじめて、道徳的な質的変容の契機となる「己私の否定」の意味が判明するのだという。これについては、後に検討を加えてみたい。

つづいて、西は、直覚的倫理説のうちマルチノー（Richard de Martino）[*34]の理論に、こうした感性的自己と本源的自己とのつなぎを情緒にみる思想を看取している。マルチノーは、感情を行為の源泉と見、そこに直観的な道徳的評価を下す能力を見いだした、と西は考えている。そうした情緒の中でも、マルチノーの場合、尊敬の情と嘆美（Admiration）が最高の情であり、この情の対象が「万善の根源たる最高実在」とされた。西もまた、これらの情を通じて、自己と自己の根源がつながれると考えたのであった。

さらに、この著作のなかで、より精緻な直覚説としてドイツのヘルバルト（Johann Friedrich Herbart：1776-1841）、J・G・フィヒテ（Johann Gottlieb Fichte：1762-1814）、シュタインタール（Hermann Steinthal：1823-1899、民族魂を説く）等の名をあげ、最後にはI・H・フィヒテ（Immanuel Hermann Fichte：1797 - 1879）に至り、「本原に反るの意味はいよいよ明白」となったと述べている。I・H・フィヒテとは、J・G・フィヒテの息子であり、ヤコブ・ベーメ（Jakob Böhme，1575 -1624）の影響を受け、R・シュタイナーが依拠する人智学（Anthroposophie）という用語を作ったことでも知られ、人智による神への合一を理論としている人物である。これら西が共感した近代西洋哲学の志向からは新プラトン主義や神秘主義への共鳴が感じられる。

また、これらの神秘主義的な西洋思想は、西洋思想全体においては異端的な位置づけがなされるが、西が支持する東洋思想においてはその異端性こそが理論の核心となる。つまり、西洋においては認識射程の拡張そのものが問題視されるが、東洋思想の多くは認識主観の欺瞞性を自己超克していくことこそが理論の起点と考えられるのである。しかも、そうした西洋的な認識・存在の二元論から派生する「論理厳密分解鋭利」の偏重とそれに付随する「実行との交渉疎遠」もまた東洋的な観点に立つ場合、理論的な欠陥とみなされた。[*35]

それゆえ、西は、多くの近代西洋哲学がもつ論理的な厳密さを取り込みつつも、そのような欠陥を克服する新たなパラダイムの獲得を、当初から、日本思想の蓄積のうちに見いだしうることを予感していた。[*36] それは、具体的には、わが国の文化・風土のもとで醸成されていった仏教（とりわけ学生時代における西の関心は唯識論にあり、広島高等師範学校教授時代に座禅会や仏教青年会を創設した）や中国思想への学的関心として追求されていく。こうした、わが国古来の深遠なる叡智と近代的思考の間に介在し、「今を以て古を解釈せんことを試む[37]」と、する学的態度こそ、西がとった終生の方向であるといえる。

そして、西が最終的に道徳原理の核心においた概念は「孝」であった。それは、中江藤樹（1608-1648）の論に負うものである。その「孝」とは、わたしたちを包摂する宇宙的な本源「太虚神明」がわたしたちの「心（方寸）」に反映したもの（太虚の機を分かちて受けたもの）と考えられた。したがって、ここでの「孝」は親子の徳的関係を超え、万有とその本源との道徳的関係として構想されるのである（藤樹は「孝」を「生命の原万物の本」という[38]）。国家的な「忠」も国際的な「博愛人道」の情も、この「孝」の原理を反映した相似関係に位置づくものとされた。

しかも、以上の西による哲学的な考察は、「私は私自身の思索の路を辿って図らず我が尊信する教訓に思惟界に於て逢着する[39]」、と語られるように、自己の思索や体験をフィルターとする〈学的確信〉に支えられていたということができるのである。

## 2．西思想における「特殊即普遍のパラダイム」

萌芽として現れた西の思想は、実在を意識とみる立場であった。そのことを西は、「実在は即ち意識であり、意識なればこそ実在[*40]」と述べている。ここにいう実在とは、普遍としての本質存在（Sein, Realität,reality：真実在）を意味し、それは〈意識〉を媒介に、特殊としての現存在（Dasein, Existenz：西は「存在」と呼ぶ）と即応関係にあるものと考えられた。しかも、意識を通して実在の真相を語る知は、主観の意識変容や人格的変容の程度に応じて自らに開示されると理解された。西が、「意識が意識たる性質を如何程に実にするかによって其自身に於て完全である実在が種々の段階と形とに於て現はれる[*41]」というのは、そうした〈実在―意識〉構造を前提とするものである。

近代思想の多くが、実在的領域（普遍）と主観意識の領域（特殊）を、〈認識主観の欺瞞性〉ゆえに分断するなか、西は、それらの統一を理論的に構造化しようとした。しかも、その理論は、意識の自己展開を通じて、〈知と徳の合一〉〈知と現実の行為の一致〉〈自己における知の本質的な内在化〉をめざすものであった。以下、本章において、西の「特殊即普遍のパラダイム」が有する「実在の構造」と「主体変容のプロセス」を体系的に解説した上で、西思想の「現代的意義」（第3章）と「ナショナリズムとの距離」（第4章）を次章以降で明らかにしていきたい。

## （1）実在の構造

西は、実在について議論する際、まず、「特殊即普遍」（あるいは不変と変化、法則と具体的事実、種と個体、一と多）という相を吟味する必要があると説く。[*42] なぜならば、実在の理解とそれへのスタンスは、自らの理論構築、とりわけその根本原理としての認識論の構築に密接なかかわりをもつからである。ここでは、「特殊即普遍のパラダイム」の背景として西が考える、「論理上の根拠」について、①特殊―普遍関係へのスタンス、②普遍の内在と超越との関係、③論理の形式、を確認したのち、西における「実在の構造理解」について、①一と多、②全、③虚、④ヒエラルキーと系、⑤認識の在り方、の観点から解説していきたい。

### （i）論理上の根拠

#### ①特殊―普遍関係へのスタンス

西は『倫理哲学講話』（1923）において、「変化」というものは「不変」があってはじめて成立し、「変化のみを経験して其変化裡に不変を認めぬということは、不可能」[*43] と明言している。しかも、この「不変」と「変化」は形式操作的な抽象概念にとどまるものではなく、「不変」は個々の「変動流転」に現れる「趣」として「即応的」に感得される実際的具体的なものと解された。

では、そうした変わらぬ「普遍」と変動流転する「特殊」とが「即応関係」にある、とはいったいいかなる事態を意味するのであろうか。

西の言う「普遍」と「特殊」の連続的な「相即」関係を理解するために、まず、中世の普遍論争におけるこの立場の位置づけを明らかにしておく必要がある。

普遍と個物との関係理解について、「普遍論争」で問題とされたのは、①「普遍は個物の先に」(universalia ante rem)」、②「普遍は個物の中に」(universalia in re)、③「普遍は個物の後に」(universalia post rem) のうち、どのスタンスが妥当かということであった。西の「特殊即普遍のパラダイム」は、これらのうち、第一の「普遍は個物の先に」を顧慮した第二の「普遍は個物の中に」の立場（Theoshopy（神智学）的見方[*44]）であることが理解される。すなわち、それは、普遍がたんなる名称にすぎず、わたしたちの認識において抽象の産物として記述されうるだけとする第三の見方と異なり、普遍が時間的位階的に根源的なものとされる第一の超越的見解と、現実の事物において客観的な法則性や本質が理念的原型として観取しうるとする普遍内在的とらえ方とを融合する立場といえる。では、普遍と特殊が内在―超越関係にあるとする西の見解について具体的にみていくことにしよう。

### ②普遍の内在と超越との関係

西は、普遍の内在と超越について、普遍をたんなる超越とみるのは素朴なる有神論で、普遍を全内在とみるのは汎神論の立場である、という。そして、自らの立場はそれらのどちらにも偏することのない、内在に即してその超越をみる「万有在神論」にあると述べている。つまり、西の場合は、普遍（実在 Sein, Realität）の超越と内在が同時にみたされる静―動図式が構想されるのである。まず、西は、こうした静―動関係について、実在＝意識論の観点からフィヒテ思想[*45]に共鳴し、次のように語っている。

「宗教の生命と見られる愛はフィヒテの説によれば不可思議実在(ザイン)が已れの顕現たる存在(ダーザイン)を愛し、存在(ダーザイン)が已れの本たる実在（ザイン）を愛することである、是は語を換えて言えば愛は動静の際である」[46]、と。

ここでは、真実在（普遍）と現存在（特殊）との関係は、「即」かつ「動」なる内在―呼応関係にあることが示されたが、西にとって両者は互いに求め合う〈対等な相互作用関係〉とは理解されなかった。これについて、西はひきつづき次のように語ることになる。

「されどフィヒテの説いたやうに愛を所謂実在（ザイン）と所謂存在（ダーザイン）の全然相互的の愛と見るは尚ほ厳密を欠く所がある…フィヒテの謂ふ不可思議的実在（ザイン）も…愛にすら居らぬのでなければ『一』たるを失ふ」[47]、と。

つまり、真実在（普遍、一）は存在（特殊、多）と意識を通じてつながりつつ、あらゆる生成・創造を成り立たしめる根源としての地位を厳然と保つものと解されたのである。それゆえ、「一は愛に居る愛であり、一は愛に居らず故に愛を去らざる愛である」[48]と規定し、「『一』は一切存在に透徹してこれを存在たらしめるが、自ら其の一つをも求めぬ」[49]ものと、その性質が描写されることになる。西が、フィヒテを経て、プロティノスや中江藤樹に傾注していくのはそれらがこうした理論枠組みをもつからである。

以上のことから理解されるように、この普遍の〈内在―超越〉のパラダイムは、〈静なる一としての真実在が、わたしたち主体の側の意識深化にともない、その程度に応じて趣として立ち現れ、主体に浸透し、上昇運動を呼び起こす〉、という動的な主体変容の図式を同時に満たすことになる。

これは、普遍の側に何らかの志向性を見いだす〈求める普遍〉の形式ではなく、〈存在にあまねく浸透し、意識に呼応する普遍〉の図式といえる。この点では、普遍論争における第二のアリストテレス的立場にかぎりなく近づく立場ということができる。では、類似の、〈特殊―普遍関係〉や〈意識の上昇プロセス〉を理論にもつヘーゲルやベルクソンについて西はどのように考えているのだろうか。

西は、自らの理論が、ヘーゲルの絶対精神（absoluter Geist）のように「有目的なる者の計画によりて進行する」と普遍をあらかじめ前提として普遍の側から理論づけるのでも、ベルグソンの「流動の哲学」のように、反形而上学に立ったうえで、「不息不断の変化流転」といった現象上の概念である「流動」を究極の根本原理とする立場でもないと主張する。[*50] 西の場合、変化の奥にわたしたちが立ち返りうる不変（普遍）が厳として想定されるが、その普遍は、主体（特殊）との関係でいえば、このような、目的論的に設定される絶対精神や、実在の根源性との関係を含まない〈流動〉という形容だけで表しうるようなものではなかった（まして主体の意識的努力とは別に外側から働きかける実践理性の要請や神の恩寵でもなかった[*51]）。

西にとって、「普遍」は、実在の構造においてあらゆる存在の創造基盤に置かれるが、それは主体変容をもたらす意識や認識にとってけっして作用因的な前提としてあつかわれるものではなかった。かれの場合、「普遍」は、わたしたち自身と実在の本質とを映し出す〈鏡〉のようなもので、わたし

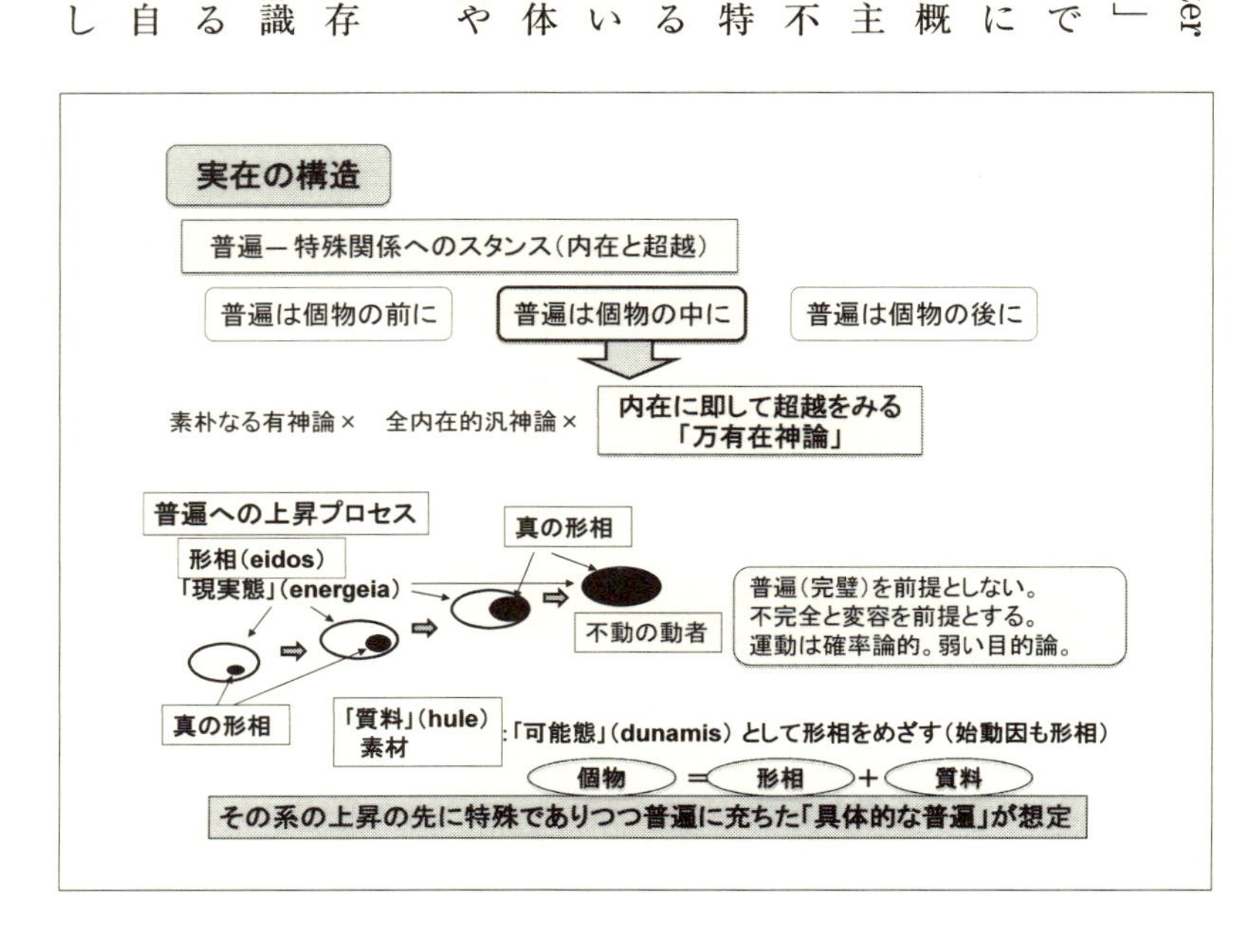

たちの意識が内省的な志向性を発揮する程度に応じて実在の仕組みを顕すものと考えられた。

それゆえ、西にとって、「普遍」と「特殊」は、その比重を問うことはできず、両者は〈相即・即応の関係〉としか説明のしようがなかった。両者の区別は、ながめる位相の問題であり、「普遍と特殊」を宿した唯一の実有のみがかれには確かなものとして感じとられていた。

したがって、西の場合、事象を外から規定したり対象化したりする見方やその帰結としての概念は「抽象」でしかなく、〈生きた力〉をもちえないと考えられた。かれにとって、主体と事象とが一つになる体験やそこから立ち現れる理念こそが「具体的な普遍」となりうるものとされたのである。

### ③論理の形式

ここでは、西の「普遍と特殊のパラダイム」における論理学上の位置を確認しておこう。西における「普遍と特殊」の関係は、先にみたように、理念的には「普遍的理法と個々の事実」「宇宙全体と万有」と対応するが、具体的実践的には、生物有機体の「種と個体」、民族における「民族国民の精神と其に属する個人の精神」、国家社会での「教育法律政治経済の公共的制度組織と個人」とも照応するものと考えられた。*52

ただし、西の場合、「普遍と特殊」の関係は、形式論理学における「類概念」—「種概念」—「個概念」といった概念上の〈内包—外延〉関係（共通法則・概念の適用の範囲に基づく包摂関係）を意味するのではない。たとえば、人類—民族・人種—個人という概念を考える場合、形式論理学では、人類という概念は黒人・白人や各民族の概念を包摂し、その外延に当たるためそれらに対して、より「普遍」的と称され、逆に、各個人という概念は民族・人種等の概念のうちに内包されるため、より「特殊」な概念とされる。しかも、そこでは、形式的で抽象的な概念の包摂関係のみが問われ、そうした関係に「即応関係」や「運動性」や「意識の次元」が関与するか否かは考慮の外となる。しかし、西の理論は、先に示したように、「普遍の裡に特殊、特殊の裡に普遍」「普遍なるが故に特殊、特殊なるが故に普遍」[*53]とする存在論的・意識論的な「普遍と特殊の相即関係」にもとづく主体変容理論を自明なものと考えている。しかも、それは抽象的な操作概念を超え、特殊即普遍の上昇的循環運動はつねに〈具体性〉を保持したものとして語られる。

そのことは、カント的な悟性と西的な純粋意識の働きの相違としても述べることができる。カントのいう悟性は、先験的な範疇の形式によって所与のものを概念化する能力をさす。このような悟性は西の言う自然界（後に検討するが、主客合一に至る以前の、主客未分・主客分化の認識・存在形態をさす）における「主観意識」の段階で概念形成に寄与する。しかし、さらに高次の「純粋意識」では、そうした悟性的な形式論理的理解を超えることとなる。西においては、梢につく蕾のうちに「夏秋冬が躍如として現前すべき」というように、切り取られた「瞬間」としての一事象の奥に対象の生の本質を看取・分有する参与（Participation）としての認識体験形

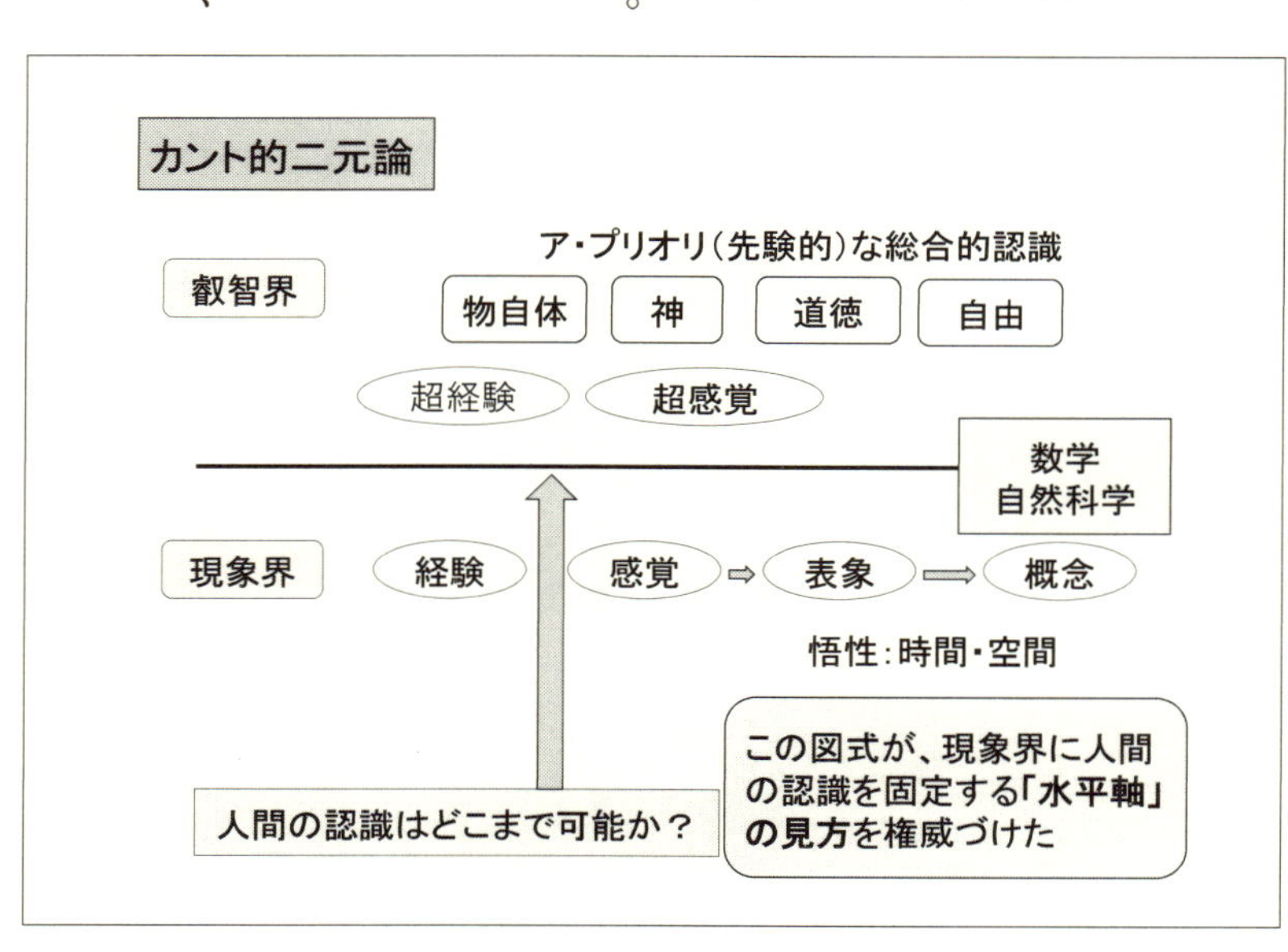

式が採用される。まさに、こうした認識のありようは、意識・存在・道徳の質的変容を理論化する立場が採用する「即非の論理（A即非A是名A）」[54]といえる。この論理においては、〈一としての普遍〉に即応して〈変化する個々〉の構造は、「数多のものの羅列」といったものではなく、「それ自身で完結せる全体」を意味する。[55]ここでは、つねに、認識がもつメタレベルの重層構造が想定されており、普遍との循環的な感応体験を繰り返す中で、ある認識はさらに内奥の認識によって〈破られ〉〈あくなき更新をつづけ〉、自己の感覚感情的な偏りに基づく固執を超えた〈あるがままの認識〉へと止揚されていくことになる。

### （ii）実在の構造理解

西は、実在の構造を存在論的な概念である「一」「多」「全」でもって語ることになる。

当時、一般的には、「一（Einheit）」や「多（Vielheit）」や「全（Allheit）」という概念は、カントが認識において経験界を構成する原理とした「範疇（Kategorien）」論の分量

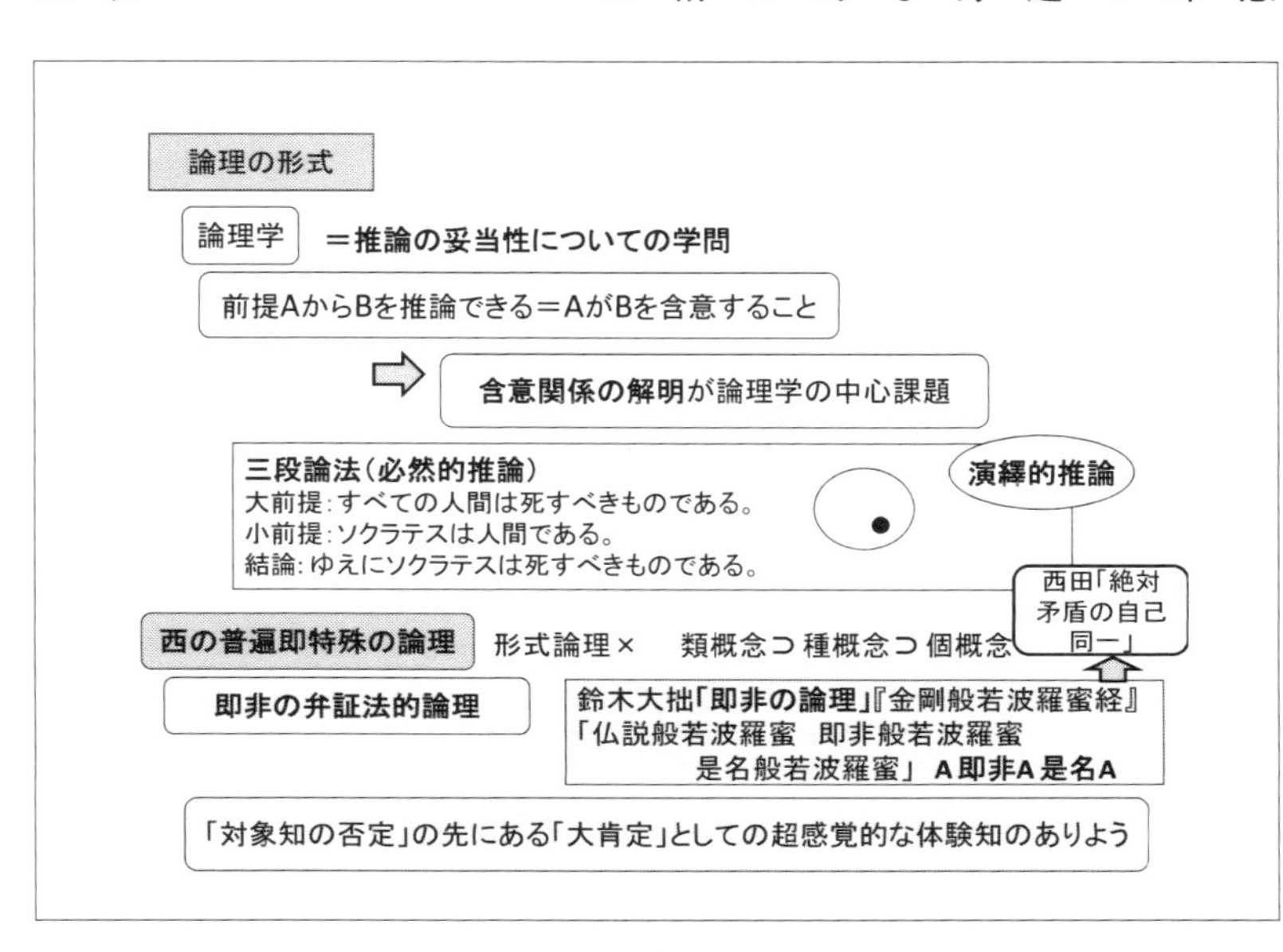

（Quantität）概念として知られていた。
しかし、西はこうしたカント的な悟性概念としてこれらを用いず、存在の構造を説明するプロティノス的概念として採用したといえる。[*56]
以下、具体的に、西の語る「一」「多」、さらには「全」と「虚」をもとにかれの考える実在の構造を記述してみたい。

## ①一と多

西は、実在の顕現した状態を「在」と呼び、その「在」の「根」、つまり「隠」の位置にある実在、「超在」としてのリアリティを「一」と表現したのである。その「一」は、意識論的には「純粋意識」と記述された。こうした見方において、わたしたち個々人を含む「多（特殊）」は、「一」との関係で言えば、それと区別された「多」や部分に分割された「一の部分」ではない。「多」は、つねにリアリティの「一」と「即」なる関係でつながるものと解された。

「一」は、「実在するものの本」であり、わたしたちの「感覚」と「思惟」も、「衝動」と「意志」もこの「一」を本としている、とされる。したがって、個々人における〈意識と存在〉の変容プロセスにおいて、低次の感情である貪欲も邪念も「一」との内観的即応のなかで上昇への契機として機能し、変容にとって必然的要素となる。すなわち、わたしたちは、不完全な感覚身体でありながら、意識を通して、本源である「一」への内観的帰還を重ね、深めることで、「感覚」は「思惟（感覚から自由な思惟）」へと、「衝動」は「意志（理性的意志）」へと統一されるのだという。[*57]

また、この実在の根源としての「一」（純粋意識）の概念は、現存在を「多」とした場合、その連関が問われる。西は、これを初期著作『倫理学の根本問題』（1923）において、「一にして多」「多にして一」と語る。「多」としての特殊は、そこに普遍としての「一」を包蔵し、両者の関係は変容に際して「即」なるものと解される。

②全

さらに、『実践哲学概論』（1930）に至り、西は、この「一」と「多」を包摂する「全」（「一一皆全」）という概念を打ち出すことになる。ここで表現される「多にして一」なる「全」とは、「特殊」に対して形式的相対的かつ外的に立てられる「普遍」との関係を示す概念ではない。それは、実在―存在の一元的で包括的内在的な性質を意味する概念といえる。区別・差別を超えた全肯定、全意義を伝える概念でもある。

それゆえ、「一」と「多」が意識プロセスにおいて「即応」関係にある場合、両者の関係は「全」となる。同様に、「主―客」も「太極―万物」も「全」として位置づく。道徳哲学の各々の見地も、たとえば、「一」に立脚する立場（道徳を実体や目的、それに善悪の標準＝法とする各立場）も、「多」に立脚する立場（道徳を実際生活の状況に対応させる見方や、主観的動機を問題にする見解）もすべて各位相を切り取ったもので、これもまた質的即応関係を前提として追求されるとすれば、両者の俯瞰的概念である「全」に包摂される。[*58] そして、「全」的関係において認識は、「在るままに識り識るままに在る」という「在即識」となり、内観的意識である「自覚」の極に位置づくことになる。

③虚

こうした「一と多」「全」をめぐる解釈は、さらに『忠孝論』（1931）において、「虚」という概念でもって補足されることとなる。

西は、自らの考える意識変容の最終段階に生じる「主客の合一」の状態を「純流動（純動）」と呼んだ。この「純流動」について、かれは、「どこにも向かわぬ流動」「流動して流動せざるもの」「流動以上の流動」[59]と表現している。これはまさに「普遍は個物に内在する」と考えたアリストテレスが説く純粋形相としての「不動の動者」（to kinoun akineton）」の考え方と重なる。[60]

さらに、西は、この「純流動」の性質について、「流動の流動、生命の生命に至っては有りとしやうがない、有りとしたとき最早そのものではない」「流動して流動を忘れるもの」「有れども無きが如く」「充つれども虚しきが如く」「知って知るを忘れ」「感じて感じるを忘れ」と記述する。そして、こうした「純流動」の性質にもっともふさわしい概念として、かれは、東洋的な「虚」や「無」の概念を当てはめた。かれが万有の創造の根源を、「虚」と呼ぶのは、それが創造的運動の中心にあって充ち塞がるものがなく、そこからすべての動きが始動する、ということをその言葉が含意するからである。

西は、そうした「虚」の働きを、老子の「三十輻　共一轂　當其無有車之用」（三十の輻、一つの轂を共にす。其の無に当って、車の用あり。『道徳経』第一一章）の故事をあげることで説明している。

このことから、実在の本質が創造的な営みであるかぎり、その仕組みの根源（背景）に、必然、車輪の中心のような空所が想定され（「空虚裡に成る」）、実在の構造は「中空構造」をなすものと、西が考えていたことが分かる。[61]この「虚」の概念でもって語られる「中空構造」こそが、西の構想する「一即多」「全」を総合する実在構造といえるのである。

しかも、この虚の〈自由〉〈無限定性〉は現存在の本性でもあり、自らの偏見・固執を超え虚に徹することを通して、本源としての虚に通じ、自己に反映する虚が純動の原動力となるのである。

では、以上みてきた「虚」を核とする「特殊即普遍」「一即多」の構図は、認識主観の問題から分断された認識・存在のとらえ方を「二元論」というとすれば、どのように称することができるのだろうか。

## (iii) ヒエラルキーと「系」

### ① 一元論か多元論か

西は、個々の特殊がそれぞれに独自な形で単子論的に普遍を宿し互いに相即的な関係をもつという意味や、特殊が自らを窓口として各々に固有な普遍を体現していくという意味では、「多元論」と称することができるとし、こうした多元論こそ「真実の一元論」と契合すると回答している。*62 ここでいう真実の一元論とは、特殊と普遍の一方の側から構造化する一元的な理論ではなく、特殊と普遍の総合としての一元論を意味している。実際、今日の哲学区分でいえば、実体としての法則性がいくつあるかによって一元か二元かに分類されるので、西的な多元論では、個々の特殊性と相即性を認めるものの、実在は唯一の実体としての実有であると考えられている

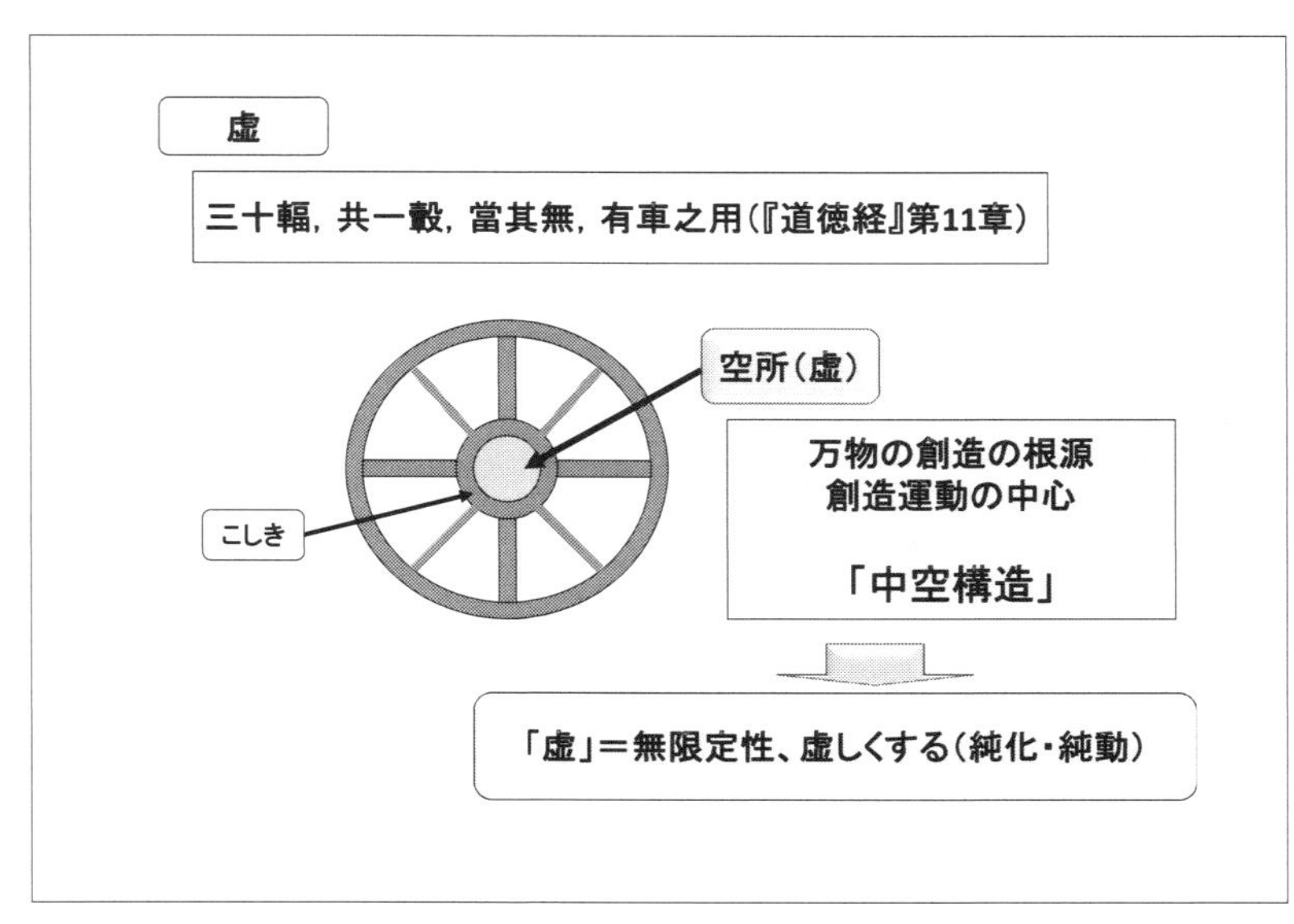

ため、存在論的にも認識論的にも一元論の構造をとるということができる。

## ②ホリスティックな「系」としての見方

では、西が「実在は唯一の実有である」という場合、そこにいかなる「体系」が想定されているのだろうか。西は、「客観は多であって主観は多を統一して一となす」ことをさすので、「体系」とは「多の統一」を意味する、という。具体的に、西は自らの理論が〈ひとつの法則性に貫かれた実体〉（＝系）であることを次のように説明する。「一となすとは数の一のことでなく、多が別々の多の羅列でなく統一せられて恰も一である様態を指す…主観が客観の多を統一して一たらしめるには多の一一に着せずにどの一にも同時に現前せねばならぬ。多のどの一にも限定せられない此無限定性が主観性である。…主観が客観的内容から自己を区別することの出来るに従って意識は益々意識的となり、益々自由となる。…一意識は元来一意義であって、多が統一せられて一体系を成すとは一意義を成すことであるから、意義の一貫する以上多がいか程多くとも一意識である」[*63]、と。

このように、西の考える実在のヒエラルキーは、絶対的創造が一切存在の根底にあり、人も物も、自由も自然も、知も不知も、自由にあっては善も悪もすべてこのうちに通底する存在段階にすぎないのである。[*64]

そこでは、主観性の実にせられ方が不十分であればあるほど客観的多の統一も不十分であり、完結せる一形相たるに遠ざかり、形相は不完全となる。それゆえ、この実在段階においては、意志内容は「不明」となるのである。[*65]とりわけ、道徳については、この系は、悪から善への移動が生成の過程となる。完全形相は生そのものであるため、さらなる生の向上の必要はない（不動の動者）。形相を欠くものが本の形相に復せんとすることが、この系の運動を引き起こす。完全形相すなわち完全の善に復せんとするから一位相を棄てて次の位相に向かうのである。[*66]

以上のように、この系では、認識とモラルが垂直軸的な上昇運動を展開するが、両者はこの系においてどのようにとらえられるのだろうか。

西はこの系において、孤立した一意義（一完相）はなく、意義はすべての意義の相互連貫の上に一一の意義（形相の完全）を成立させる、という。つまり、この系では、一切連貫即一完相が全体的秩序を形成する。そして、この全体的秩序は「知識」の対象としては「絶対的真理」であり、「生命」の対象としては「全体的善」となる。しかも、西は、「知識というも生命というも意識自身に外ならぬ」[*67]と述べるのである。

したがって、かれは、知（真理）もモラル（善）も、意識の問題としてみていくことができると考えたのである。

## (iv) 認識のあり方―現実との関係

### ①普遍と特殊の動的関係

西による「特殊即普遍」の物の見方は、先にみたように、中世の普遍論争の区分でいえば、プロティノス的普遍観をも

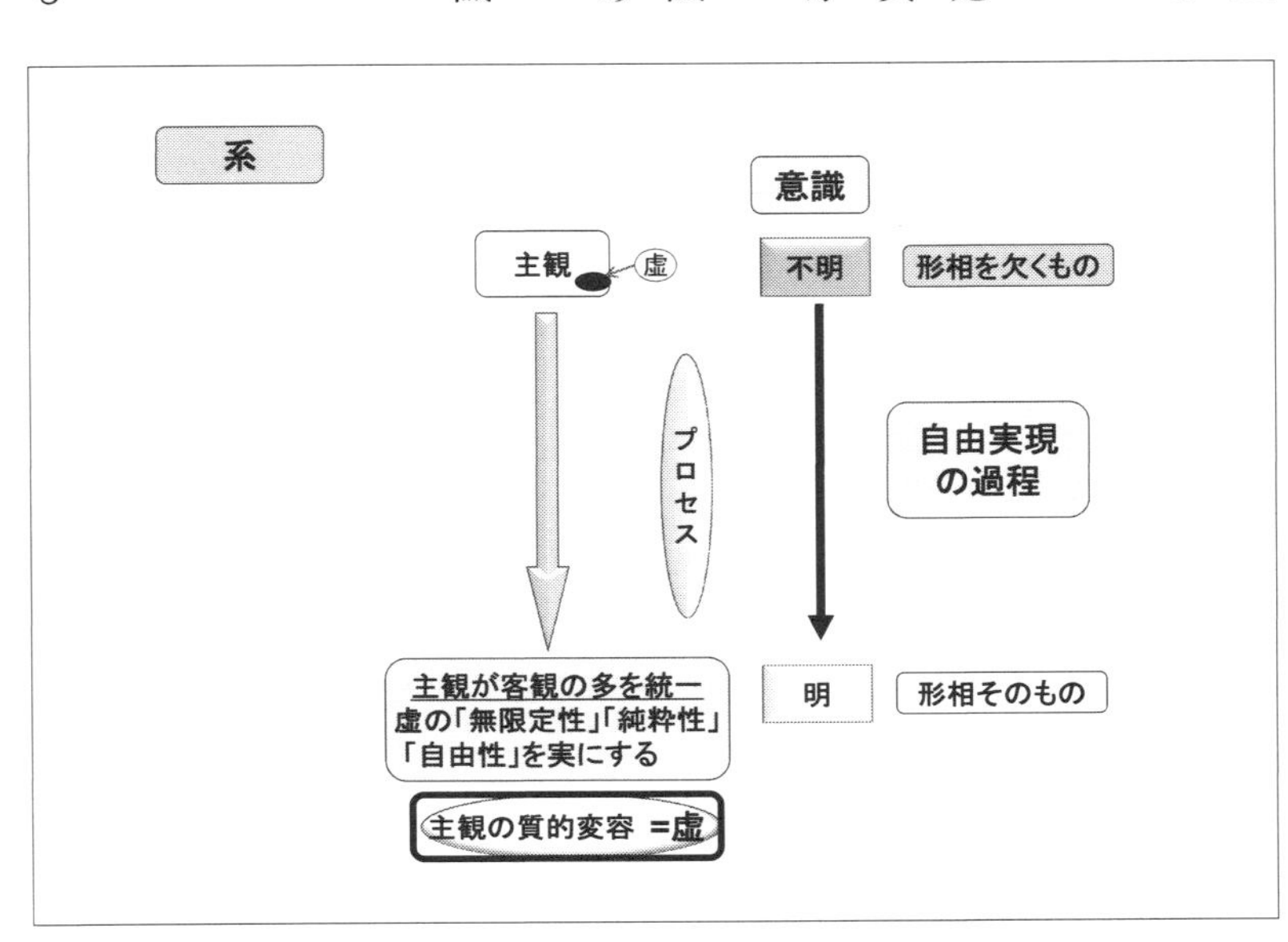

ちつつも「普遍は個物の中に」の立場に位置づくものであった。つまり、特殊やその運動を成立せしめるものとしての普遍は厳として設定されるが、その普遍と特殊個物との関係は、個物の中に普遍が分有された静止状態を語るのでも、個物と普遍の相互関係があるというたんなる事実のみを意味しているのでもない。かれの場合、特殊個物に内蔵された（あるいは不明の状態にある）普遍を、主体の自己運動によって「明」なるものへと展開する、という動的パラダイムとして主客の呼応が構想されている。そして、特殊の内に普遍が実になる程度に応じてその特殊は本来の意味でその特殊性を全うすると考えられた。

こうした西の「特殊即普遍」の構造について、隈元も、同様の視点から、「普遍は特殊の中に自己の一部を「分有」させるのではなくて、むしろそこに自己の全体を現す。逆に、特殊は自己の中に普遍を宿すことによって自己の特性を失うのではなく、むしろますます特殊的となるのである」と述べている。[*68]

②普遍と現実

西において普遍はいかなる形で現実に表出するのだろうか。かれの場合、わたしたちの目の前に「変化」として映し出される現象の表層的な事実に対して全面的な意義を見いださない。かれは、「直接経験は唯特殊異様のみを呈す」[*69]と考え、その事実でもって安易に、「特殊個々こそ実有である」[*70]とする固定した物の見方を否定する（後の「相対主義克服の理論」の節でさらに検討を加える）。かれの場合、自然科学的な事実の分析的記述においては普遍の本質に迫ることはできず、機に応じて形成される内観的な総合（融合）知こそが、普遍の「趣」（普遍と特殊の関係の性質上、すべての人に共通した固定の普遍的内容を明示することはできず、「趣」としてとらえられる）を看取しうると解された。しかも、そのようにして感得された「普遍」を介してのみ特殊の「趣」もまた真に了解されると考えたのである。つまり、「普遍」に観入するまさにその内観的なスケールに立って「特殊」をみること〈参与体験〉によって、表層的な現象の因果事実とは別の、本質連関が趣として立ち現れ、理解されるというのである。

　それゆえ、西は、自らの語る「普遍」は、直接経験による感覚的事実を重視する立場が判断のよりどころとする平均的なパターンである「類」とはまったく別のものであるという。かといって、恩寵や要請として個に降りてくる〈固定された普遍〉としての「同」でもないという。かれによれば、「普遍」とは、異質なものの間を「游動してをる所の同」であり、「同の趣」であるとされるのである。[*71] すなわち、かれのいう「普遍」は、決定論〈運命論〉的にわたしたちの意志を超えて制約するものではなく、「游動」しつつ本質を象徴的類比的に示す「同」であるというのである。

　しかも、この「游動」という語には、普遍が個の認識や存在の程度に応じて情意に感応していくということが含意されている。かれが「同」と言わずに「同の趣」とあえて表現するのは、普遍が個的な知情意のフィルター〈窓口〉を介して機微としてとらえられる実践知や術（art, techné）的性質の

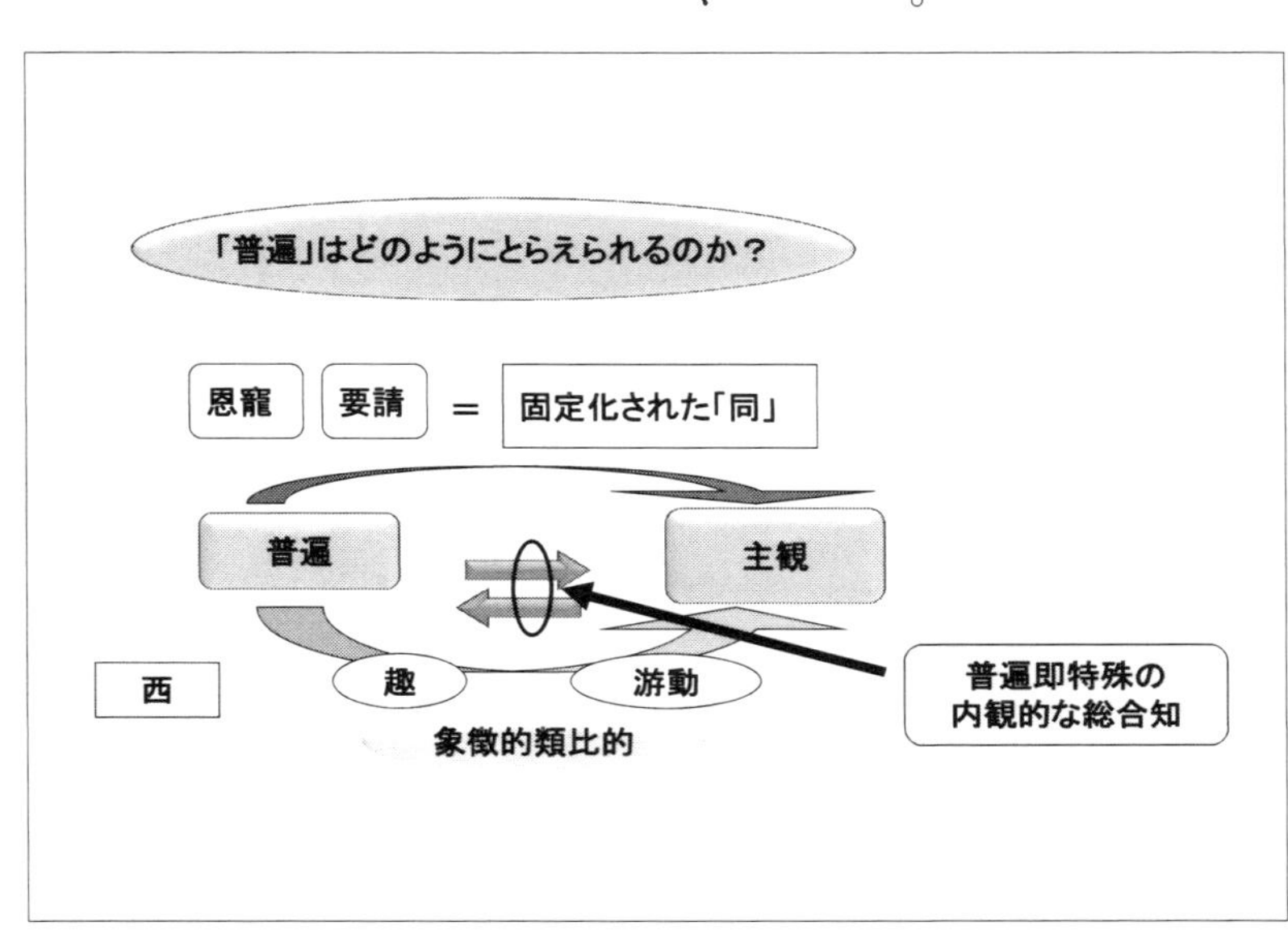

ものであるからであると思われる。こうしたスケールに身を置いてはじめて、限定された感覚知覚的な経験とは別に、事象そのものへと観入する「生命を成す活きた経験」「游動せる普遍的経験」[*72]や「一直覚、一感覚」[*73]の統合的認識が成立するとされた。

では、次節においては、西の思想の切り口となる意識（自己意識）論の論拠について言及してみたい。

## (2) 主体変容のプロセス

### (i) 自己意識への注目

先にみたように西は、実在の構造を意識の問題としてとらえた。この場合、「意識」とは、「自意識」のことであり、その「自意識」とは「主観が自を識ること」[*74]であるとされた。そして、実在が自意識を介して開示されるとする理由について、西は、もともと自らの中にないことを識りようがないからであると述べる。[*75]わたしたちが自他や現象の変化の中にあって、その変化をとらえることができるのは、そうした自意識があるからであるというのである。

では、なぜ、西は、「対象（相手）を知ることは自己を知ることである」という自覚に至ったのだろうか。西は、「吾人一個人が自ら絶対的自由を覚ゆといふときの一個人の自我は果して如何様なものであるか」を吟味してみることで、自他が分離不可能で「即応」していることが理解できるという。西はこのことについて次のような例をあげて説明している。

たとえば、普遍と隔絶して他を排して己の我を貫こうとする誤った生活をつづけると、圧迫され、粉砕されるという。そして、そのなかで、人は自らの尺度の偏狭さや判断の浅はかさや決意の欠如を深く自覚し、「己私」を去り、己を虚しくして普遍に即した生き方をすることの重要性をおぼえるのだという。そうした自覚から、西は、「我以外のものは我以外とも覚えぬほどに我と一にして、我の生活の普遍なる大なる生活と流通する」という理解に至るのである。自己意識の内に「自由」を問い直す営みのなかで、意識は「超己私」的な「自即他（主客合一）」の境位に進み、実在の真意義が自己意識のなかで確実なものとなっていくのである。[76]

　こうした自己意識の意義を理解し、自己修養に努めることこそが相対的次元を超えて多様な現象を理解する前提となるものと考えられた。そのことを、西は、「一切皆自なりと知れば千変万化してしかも依然自である」と語っている。それゆえ、対象（相手）を正しく知るための根本条件は「自己の如是相の正視直視」にあり、「他を知るは実は自己を知るに始まる」と考えられたのである。ここにおいては、「自らを識る」という内省の営みそのものが、実在と自己との一致を意味することになる。[77]

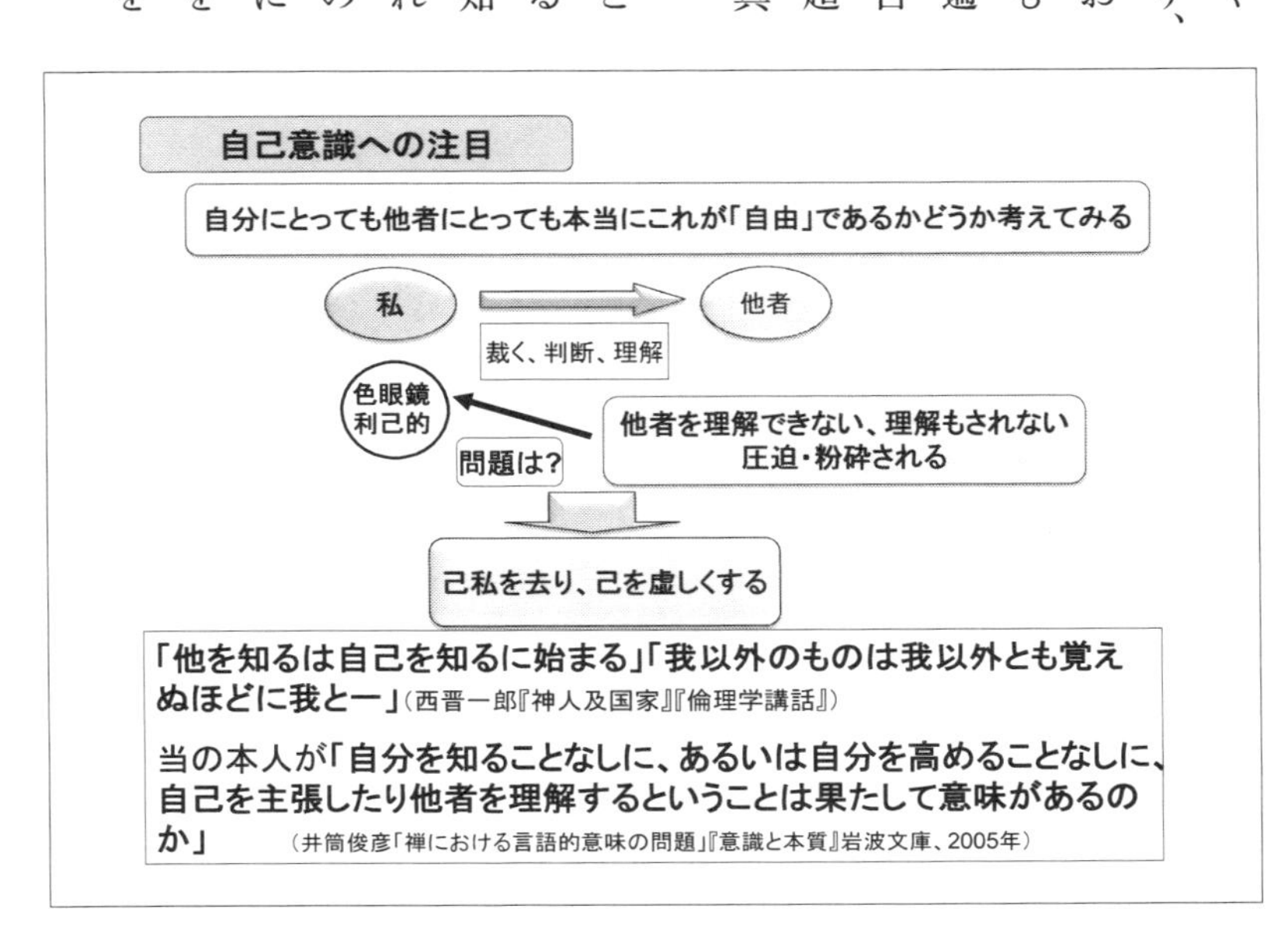

では、この「意識」と「実在（意識せしむるもの）」との関係を西はどう考えていたのだろうか。かれは、意識よりも、意識せしむる或ものの方が根であるとし、次のように解説する。わたしたちは、自己の意識をもって理想や価値を呼び起こしたのではない。理想や価値の意識に先立って自己なるものがあってそれらを生起させたのでもない。理想や価値意識は「已むを得ずして現れた」のであり、「現実に安んぜんとする傾向の強きにも拘らず、自分も之に抵抗することの出来ぬ勢を以て、意識として現れたのである」という。

しかし、そうした〈立ち現れ〉は主体的な意識の次元と区別して想定される要請や恩寵のようなものでもなく、さらには、経験主義のとる反省的思考でもなく、カント的な先験的意識の統一のようなものでもない。むしろ、隈元が指摘するように、フィヒテの宗教論における「存在意識」の観点といえる。[*78]

しかも、「内に意なきことは夢にも現れぬ[*79]」と述べられるように、かれの場合、理想や価値意識の発露に先立ち、継続した意識・意志作用がある、とする立場がとられた。つまり、

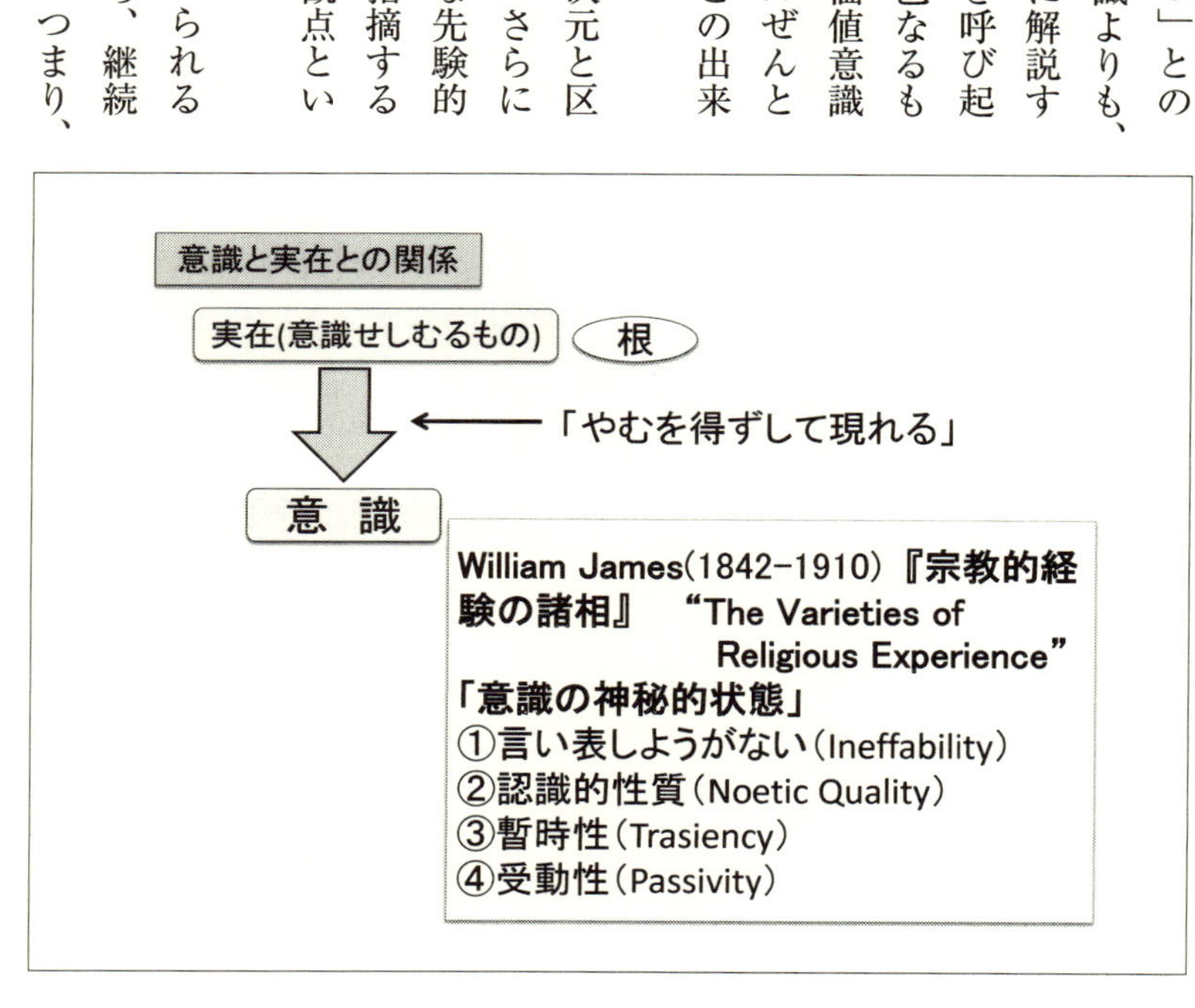

西は、「意識」と「意識せしむるもの」に内外の区別を設けず、一貫して、現実の主体内の意識変容の問題として理論を組み立てていることが分かるのである。うまずたゆまず意識・意志の向上（内省の徹底）を図るなかで、内的な意識に量から質への変容が生じるものと解された。

これらのことから、主体内の意識の問題として、自己の思考・判断を俯瞰的に高次の位置からとらえるという西理論のメタ認知的構造そのものが、識（知）と実在（在）の一致を物語るものとされる。「個人が未だ之を意識せざる知らざる或ものがあって、其ものが意識として現れ出づるときは当人は既に之を或る意味に於て我がものとしたるのみならず同時にそれ以上の或ものを存しておるのである」[*80]と、かれが述べるのはこうした知と在の即なる構造を意味する。そして、その俯瞰的な知を、西は、「根本智」「純粋意識」と規定した。[*81]ここでの究極的な「識」は、後に名づけられた知識ではなく、〈知そのものとなった自己自身〉でもある。

以上のような理由から、「吾人が時々に識り刻々経験するは永遠に識自身である根本意識の範囲内に起ることとせねばならぬ。…一意識の末も一念の微もそこに起り来るほどのものは本来永遠の識自身である根本意識又は純粋意識の範囲を一歩も出でぬものであると見る外はない[*82]」、と明言された。

## （ii）意識と「虚」

西は、こうした実在の形式を示した上で、その仕組みを主観の連続的な意識変容の問題として動的に構造化していく。それは、「主観性」の変化に即応する客観内容の様態として記述される。

自己意識は内観を通して実在の根源と感応を繰り返し、「特殊即普遍」の境位を確実にすべく進展する。それは、西がいうように、「表象やただの認識」からこうした境位における思惟に移るには、「無限の反省」といふ形式の洗礼を受けねばならない。しかも、そこでの思惟は、ただ知るではなく「知ることを知る所の自知」といふ関門を通過して成立するものと考えられた。そして、そうした自知運動の究極の動因として「虚」は位置づくものとされる。こうした図式において、「虚」もまた意識と主観の運動に組み込まれ、自らのもつ「絶対自由性」や「無限定性」を、それらの中で実とするのである。[*83]

この「虚」とは先の節でみたように、実在の根源としての「空所」とされた。そして、その「虚」があって多念が一念に合し、念より念に流転するという新たな意識創造が展開されると考えられた。[*84] その「虚なる心」は、意識との関係でいえば、「意識以前」「意識の本」とされた。[*85] 西によれば、わたしたちが、つねに心を虚しくするように努力すれば、意識の本に還ることができ、その本を涵養することが可能となるとされる。よって、心を静かに保つことは、心を「霊活に作用（はた）らかす方法」であるともいう。「霊活に作用（はた）らく」とは、「念慮が右往左往に転じ散じ去らずしてよく統一が出来、思慮が充実して一大集成をなすこと」であるとされた。西のいう「虚に従っていよいよ実になる」とは、こうしたプロセスを意味する。

### (iii) 意識と自由

西は、自意識の働きとともに自由は始まるという。ここで「自意識」というのは「気づくといふこと」「自識」をさし、自識とは、具体的には「反省の反省」を意味する。[*86] では、自由につながるとされるこの自識とは、いかなる主客の様態をさすのだろうか。

西によれば、意識（自意識）は、「感覚的なもの」に支配される無反省な「主客未分」の様態から、「主観的な意識」のもと対象視を進める「主客分化」を経て、「純粋意識」に貫かれる「主客合一」の状態へと変容していくとされる。
そして、「主観客観全く一なる所」（主客合一）、「観ると在ると一なる所」（識即在、知在一、見即在）に至り、客観は「己れ自身（外なるものに支配されない）」となり、「自由」が真に実現されるという。[*87]
したがって、主客の分化のもと進められる対象視的な認識においては依然として主観は客観に依存するため、そこに固執するかぎり真の自由とはならないという。さらなる意識の徹底を進めていく中で（「意識が其自意識たる性質を尚お一層実にするとき[*88]」）、主客は合一を余儀なくされ、主観は「自在」である自由となるという。この境位を、西は「精神界」「自由界」と呼んだ。
そこにおいて、客観界は自己と区別された所与としてではなく実現されるべき「己れ自身の世界」として覚（さと）られる。[*89]つまり、ここでは、対象界は「意識せられた己れ自身[*90]」となり、客観が「己自身」であることが自知されるのだという。それは、真の自意識である「純粋意識への復帰」でもあるという。[*91]
しかし、こうした図式において、西は、「未分」より「分離」、「分離」より再び「合一」と向かう主客の三様態が重要であるのではない、と考えている。「感覚的なもの」から「主観的意識」を経て「純粋意識」に至るプロセスについて、各様態が実体であるかのようにみえるが、その実は、「只意識の意識たる所を実にせんとする一路を辿り来る行程に外ならぬ」のだという。[*92]
つまり、各意識様態は、別実体を示しているのではなく、唯一の実有のもとでの変容過程であるので、そうした「意識系」のもとでの連続的で質的な変容（非連続的連続）の問題として考察されるべきと考えたのであった。
そして、この一貫した意識の進化の中で、益々意識は自意識となり「一」なる実在の根源へと共振（回帰）し、自由を実にしていくとされる。西が認識や存在や道徳の問題を意識の問題として考察するゆえんはここにある。

つづいて、意識と自由意志との関係について西が考える概要を述べておこう。

かれは、意志は二重の意味で自由であるという。まず、その消極的側面として、それは意識発動の根源であるゆえ「意識のあらゆる対象から自由」であり、次に、積極的側面としては「無依的に自己の中から内容を出だす」ことができる点で自由である、とされる。[*93] とりわけ、後者の自由意志について、意識との関係で以下のように述べている。

「自ら転じなければ自から転ずる（筆者註：自然に勝手に流される）のが意識の性質[*94]」であり、自覚の徹底の先に自由を描く西の図式においては、「自ら転ずる」と「自から転ずる」との区別がまさに「自由」と「不自由」の分かれ目とされるのである。[*95] そのことを西は、「転の可能は本と主観の無限定性に據るので、これが自由の根本であるが、所動的に転ぜられる間はこの自由が未だ実とならない、能動的に転ずるに至って自由が次第に実となる[*96]」と解説される。

こうしたものの見方において、自由性は即ち意識性であり、意識性は即ち反省性即ち循環性とされる。したがって、その

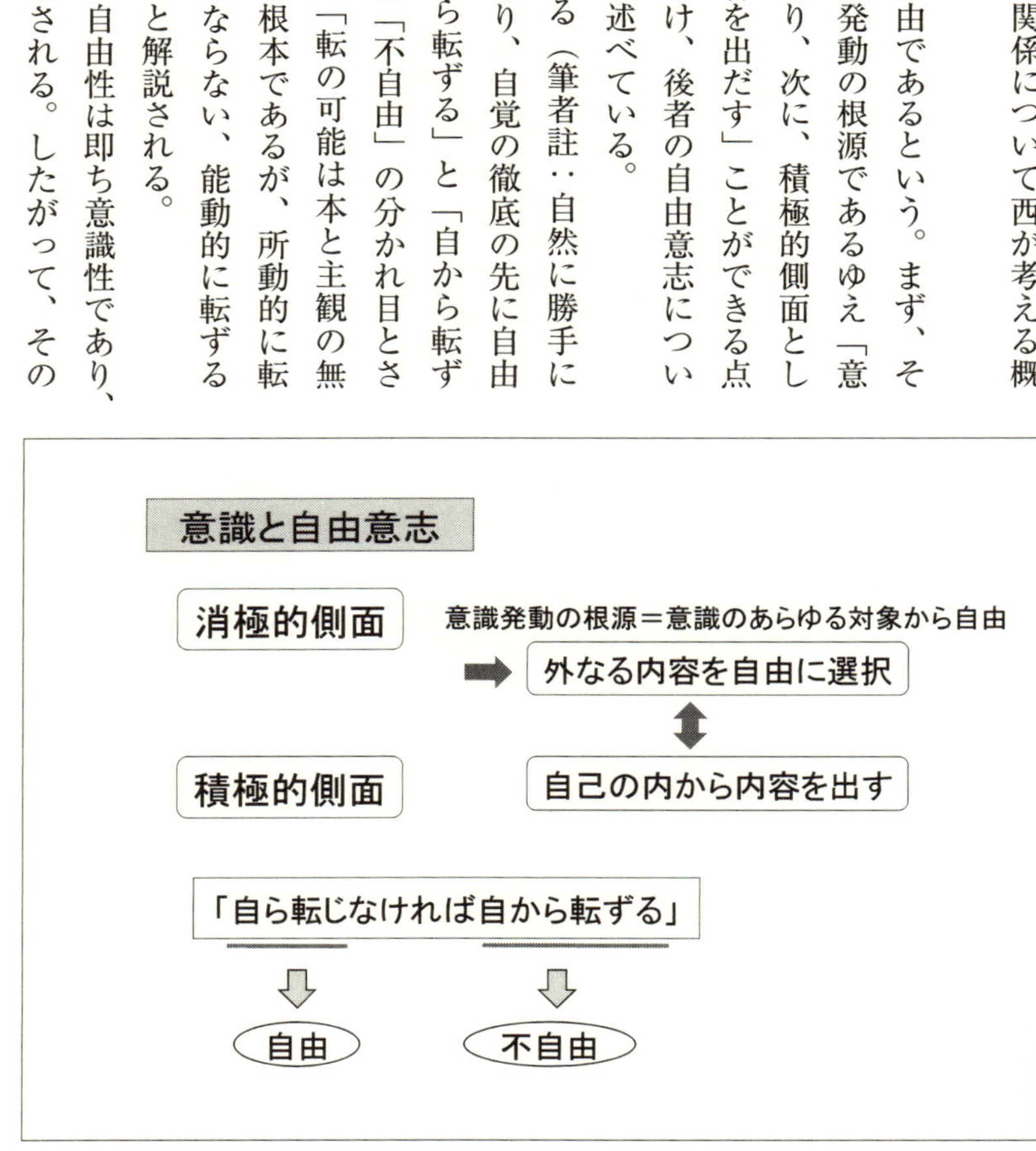

循環は往くも復えるも自己の外なる運動ではなく、自己循環となる。しかも、この自己循環の中心点こそが絶対的真理であり、その絶対的真理の功徳のゆえに絶対的真理を周ぐる無窮の流動が起こるのだという。そして、この流動が即ち自由自身である、と語られる。[*97]

## （iv）感情と意志

西の主体変容の理論においては、自己意識は「自覚」の問題として、その徹底の問題として論じられる。このことは、たんなる「知」の次元のみではなく、「情意」の次元を組み込んだ変容であることを物語っている。普遍と合一した全人格的存在について、西は、観念のレベルで成立するのではなく、現実の「個々特殊の心意発動」として現れる以外にないと考えている。さらに、感情や意志をもつわたしたちの特殊的な次元を離れて普遍は無いとも明言される。西がめざしたのは抽象的な理論構築ではなく、「活きた生命」としての全的構造であった。そこでは、特殊個人的な「情意」が「観念」に比し心的生活の実行力をもつものとされた。とりわけ、意志は、もっとも「心生命の融通的渾一的、不可分解的の趣をよく現わす」とされ、「決意」という事態に至って「心的生活の一完結を見る」とされた。この決意において、理念は感情として深く自己に刻まれ、理念との聯合が厳密になるという。[*98]

しかも、「非理性」的な感情・意志は、「理性」と対抗するが、その対抗こそが理性と非理性、理念と現実、客体と主体との合一へと向けた契機を含んでいるとされ、「対峙の裏面は合一…これ創造の密意」とされた。[*99]しかし、ここでは禁欲的な克己がめざされているわけではない。西は、「理性が欲の抵抗に克たむとするは欲を絶滅せむとする意味ではない。欲の絶滅は出来ぬ。理性が欲に克つの極は理性が欲と合一する」ことにあるとしている。つまり、自他ともに相満たす「欲にして欲ならざらしむる」境位において対峙は止揚されると考えたのであった。*[100]

また、西は、「意志」と「知・情」の関係について、精神の発現における形式と内容、陰と陽のごとく、その全体を形成しうると述べている。その上で、「意」は「知情の外に別にない」とし、「すべての物はその発現から云えば二つである。而し二つは畢竟三つである。なんとなれば第三者がなければ二つが二つにならぬ。故にこの二つを統一するものがその裏面にあるのである。…知情の一なる所が意であって知情の裏面にこの意がある」*[101]と語っている。「意志」は、意識や自由、それに感情の刻印（習慣化）、気概（意気張）といった働きに深くかかわり、それ自身も自己展開することによって、それらを現実化する機能をになうことになる。

さらに、西は、「感情」のうち、とりわけ、「愛（慈悲）」「敬」といった心の働きが、禽獣的なものからの克己をはかる重要な上昇の契機となりうるとみている。それらの心的作用は、隠が顕に、超在が在に、一が多に転ずる機となるものと考えられた。*[102]

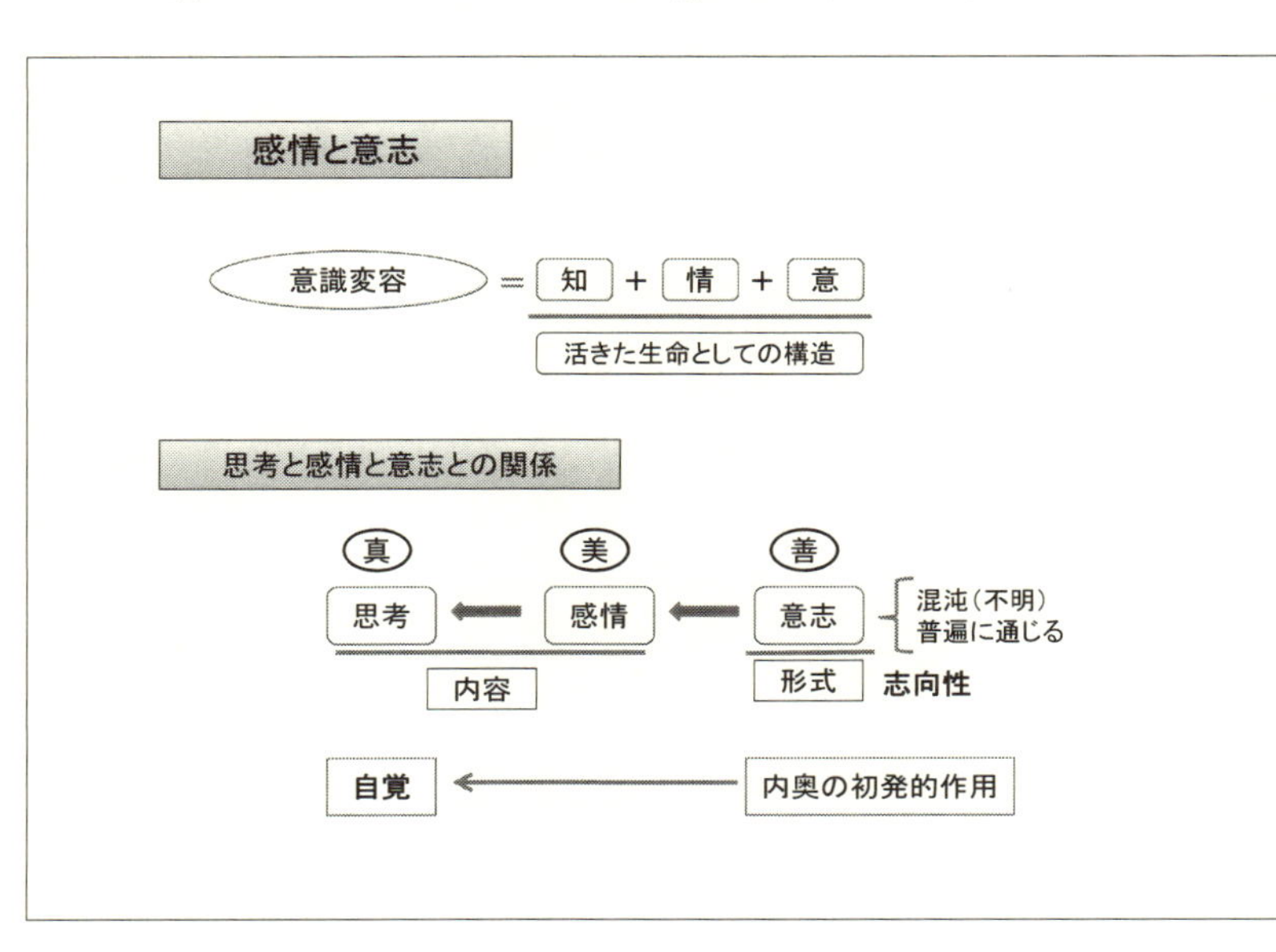

「慈愛」について、西は、識や献身的な愛の透徹の果てに、それらを超えて無形の情として表出するもので、それは、自由のプロセスとも経過を一にする、と述べている。つまり、主観が客観への依存をなくす程度に応じて自由は実となる。そこに慈愛は成り立つことになる。隈元もまた、この西の慈愛について、慈愛の心でもって「他を愛することは、自己（己の執着）を忘れることになる。他を、真の自己として知ること*[103]」につながると語っている。

「敬」とは、ここでは、「己を虚しくして他を受け入れる」ことを意味し、そこにもまた自己否定の作用が伴う。自己を虚しくする者にこそ、真理は現前するとされる*[104]。

以上のように、西において、人間の本能的な部分に連結する感情や意志は認識同様、「特殊即普遍」の変容構造のうちに不可避なものとして位置づけられる。同じく精神の進化論に立つベルグソンが本能を有機体的機能の継続とみるのに対し、西は、本能にも上昇的変容を考え、高次な情意のもとでは、ベルグソンのいう有機体的生活を脱することができると考えていることは理論上の差異として注目できる*[105]。

感情

慈愛

慈愛の心でもって他を愛することは、自己（己の執着）を忘れることになる。他を、真の自己として知ることにつながる

敬

己を虚しくして受け入れること

## （V）意識と道徳

西は、認識において、「道徳的意識が実に一切意識の根底に於て動いてをる」[106]と、意識と道徳との直接的間接的連動を指摘する。また、「元来一意識は一意義一価値である」[107]とも述べている。つまり、西の場合、「善」は、認識かつ道徳上の「真理」として根源に位置づけられるのである（究極の純粋意識界では善は美となるという[108]）。具体的には、そうした道徳意識は、意識の内に「制限の意識」が芽生える際に働きはじめ、「規範実現の要求を覚えるとき」それは明瞭となるとされる。

さらに、規範意識は高まり、主観が「自由」をもって自らを限定する境位に達する。ここに、「自意識の精髄」があると西はいう[109]。なぜなら、主観の主観たるゆえんは「虚」との相同的性質である「無限定性」にあり、それは主客分離時の客観的・所与的限定を超えて意識変容の高みである主客合一の境地において実となるからである。そこでの無限定性こそが「自由」を意味し、この自由主観において立ち現れる客観（これは所与的限定のさらなる限定となる）こそが必然性を帯びたリアリティとなるのである[110]。しかも、この自由主観による限定は、規範意識の要素として高次の情意を伴い、自己活動の意識を強め、より具体的な現実性を客観内容に与えることになる。このとき、感性的意識は所与性から遠ざかり、精神へと融合されていく（物質と精神、主体（自己）と客体（他者）の溶解が生じる）。

だが、繰り返すが、西の理論は、こうした主客の統合の先にヘーゲル的な絶対精神やカントのいう善意志のような〈絶対的な目的〉を設定するものではない。そこでは、たしかに〈特殊現実〉との「即」なる循環的連関をなす〈存在の根源〉が想定されはするが、それはあくまでも現実的な意識の展開の結果として看取されるものと考えられた。すなわち、かれの理論〈道徳を含む〉は、実在の構造として〈静的〉にみれば、「特殊即普遍」という「相即」関係を維持するが、認識論的な視座から強調される認識主観の変容という〈動的〉な視点を鑑みれば、主客の比重は現実の主体側に即応運動の起点が置かれることになる。

したがって、道徳もまた現実的な意識変容の問題として、「自然の理性化・精神化」のプロセスとして描かれることになる。[*111] この場合の「自然」とは、人間が生まれながらにもつ感情的なものさし、「自然の理性化」とは、情への反省的な照応を経て道徳意識が根本的統一へと向かうことを意味する。では、西は〈情における反省的要素〉をどこに見いだすのであろうか。

西によれば、こうした自然から道徳、物から精神へは自然的連結がなく、そこには「飛躍」が不可欠な要素となるという。つまり、「元来二者が対立することは本と一なるから」、そこには、飛躍を可能とするなんらかの「渡し」が用意されている、と解釈されるのである。その「渡し」は、情の限定的な側面である喜怒哀楽愛欲悪の七情ではなく、精神化への契機となる次の道徳的心情とされた。つまり、「愛欲」から「慈愛」には「恕」が、「知欲」から「知恵」には「敬」が、愛欲と知欲の両者を包含する「自然欲（生欲）」から「生の理（善）」へは「感謝」が、また、虚妄とされる迷妄的な「我欲」と道徳的自我ともいうべき「意志」の〈渡し〉には「気概」が、それぞれ働きをなすとされる。[*112] これらが、情から性に復へらしむる〈渡し〉として道徳意識の変容上、重視されたのである。

さらに、西は、この道徳法意識の形成のありようを次のように説明する。道徳的意識は、善悪の内観的な凝視における「無限の反省」を通して深められるものであり、そこでは、「見ていることを更に見るのだから内容は与えられたものでなくなり、見るもの自身」となる、と。それは、いわゆる知の形成同様、「意識が自らを識ること（自意識）」という重層的なメタ認知の構造にあることを意味する。

そして、そうした「自知反省」こそが真の自由意志のはじめとされ、自知反省の「不退転な善悪の凝視」「無限の反省」こそが「自由意志の成就」となると考えられたのである。*113

## （vi）無間隙

西による主体変容の図式にとって、自己発展、自己変化は、「自覚の徹底（不退転な善悪の凝視、無限の反省）」「内面的生活の純一*114」に基づくことになる。しかも、その純一に向けた取り組みに際し、かれが重視すべき「実在の性」としてあげるのは、「間隙のないこと」である。そのことをかれは、「無間隙の一語よく実在の完結自全を言ひ表はしておる*115」、「純意識界に入る道は、間隙を無くすること*116」と語る。そして、不息純一にして隙のないことこそがまさに意識のあるべき「統一」を意味するという。*117

この持続的な意識の統一こそが「虚」の本質であって、ここにおいて「主観の無限定性」が実となると考えられた。し

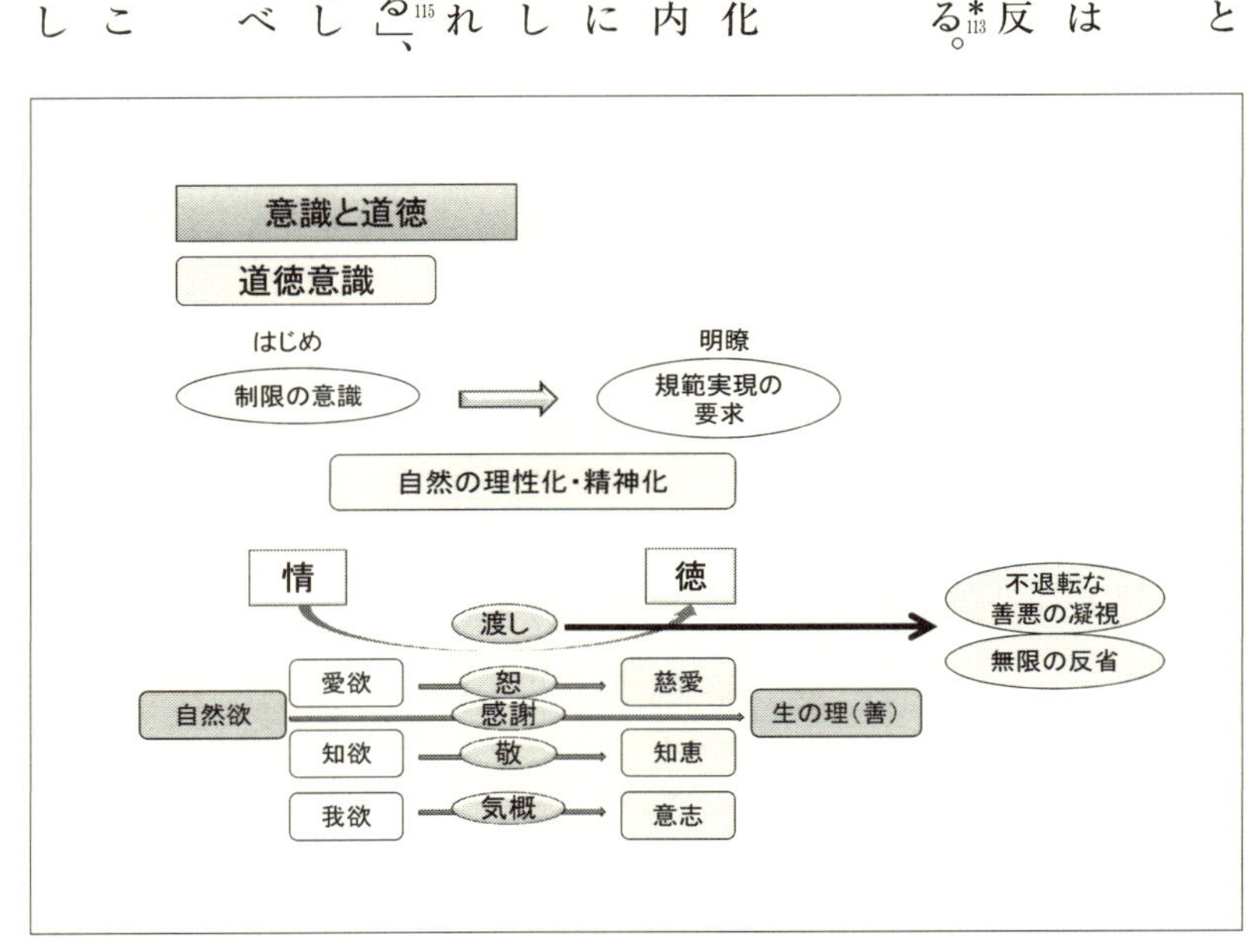

たがって、こうした意識の純粋な統一にとって、それを遮る、「軽躁」や「固陋」「執着」とならび意識の飛散した「油断」や「隙間」はもっとも回避すべきことと理解されたのである。*118

こうした「間断無き意識、意識に純らなる意識」こそが、「意識」と「意識せしむるもの（純粋意識）」とのあくなき循環による知の更新を可能にし、そこに「真の創造（自由）」がもたらされるとするのである。*119 そして、西は、逆に、状況相対的な特殊事実の現象面に固着し、意識の循環を通して起こり来る内的な本質規定を悉く否定する立場に対して、かれらの言う自由は「静中の自由」にすぎないとし、「限定に滞れば其限定は死である」という強い批判の言葉をあびせることになる。*120

## (vii) 主体変容の図式

### ①思想を感覚的可視的に描くということ

ここでは、西理論の図式化に先立ち、かれの思想がもつ、「特殊即普遍」の垂直軸的な主体変容の構造を二次元的な平

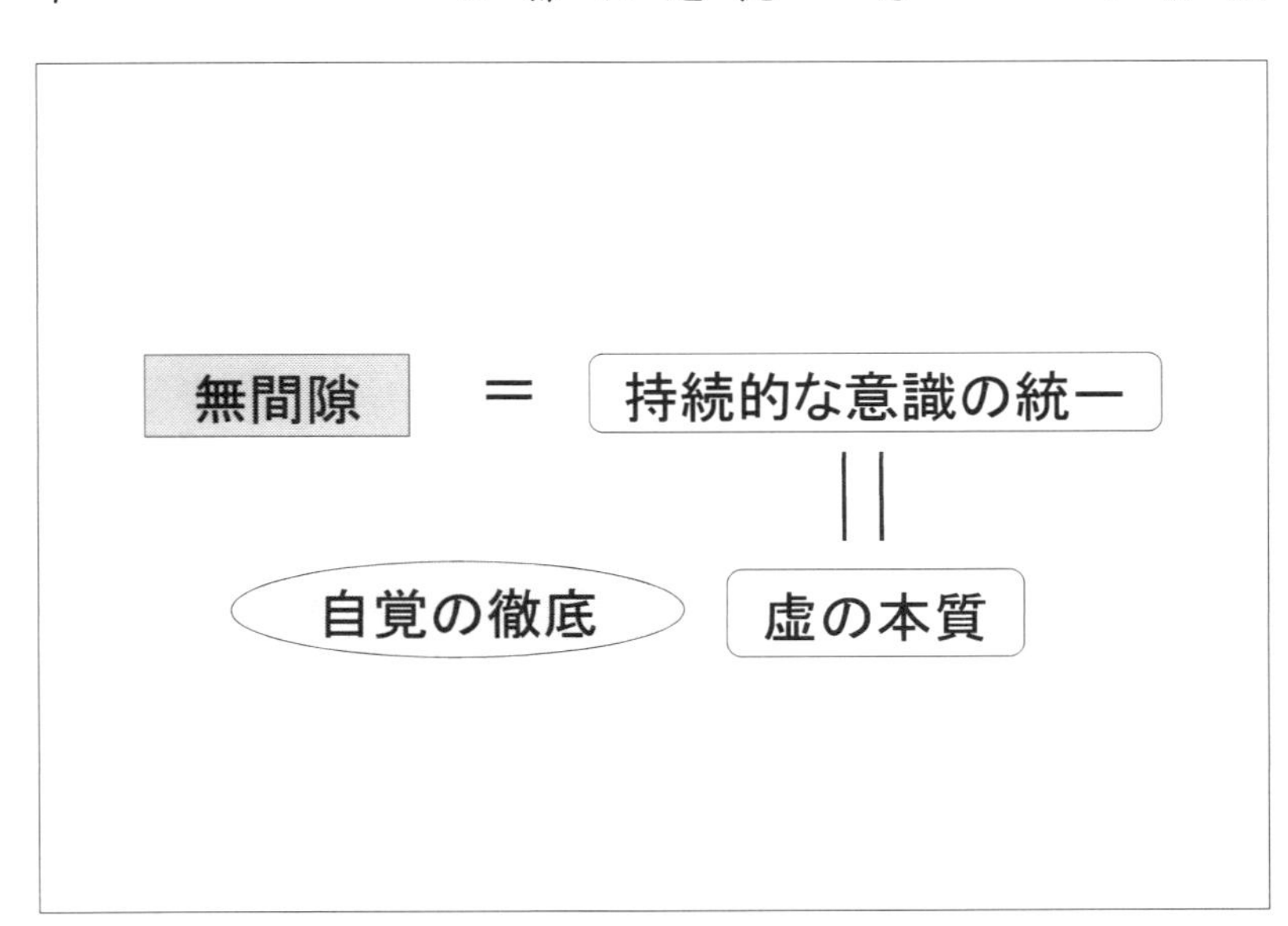

面に図式化することに付随する問題について確認しておきたい。

こうした実在の構造を「発展」「変化」という視点でとらえる場合、この語自体に含意されているように時間と空間のうちにその構造を移写することになる。しかし、西によれば、実在は、本来、こうした感覚的可視的な記述では語り尽くせないとされる。たしかに、発展はその様態の変化とともに時系列において確認できるできごとではあるが、西の理論でいわれる「千年一瞬のごとき」変容の瞬間瞬間は、均質的な時間・空間とは別の次元で生起していくものと考えられる。たとえば、かれが変容の重要な要素としてあげる「無間隙」[*121]とはまさにそうした実在の深みとの即応の瞬間に徹する際の言葉であり、そこにおいて意識は「完結自全」として普遍と一瞬一瞬隙間なくつながりつづけることになる。

したがって、本来、均質的な時間や空間に還元できない「即」という概念でもって構成される西による主体変容のパラダイムを、「発展」の平面図式にのせることは、西が言うように「有形でないことを有形に描きつつある」ことになるものと思われる。しかし、ここでは、こうした記述上の限界を受け入れたうえで、特殊と普遍との即応関係において上昇的な意識のスパイラル運動として展開される西の主体変容論を時系列的にそって経緯のみを描いていくこととしたい。

**②意識を軸とした主体変容の構造**

では、西は、いかなる自己運動によって、特殊の内に隠された普遍が「明」なるものとして現実化すると考えたのであろうか。

西によれば、普遍が実となるには、意識（自覚・反知）の徹底（意識の純化）とそれに伴う情意の変容が必要と考えられた。以下、かれの構想する実在の発現と主体変容のプロセスを描出してみたい。

まず、西は、実在のヒエラルキーを四段階の階層構造としてとらえている。各層は「生命」の形態として区別され、各々に支配的な「法則」が対応すると考えている。四段階とは、物理法と物理的力が支配する「無機界」、生理法と生物的生命が対応する「有機界」、心理法と心的生命が該当する「心界」、そして、自由法と精神力が基盤となる「自由界」といった存在のヒエラルキーが構成されるのである。[*122] これらの区分は、自然界を構成する鉱物、植物、動物、人間とのアナロジーとして構想されており、わたしたちに備わる形成力の種類やわたしたち自身の存在論的次元を表すものと考えられる。

しかも、「意識が意識たる性質を如何程実にするかによって其自身に於て完全である実在が種々の段階と形に於て現れる」[*123] と語られるように、西の場合、こうした実在の階層構造は自己意識の変容とかかわるものとされる。では、実在の構造は主観との関係でいかに構造化されるのだろうか。

西は、次の図のように、認識というものは、主観と客観の対立、つまり意識作用の活動をもって始まるという。したがって、それ以前は、意識が不完全で主客の対立が不明瞭な「主客未分」の状態といえる。ここでは反知としての意識とはいえず、意識は本能（衝動）的・感覚的な情意に支配される「不明」なレベルにとどまる。

つづいて意識が明瞭さを増すと、主観と客観の対峙が際だち、客観は主観から分離独立して対象界として現れるという。ここでいう対象界とは主観から独立した世界を意味し、主観にとっては他在（ヘーゲルのAnderssein）＝所与となる。こうした主観を、西は、「経験主観」「認識主観」と呼ぶ。意識の様態としては「主観的意識」[*124] とされる。情意については、認識以前の主客未分時の「衝動」（感覚の進展に際する裏面の統一力となる）が、この段階では、対象を明らかに識って「欲望」（衝動において明瞭でなかった対象が明らかに意識される）となるという。この主客分化の認識様態においては、知識は欲望を兼ね、欲望満足の手段となり、「利用的」「相関的」となるとされた[*125]。しかも、この主客の対立の先鋭化が意味をもつ構図においては、客観に対してのみ主観は主観でありうるので、結果的に主観は客観に依存する「不自由」な事態を招くことになる[*126]。しかも、こうした、対象（客観）と意識（主観）とが相対する状態にあっては知行は分裂をもたらすとされた。

以上の「主客未分」と「主客分化」の認識状況をさして、西は「自然界」と称した[*127]。

さらに、西は、カント的二元論を支持する立場が認識論的な架橋を不可とみる自然界から精神界への連続的な認識発展について、意識レベルの変容の事態として描いていく。かれによれば、わたしたちは、意識の徹底を重ねることで、この「自然界」から、「精神界」「自由界」という実相に貫入するという。そこでは「純動」が働き、普遍が特殊において実となる。「純動」とは、「反省の無限」であって、主が絶えず客となりゆく「主客合一の無限の進行」すなわち「創造」である、とされる[*128]。「実となる」とは、普遍の現実化や現実的統一をさし、「主客合一」の事態を意味した[*129]。

では、主と客の合一とは、いかなる内実を語るのだろうか。これについては、隈元の次の説明が当を得ている。「単に主観と客観が対立をすてて一つに融合するということではない。むしろ主観が真に主観になるに応じて客観も真に客観となり、一面そこには真の意味での対立が生ずると共に、他面この対立が主客の具体的統一を意味する[*130]」。

それでは、西が語る自然界から精神界へのターニングポイントはどこにあるのだろうか。そのことについて、西は、これまで意識的無意識的に依存していた「自然的限定」を否定することが必要となるとし、「認識の対象又は欲望の対象として客観界に対する態度を否定するとき必然に他が我とは独立して其自身の意義を有つものとして見えて来る[*131]」（それゆえ、かれは「哲学は死の道」「哲学的思惟は欲求から脱退するによって行われる」と述べている)。[132]
そこでは、否定に伴う一種の「苦痛」が生じ、内的な「鍛錬」を経て、知情意はそれぞれ高みに入るという。[133]非反省的な衝動は明瞭な意志(決意)へ、利己的・受動的・自然的な情は反省的・能動的・理性的な情へ、抽象的に実在と分断された知は具体的実践的な行的知へとそれぞれ高まっていく。[134]この境位は、衝動的生活において反知的な意識を介さない「知行未分」や、対象意識にとどまり客観に依存する「知行分化」とは異なる位相と解された。真偽・善悪の重なりのうちにみる意識の統一持続の果てに、自己が「真・善となる(知徳行合一)」ことを意味するのである。西は、それについて、「意識の本来から言へば其一統一は即ち行為に外ならぬ」と述べるのである。[135]
よって、そこでの意識は〈主客未分の不明瞭さ〉と異なり、〈明瞭さの極〉に位置づき、自己意識は対象意識(認識)の形式を超え、「真実在の認識体験」とひとつに〈なる〉のである。つまり、この垂直軸の図式では、〈自己尺度の否定〉を通した主観の高まりにおいて、リアリティを「知る」(認識)という行為はリアリティと「なる」(存在)ことへと移行する。言い換えるならば、善きもの、真なるもの、そして美なるものを〈知ろう〉と努めてきた認識主観は、経験やモラルの高みにおいてそれらとひとつになる(知在一、知徳一、知行一)のである。
しかも、こうした垂直軸的な変容理論を支える論理は、先の節でも確認したように形式論理とは別の物の見方となる。それは、「絶えざる否定の上に絶えざる肯定が行われる」[136]「否定というは…主観が益々自ら主観たるの作用(はたらき)によって内的客観が所与たるの性質を失って主観自身の限定たるを覚えること」「自覚とは、一個たるを失う意味ではない、一個ではあるが一個ならざるところを実にすること」[137]と語られるように、先の「即非の論理」（Aは非AであるがゆえにAである）同様、存在論的浄化体験を構造化した論理となる。

さらに、こうした変容の図式は、「自由」の問題ともつながる。つまり、ここでの意識の純化過程は、「主観が客観的限定を超えて益々内に自ら主となる」[*138]プロセスでもあるからである。それは、これまでのあらゆる制約を「否定する道」でもあり、顕としての「在」の領域から隠としての「一」の領域へ向かう「在非在を超える道」でもある。[*139] 西が、しばしば『臨済録』の「随所に主となれば立処皆真」[*140]をあげるのは、こうした境位をこの言葉が物語るからである。

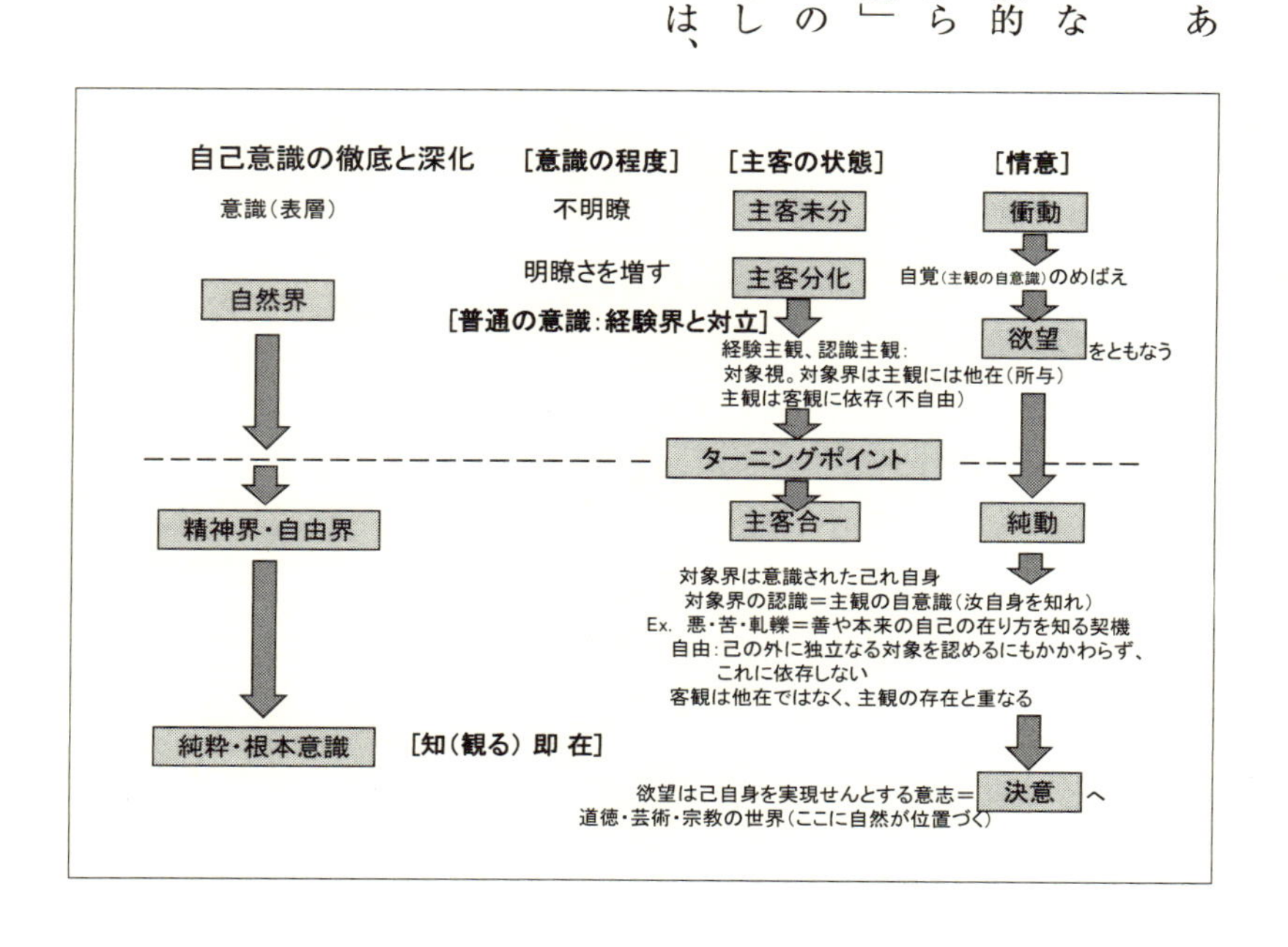

## 3. 西思想の現代的意義

### (1) 絶対的創造としての自由の理論

先にあげた隈元は、西思想の哲学上の画期点は、かれの思想が「絶対的創造」によって一切存在が展開される中に自由を位置づけている点[*141]にあると述べている。それは、具体的には、「自由意志の説」として説かれ、伝統的哲学における自由論の二面（ギリシア思想における「知行合一」説と中世以来の「意志の自由」説）を統一したことに哲学上の意義が見いだされる[*142]。

そこでの論点は、「善悪と自由」であり、西は、道徳を考える際、人の〈本性の善悪性〉と〈それらの発露と自由の関係〉の問題を明らかにする必要があると考えている。以下、西が批判的考察の対象としたカントにおける善悪と自由の見方と、かれ自身が考える善悪と自由のとらえ方についてみていくことにしよう。

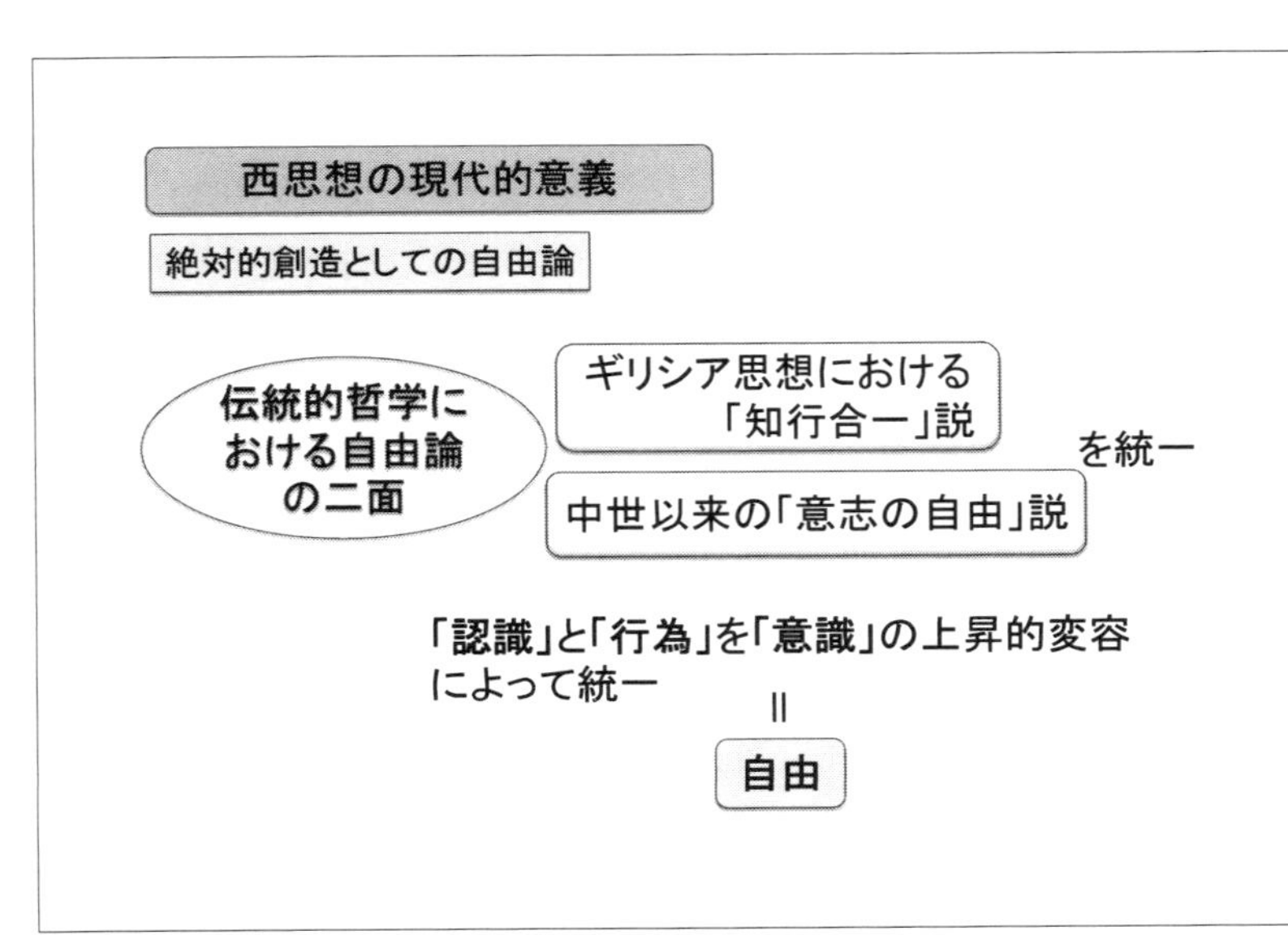

## (i) カントにおける善悪と自由

自由に関する西の考察は、まずカントの理論に対して向けられた。かれは、ここで、「悪は人間には生まれつきである」「悪は自由から起こる」という二つの命題を検討していく。まず、カントの善悪論についての西の理解を補足しつつ解説してみよう。

西によれば、カントは人間の内に根本悪(radikales Böse)をみているという。なぜならば、「悪への傾(Hang)[*143]」がわたしたちの内にあるからだとされる。しかも、その「傾(性癖・好み)」が「悪」とされるのは、そこに自由意志が関与するからであるという(意志が関与しない無自覚な自然欲的な状況では悪と規定し得ない)。その自由意志とは、道徳法則をもたらすものとされる意志(Wille)ではなく、行為へと向けた格率を定める「任意の自由」にかかわる選択意志(Willkür)のことをさす。そして、この選択的な意志でもって(カントが克服すべきであると考える)自愛(Eigenliebe)的な欲望(Begierde)を「己の格率に採用する」ところに「悪」が起こると考えた。つまり、その自愛的な動機を、道徳法則からの動機に優先させる形で選び取る選択意志に、カントは「根本悪」の因をみたのである。

ただし、カントの理論では人間における「善の素質(Anlage)」も説かれており、それは「悪への傾にも増して生まれつき」であるとされている。そして、この「善の素質」もまた、「道徳法の意識に伴う尊敬の情」をそれだけで意を決するに十分なる動機とするような「任意」の意志において、はじめて人格性を帯びてくるとされた。ここでいう「人格性」もまた善悪の責に任ずる能力のあることを意味し、道徳法則を意識し尊敬する事態をさす。ともに「任意の意志」が善悪の行為の発露にかかわることになる。これらが西の理解した善悪と自由に関するカントの物の見方となる。

## (ii) 西における善悪と自由

以上の、「任意の自由」が「善悪の責を担う」とするカントの理論に対して、西は、意識論の観点から、「任意の自由」は、「真実在的のものではなく、何等かの錯誤迷妄から起こる」[*144]、と反論する。意識を軸に〈認識と存在とモラルの一元的上昇図式〉を主張する西にとって、「自由」は「識が明白となるに従って道徳法の意識も明白となる」[*145]なかで真に実現されるものと考えられた。

そうした意識の統一において働く自由意志は、自愛的なさまざまな動機を選択する「任意の選択意志(Willkür)」ではなく、自己の内に立ち現れる道徳法則とひとつのものとして作用するカントのいうWilleであると考えられた(「道徳法の意識即自由の意識」[*146])。そのWilleとしての自由意志においてはじめて「善悪の識別」が明らかな形で意識されることになるのだという。

それゆえ、真に善悪を知る者(善への意識が統一している者、道徳法意識に徹した者)は、そうした境位にありながら必然性を犯して自己愛的な選択を意志することはないとされる(「恐怖」と「真の勇気」が、あるいは「意識の集中」と「意識の拡散」が同時に成り立たないように)。つまり、プラトンにならい「悪なるが故に悪をなす(善と悪を知って悪と理解したうえで悪をなす)ことはない」と明言するのである(これは、「悪の実行に関するプラトーの考の帰着点は人は故意に悪を為し能はずといふにある」というようにプラトンの考えに依拠している)。

したがって、西が描く〈明〉から〈暗〉への意識の広がりにおいて、自己愛的な動機を選択する「任意の自由」は依然として意識の暗がりに位置づく「錯誤迷妄」[147]のうちにあると判断されたのである。そして、そうした「任意の自由」がなす格率化ゆえに、人間の「根本悪」の因をそこにみることはできないという結論に至ったのである。

つづいて、こうしたカント的な「任意の自由意志」と西の説く「主観の無限定性」概念との関係についてみてみよう。西の「主観の無限定性」概念は、究極的には、外からの制約や依存を超えた主観の自由なありよう（「内容を有しながら有とせない形式」[148]）をさすが、自然欲や自愛が支配する意識レベルにおいても低次な形で現れうるという。では、そうした無限定な主観の性質とカント的な「選択意志」（自然欲を超えた段階で容認）に重なりをみることはできるのだろうか。

結論から言えば、西の「無限定性概念」とカントの「選択意志」は相容れない見方といえる。「無限定性概念」は、たしかに任意性をもち自由な意志と関連をもつ。しかし、それは、カントの「選択意志」のように、善悪を知ったうえで任意の価値を選び取り格率化し現実的な行為へ向かうといった〈叡智的性質と経験的性質の両義性〉をもつ自由意志とは異なったものといえる（西はこうした自由を、普遍と特殊が乖離した「客観的限定から抽象せられた無限定的主観の自由」[149]という）。

西の語る「無限定性」は、〈特殊と普遍の即なる呼応〉のもとに成立する概念であり、特殊を窓口として〈唯一の実有〉とかかわるゆえ、かれのいう「自由意志」は具体的普遍の様相を示すのである。〈唯一の実有〉は、普遍即特殊のパラダイムをもつヒエラルキーで構成され、そこにおいて「自由意志」は、主観の意識の〈明暗〉の程度に応じて異なる次元で現れる。

西が、「本来自由は唯一である、自然的衝動も、自然的衝動を任意に取捨する如き自由も、道徳的自由も、本来に於て別なるものではない。ただ本来なるものがどれだけ自知的になるか其段階如何によって自由に相違がある」、と語るのは以上の意味からであり、こうした論理においては、「善悪を知りつつ悪を選択する〈明〉の意識レベルにおりつつ、〈暗〉のレベルで悪を選択する〉」という事態は容認されない。

つまり、「識即在」「知行合一」を支持する物の見方では、カントの理解は成り立たないのである。それゆえ、わたしたちの多くが経験としてもつ「悪いと知りつつ行う」という事態は、自由意志が善悪を真に知ったうえで〈悪を選択した〉のではなく、無明な意識のもとで〈善悪の凝視が退転したもの〉と解されるのである。[*150] したがって、先の「選択意志」は「無知に由来する意志」をも包含し、それに責を負わすことは「自由意志の真相の見損じ」をうむものとされた。[*151]

西にとって、善悪を知りうるのは道徳法則の意識であり、それとかかわる意志はWilleにほかならなかった。道徳法則への志向性と道徳法則から行為へと向けられた志向性は、かれの場合、ともに道徳意識のレベルとかかわりをもつ。問題

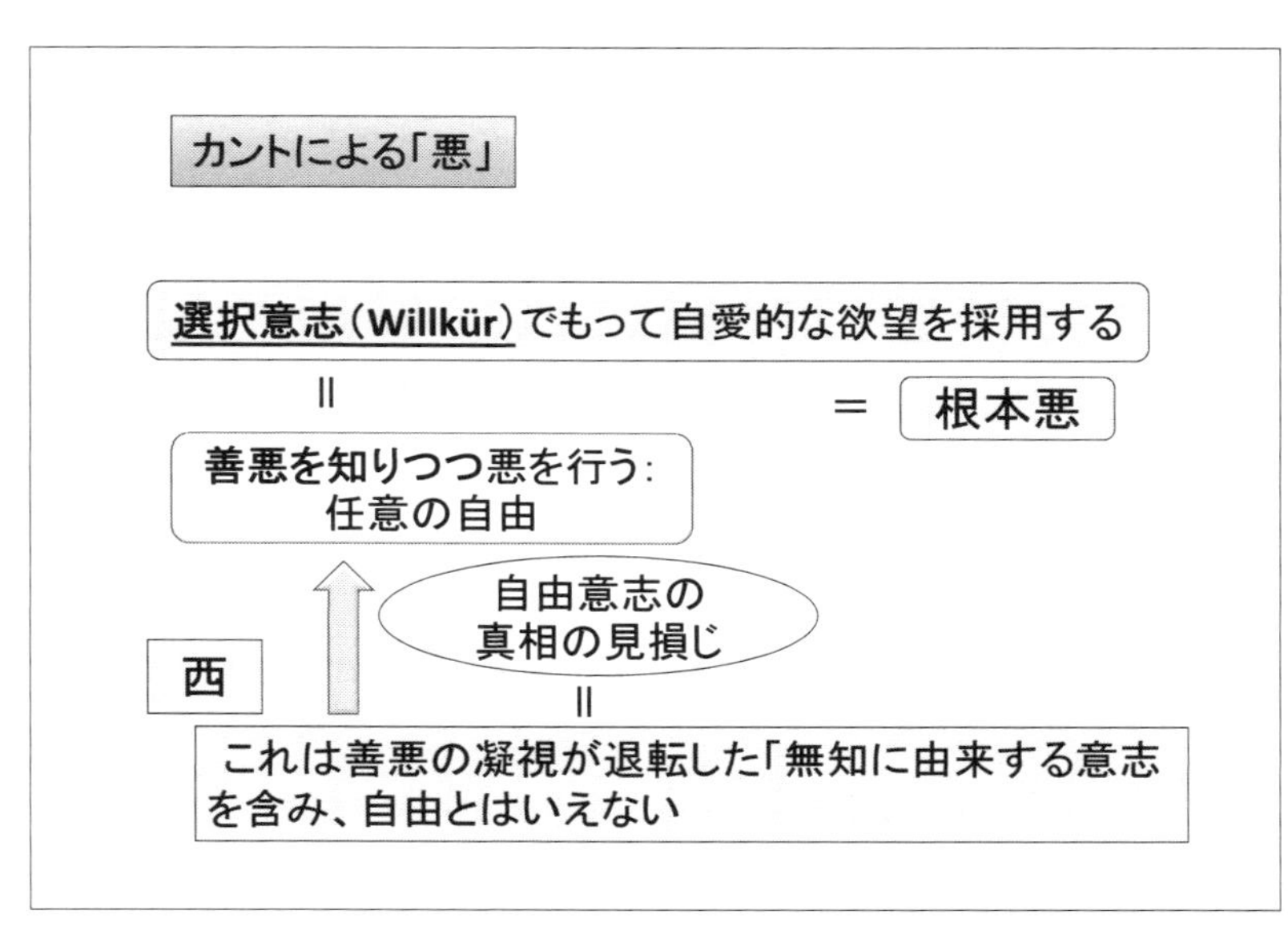

はその道徳意識が明か不明かということである。そうした見方においては、認知構造が変われば認知内容も変わるのである。自然欲、自愛を経て人格性が確立するに従って道徳的意識はより明瞭となり、それまでの偶然的で不十分な善悪の選択的判断は、善悪の凝視が徹底する程度に応じて必然性を増していくことになるのである。

したがって、善悪の選択は、善悪をふまえてなされるというよりも、道徳的意識の徹底の度合いに応じてなされるものといえる。つまり、西にとって善悪の因は、〈善悪を知りつつどちらかを選び取る〉ことができる「選択意志」に求められるのではなく、まさに善悪のなんたるかを立ち上らせる「道徳法の意識〈主観の反省・自覚の明―不明の程度〉」とそれにともなう意志の程度に由来するものといえるのである。

### （2）価値相対主義の克服として――「任意の自由」への危惧

ここでは、カント的な「任意の自由」と西的な「主観の無限定的自由」との関係をおさえたうえで、西が主張する価値相対主義の弊害についてみていくことにしよう。

まず、前項で確認したように、西が、悪をも選択しうるという「任意の自由」の解釈にこだわったのは、それが真実在的なものに由来するのではなく、錯誤・迷妄によるもので、それを超えていかなければならないと考えたからであった。西にとって、この「任意の自由」は自己愛的な動機を採用する自由であり、「自然欲」や「普通の利己心」に左右されたものではないが、「却って最も深刻なる意味に於ける我を張るものである」とし、そうした自由の蔓延こそ危惧すべきものと感じられた*152。

とりわけ、そうした自愛を根拠とする自由は、善悪の識が明でない場合（思いこみとなり反省的思考を伴わない場合）、一方的な偽善や善の押し売りとなり、極端で破壊的な攻撃性と結びつく可能性をもつものと危険視された。

さらに、西は、こうした〈主観の側の自由な選択〉への信奉が「一切の限定の否定」のみを強調する事態（西は、これを「主観の無限定的自由」の低次な状態＝「消極態」「抽象態」という）[153]をもたらし、本来は本質ではない表層的で価値相対的な事実を絶対視するという誤解をうむことになると指摘する。そして、こうした消極的自由を「自立的な我」とする迷妄から悪が起こるのだという。そのような誤った任意の自由をもたらし肥大化する「我」について、西は、「すべての客観内容に束縛せられない消極態そのものが実にあるかのように思うことがある、而して此無限定態から如何の内容でも任意に現わし能うように思う。絶対独立の『我』が居て如何の方向にも出で能うと思う。併し意識界では全然無内容である只の主観はあり能わぬので、あると思うは抽象的空想的である」[154]、と述べている。先のカントの「任意の自由」の出所もまた、この種の「一切否定の消極態」であり、ここから悪が起こると考えられたわけである。[155]

しかし、この「消極態」は、西によれば、「自由が自覚の実に転ぜんとする機」であり、「自然界と精神界との限界」であるとされる。そして、自由が本来の自覚に達すれば、自由的必然が開けて悪は最早や不可能となるという。[156]西にとって、カントが、悪は自らを欺くこと（自欺）とした点は評価され、この自欺は西にとって意識の暗きこと、不明を意味し、こうした道徳法の意識の暗きより悪は起こると考えられたのである。

では、つづいて、「消極態」「抽象態」に立つ自由が陥る価値相対主義の弊害について、西の考えるところをみていこう。

西は、そうした価値相対主義の原因と弊害について次のように述べている。

「体系上直接連絡なき相互偶然的である数多に転変しつつ本の統一を断続的に続けるから其統一が不十分で、

其客観的多は一体系を成さず、一貫の意義を成さず、多少の連絡を失える多の羅列の如きである。これは意義に遠ざかり、生命に遠ざかり、意義生命の影の如きである。其一貫持続せないで余所ものに転変する所、常無き所、定まり無き所、動揺する所は意義即生命を奪う所で、無常不定動揺不安が無意義であり死である。意義の不明とは…微細意識が雑然偶然去来して意識の一貫を妨げること、…何等連絡なきさまざまの他体系に転じて自己を失うことである」[*157]、と。

つまり、徹底した内観的な反省へと向かわず、現象面での連絡のみから事象を判断するところに、主観は偶然性に支配され、真実在から離れた生命や意義の欠如した誤謬がもたらされると考えるのである。

さらに、西によれば、こうした価値相対主義の立場は、「抽象的ながらも主観の無限定性に接したから、只訳もなく内容的束縛から離れることを独立と誤想して」、内観的に看取される客観内容の真相の必然性を確かめもせずに否認する、という。しかも、その立場は、そのような主観の無限定性を根拠とする一貫した独立に「一種の満足を覚えるという特殊

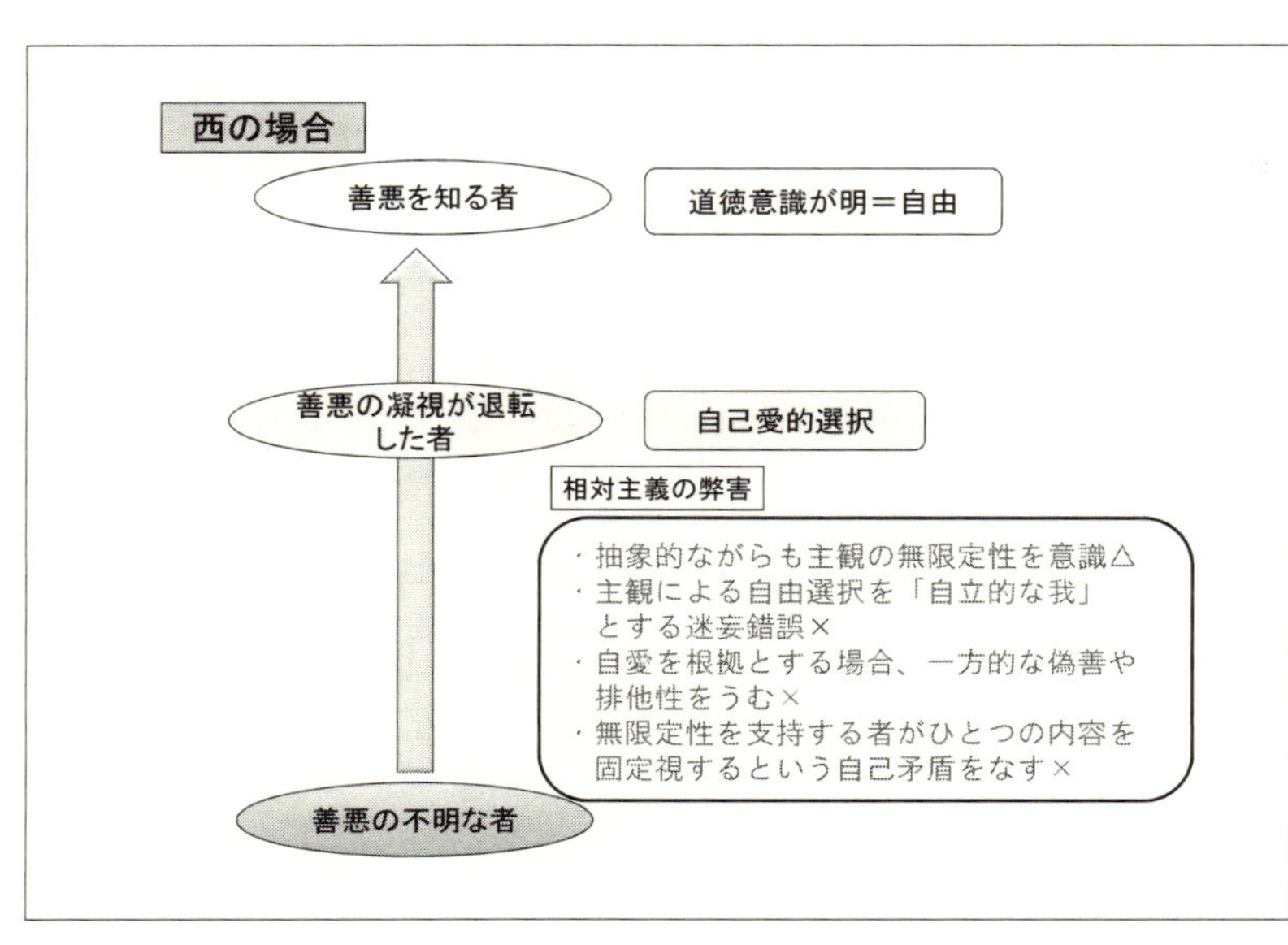

性」をもつとされる。しかし、結果として、主観が客観内容の真相を見いだすに至らず、本質からはずれた判断をなすという。[*158]

加えて、西は、この立場が何らかの「判断をなす」ことに対しても、誤謬をみる。つまり、かれらが「判断をなす」ということ自体、かれら自身がそのことを「善とみなしている」ことを意味し、そのことは、本来、価値相対主義に立つべき者がひとつの内容を固定するという自己矛盾を物語っているのである。[*159] これに対して、西の考える「主観の無限定性」は、「いかなる固定した前提をも置かない認識態度」として具現し、そこにおいて認識や判断は、自己意識を介して展開される普遍（理想）と特殊（現実）とのあくなき循環を通して生成のうちに形成されていく。つまり、そうした内観的な知や判断は現実への適応結果を新たな内観の材料として、「自他ともに自由な意識状況であるか否か」を基準に、つねに変容・止揚されていくのである。

### （3）パラダイムの現代的意義

一般的に、今日、わたしたちが思想について「現代的意義をもつ」という場合、次の事態をさす。広義には、その立場が、「近代（あるいはそれ以前）の思想を相対化し、ドグマ性を回避する」ものであること。より限定的には、因果性については〈進歩〉〈発達〉〈啓蒙〉〈普遍性〉という概念を内に含む「目的論的志向構造」を、認識論に関しては「客観・主観世界」への単純な信仰を、方法論では「因果論的・実証的方法」を、分析性に関しては「専門分化・細分化」を、疑い、現実に立脚し自己批判的に事象を相対化すること（「小さな物語」）、を意味している。

西的な意識変容の図式を内観的・垂直軸的思考とするならば、このポストモダン思想の趨勢は、感覚・知覚世界の構成主義的な分析・関係記述（説明）に徹する思考といえるだろう。

だが、古代からの哲学的営為を偏見なく追思考するならば、ドグマ化を回避する方向は、こうした構成主義的な指標だけにとどまらないことがわかる。内観的な「垂直軸」の方向において、事象の内的な相対化に努め、形而上的な領域への一足飛びの飛躍を否定し、「現実的な視点からの構造化」と「ドグマの回避」に寄与してきた思想が存在する。加えて、その立場は、わたしたちが今日においてさえ無自覚である「無意識の層」や「超―時空的な現象」をも含めた理論の構造化をおしすすめてきた。西は、まさにそうした思想系譜に光を当て、現実的な思考のレベルで理論を構築したといえるのである。

さらに、ある学問が妥当であるのか、意義をもちうるのか、について議論する際、その学問が拠って立つ認識論の構造が問われなければならない。なぜなら、「存在のリアリティの認否」「存在内部の因果性」「主観と存在とのかかわり」「リアリティの認識方法」「認識の射程」「パラダイムの妥当性」はすべて認識論の構造と相関するからである。西が自らの学問的立場を認識論・意識論の視点から基礎づけるのはそうした理由からである。しかも、これまで考察してきたように、西の理論は、普遍（客観）と特殊（主観）のどちらかを否定したり、一方に偏したりするものではない。しかも、そのパラダイムは旧来の決定論（運命論）的な目的論を理論にもつ「生気論」とは一線を画し、自由意志を核に主体の変容の程度に応じて普遍と呼応する「現代的ホリズム」としての「全体論」ともいえる確率論的な構図といえる。[*160] そこでの循環的なベクトルはつねに確実に現実を視野に入れ、現実との呼応関係のなかで普遍は語られる性質のものとされた。

## 4．ナショナリズムとの距離

### （1）ナショナリズムの定義

西の「特殊即普遍のパラダイム」とナショナリズムとの関係を問う際に、まずもってナショナリズムとはなにかを定義しておく必要があるだろう。ここでは、とりわけ第二次世界大戦にむかうナショナリズム的志向そのものの傾向を問うことを目的としており、そうした視点からナショナリズムを考察するラッセル（B. Russell）における人間の根本衝動論を参照にナショナリズムの規定をおこなってみたい。

ラッセルによれば、人間には大きく「所有衝動 (possessive impulse)」と「創造衝動 (creative impulse)」といった二つの根本衝動が存在するとされる。*161 そして、後者が建設的な形で発動されたときには文化的発展へとむかうのだが、前者が「調和よりも衝突を好む衝動」(an impulse to conflict rather than harmony) とされる破壊的な衝動に突き動かされたときには権力や戦争につながるとされるのである。*162

では、調和より衝突を好むにいたる個人の所有衝動は、戦争へむかうナショナリズム（全体化）といかなる関係を有しうるのであろうか。「全体化」とは、悪意によるにせよ善意によるにせよ「全体が個人を取り込み、その独自性を奪い、ときには排除すること」*163 を意味する。別言すれば、「自分（じぶんたち）が全体だと誤解ないし自称し、自分以外のものの独立性を奪い、自分の中に呑み込んだり、自分の外に排除したりすること」*164、ともいえる。

これらのことから、個人のうちにおける「所有衝動」の拡大の末にたどりついた「類的認識」、すなわち「同質的な全体性の認識」が、類の外と判断した者に対して「強要あるいは排除の原理」を適応するとき、ナショナリズムは闘争の状態を引き起こすものと考えられる。当時ナショナリズムに組み込まれた思想の多くが、この文化的な「創造衝動」と、全体的均質へとむかう「所有衝動」といったアンビバレントな関係を内的に保持しつつ展開されていったものと思われる。本論では、とりわけ、所有衝動から破壊衝動への転化を、「排他的ナショナリズム」「闘争的ナショナリズム」と呼ぶものとする。

では、西による「特殊即普遍」の思想は、この「創造衝動」と「所有衝動」から、「同質的な全体性の認識」を経て「強要・排除の原理」に従う排他的闘争的ナショナリズムへと向かう潮流と理論的にいかにかかわるのであろうか。

## (2) 西理論と闘争的排他的ナショナリズムとの関係

### (i) 類的存在としての個

西は、「万物を見るに種なきものは一も無い」「如何なる人か何れかの人種民族に属せざるものがあろうぞ…人種民族に属する以上は其人種民族の性情を脱却することは出来ぬ」と、

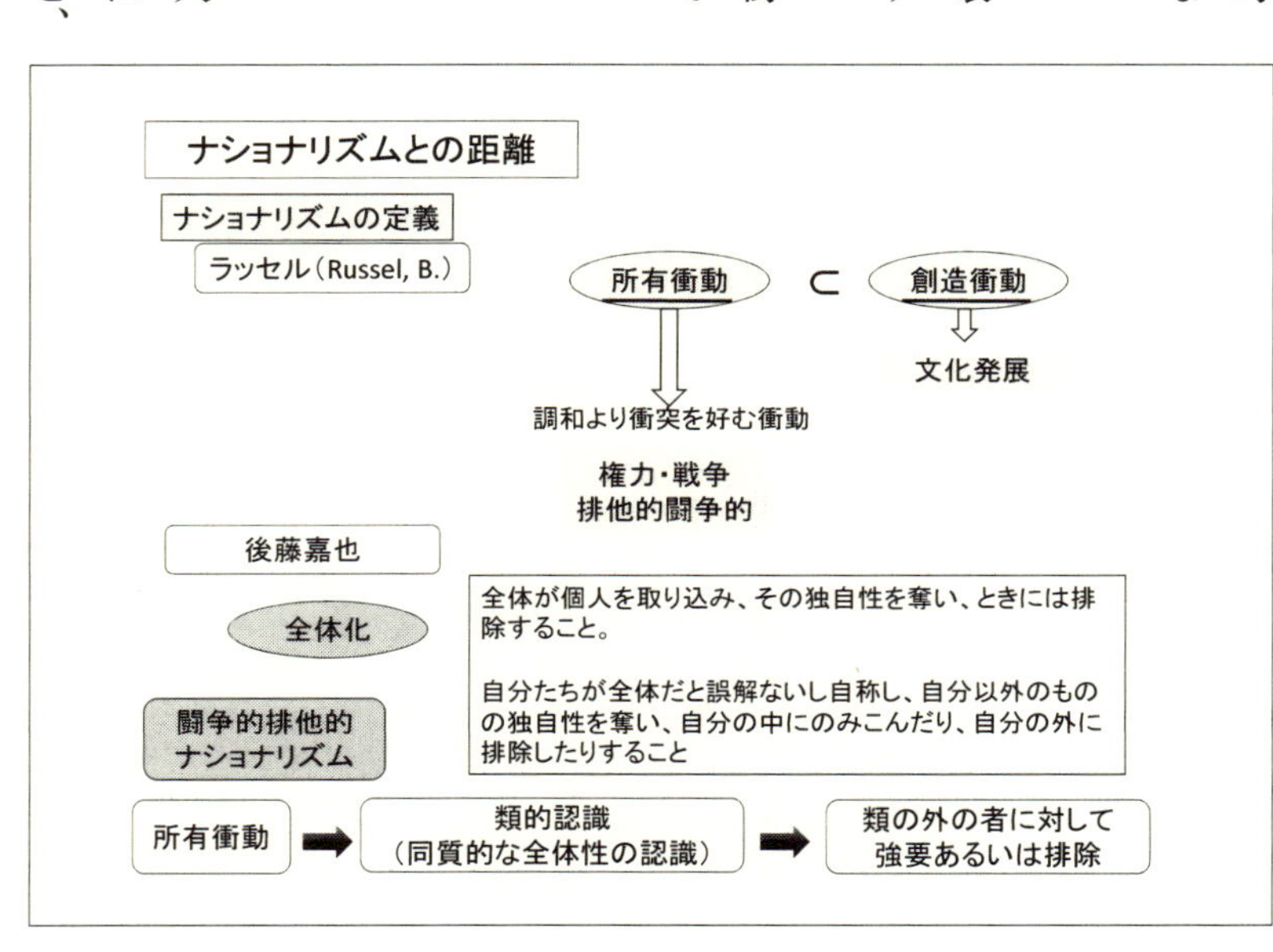

個の類的存在性を是認する。[*165] しかも、これらの関係は、先に確認したように、形式論理的な関係ではなく、「特殊即普遍のパラダイム」のもとで展開される内在―超越的な論理に基づくものであった。では、ここにおいて、類と個はいかなる関係をもつのだろうか。

西が描く「普遍（類）と特殊（個）のパラダイム」は両者の「即」なる対応関係を理論の核に置く。その意味では、〈類が個を規定する〉といった偏りのある一方向的な比重や包摂の問題につながらない。つねに、両者は表裏一体のものとして相即的な関係が前提となる。ただし、先の節で確認したように、この「普遍と特殊の即応」は、実在の本質である〈変容〉においてこそとらえられるべきものと考えられた。そして、わたしたちがそうした〈変容〉にかかわることができるのは、まさに〈意識〉の次元を介してのこととされた。自己意識を起点とした主体変容（情意・モラルを含む）こそが、変容に際しての現実的なかかわりとなる。西が、普遍と個の相即関係を支持しつつ、「其内を直くして其外を方にする」[*166]と述べるのは、そうした〈変容〉の視点からの記述といえる。

それゆえ、西のとる存在のヒエラルキーは、固定的絶対的なものを前提とした構造ではなく、普遍はつねに個の意識変容の状態に照応して「趣」として看取される、即応的・流動的性質のものとして語られる。そこでは、全体的な「均質性」は目標とされず、特殊は特殊のままに普遍へと貫入するという図式が支持されることになる。西の思想は、隈元が述べるように、均質化へ向かう所有衝動とは別の、「絶対的創造としての自由」に依拠した理論ということができる。

では、この「主観の無限定性」に根ざした「創造的自由」の思想において、「個人精神」と「世界（宇宙）精神」とをつなぐ理論を西は保持するのだろうか。

西の場合、普遍と特殊の即応的関係を支持するにもかかわらず、「個人精神」を「世界（宇宙）精神」へとつなげる理論を具体的に構築する方向には向かわない。それは、西が意識の広がりに制約を設けているからではない。

かれは、「万国共通の道徳は無きかと云えば、道徳的精神は人類共通である。…此精神は故に互に相感応するものである」[*167]、と述べると同時に、人間の意識を通して、数理論理に加え、感情のようなものさえ世界万人に相通じあう可能性があることを認めている。それにもかかわらず、かれが人種民族の特色は個人的には「普遍相」として存在するとして、そこを窓口にわたしたちは本質を看取していくべきというのはなぜだろうか。

## (ii)「具体的普遍性」を実とする国家

西は、意識の向上にともない、「人間性」もまた涵養されるという。そこでは、他人を欲望の対象と見ず、目的そのものと見、その目的に従って遇する「人格的関係」が成立するという。この「人格的関係」について、西は、「無限の人格的相関にまで発展すべきであると語る。しかし、そこに至るには、「人格的関係を統一する所の一箇特殊的なる具体的体系の成立を経過せねばならぬ」[*168]というのである。この「特殊的なる具体的体系」とは、特殊の意義を共有する統一的な人格的関係としての「民族精神」「民族国家」を意味している[*169]。つまり、具体の十全の後にしか普遍の充実はなく、足元を確かにすることなしに徳は拡充できない、と考えているのである。では、なぜ、西はこうした考えをもつに至ったのだろうか。

西は、己れの種に一致して己れの地金に戻って民族の性情にそって価値を看取する方が「自由の感じ方が一層痛切」となるという[*170]。一般には、民族に限定することで個人の自由も限定されるものと思われるが、西は、「己れの本に還ったときに真に自由なる」[*171]と主張するのである。己を純化することに始まり、「己の本」とされる国家（民族・文化）を〈虚〉の原理に照応させることを通して、結果的に、「自然に世界の文明全体にも貢献することになる」[*172]と考えたのである。

このように、わたしたちの「本」である国民道徳の特殊に透徹せる普遍的道徳こそが、多文化社会として構成される人類同胞の間に通ずる普遍的道徳となりうるものとされた。そして、そうした視点をふまえずに〈頭越しに下される実感を伴わない道徳〉は〈抽象的道徳〉となり、そのような抽象的道徳を他国に押しつけた場合は、逆に文化摩擦を引き起こすことになるものと理解された。とりわけ、こうした事態は、国家を動かす原動力や国家の政体を考慮せずに、利己心や個人の福利、公衆の幸福、公平な正義といった抽象的な概念を普遍化するなかで生じる、と指摘する。

しかも、往々にして、そうした現実生活を考慮しない抽象的な思考・判断は、「文明の優れる国民が劣れる国民の土を領しても其土の住民に従前よりも一層文明的幸福を施し且つ其占領のため累を他国に及ぼしさへせねばよい」（イギリスのリチーの説[*173]）という偏見を含んだ誤謬を犯すことにつながる、とされる。

相手の「現実性」は、自己の現実認識を純化し、偏った自己尺度を捨て去り、その地点から、相手そのものを〈追思考（Nachdenken）〉する、そうした〈意識力・気づき（mindfulness）〉や共感の範囲でしか理解できない。西によれば、そもそも相手の福利を確知することは困難を伴うとされる。したがって、わたしたちができる最大・最善のことは、「相手を変える」のに先立ち、「自己を知り自己を変えること」、その方向に徹することの方がより現実的な方法であると考えられたのである。

西は、実在の性質を、いかなる制約もないことにみる。それは、水のごとく、円器に入れば円となり、方器に入れば方となる。どの場所においても本質は形を変えて包蔵される。こうした例えにおいて国家もまた器であり、わたしたちが器の中で生きるかぎり、そこを通して実在の本質に、より実感をもって近づきうると考えられた。こうした理解に立つとき、西のいう、抽象的普遍ではない、具体的普遍の内実が理解できるのである。

以上の見方にもとづき、西は、「理念の具体化（理念即現実）」を社会的に実現すべきものと考えた。道徳もまた、その理念がそこに生きる人々の文化や慣習にもとづく生活実態と自然なる重なりをみるとき実効性をもつものと考えられた。それゆえ、そうした「具体的道徳生活」においては、個人的・民族的特性を保ちつつ道徳は実となると考えられるので、必然、その形式は国民道徳という形をとることになるという。そうした意味で、「文化の具体的舞台」として「民族的国家」があると考えられたのである。そして、国民的文化の相互連貫としてのみ普汎的文化は実現されると解された。

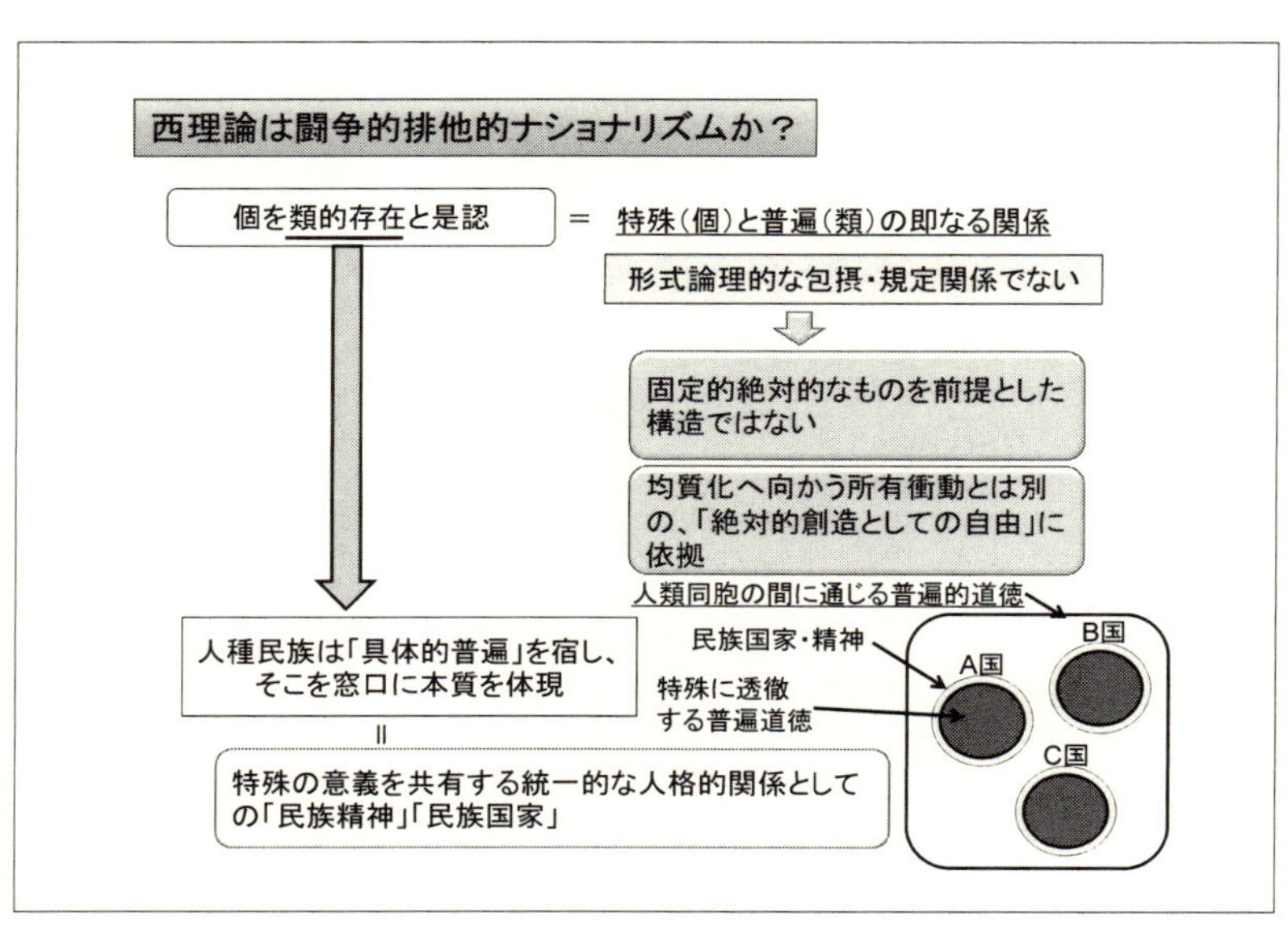

## （iii）「序」と意識

西は、国家と個人の人格に関する法則―生命関係を、「法制・礼制」―「義理」の関係にみている。そして、国家も人格もともに生きたものであるかぎり、動的なものとしてみる必要があるという。その際の〈動き〉は「特殊即普遍」の関係を保ちつつも、自己意識の変容が軸に置かれる。ただし、そうしたパラダイムにあって、国家政体は、「上にあって統べるもの」と「下にあって統べられるもの」の地位は換えてはならない、と主張される。「能統所統の対立的地位」は、「法制の根本的制約」となるとも語られる。[*174] そして、そのような観点から、国家有機体説や国家機関説は否定され、とりわけ、国家の長としての存在は、有機体の一分子や機関の一部ととらえることはできないとされた。かれにとって、政体上の大枠としての秩序は保守されねばならず、「万有が各自の天性に順にして上帝に忠義（ロイヤル）を致すことで…始て万有の理法の真に達する」[*175] という見方が堅持されることになる。

では、こうしたヒエラルキーの中で「各自の天性を順にする」という思考は、かれの説く〈個の意識変容とその無限定性〉といかなる整合性をもつのだろうか。そこに自由の抑圧はないのだろうか。また、こうした物の見方の核心はどこにあるのだろうか。かれの次の言葉が、そうした問いへの回答となりうる。

「普通の意識には花が除かれねば青葉が到らず、青葉が退かねば結実せぬ、一が他を斥ける。除かれるべき花は悪であり、待ちもうけられる実は善である。花から実へ、悪から善への移動が生々である。しかし除かれるを待たず時を移さずに散るべきときに自ら散り去り、実のるべきときには遅滞なく実のれば、棄てらるべき悪もなく求めらるべき善もなき境地に近い。凝滞せず、又急がず、序に順つてゆけば善を失わぬ。故に生々の世界では序に順うが善である…夭寿不弐…功の大小相等しく、貧富一なり…大功も誇らず功無きも自ら卑しとせず、或は富貴にして淫せず貧賤にして楽しみ、…序に順うことが出来れば純善に近い[*176]」。「去られんとする形相が嫌われるまでもなく遅滞なしに自ら去り、求められる形相が求められるまでもなく時を失わずに速かに出現しさえすれば、欠乏を覚えることがない、即ち無形相の間隙がない。動いて動揺を覚えず、推移自身に静なる趣がある。如上を序に順うといふ。…現実界では常は只序として現われる。序に順いさえすれば四時は移っても四時の常を見る[*177]」。

　ここでは、「序」は、悪から善へと移動する意識の問題として語られる。つまり、意識の変容は、「序に順ったもの」とならねばならない、と。ここでいわれる「序」とは、〈あるべき（あるいは向かうべき）秩序〉と考えられ、特殊な個と普遍とが即応するなかで看取される秩序を意味する。それは、偏見や欲望が介在する〈表層的な認識〉によっては判別できず、〈内観的な反知〉によるものとされた。そうした反知としての洞察においては、悪とみえる事態は善への契機を含み、善とみえる事態（不明な偽善）もまた悪への契機を含むことが自知されるのである。

　したがって、表層的恣意的な認識に基づき、自らの状況や社会状況を変えようとすることは、「序」に順った判断や行動とはいえない。なぜならば、たとえ状況を移したとしても、自己の意識状態は変わっておらず、その移動をもって悪から善への止揚がはかられることはない、と考えられるからである。そうした軽薄な即断と行動は自他ともに弊害をもたらすものとされる。すなわち、序にもとづく変化とは、「相手を満たし、みずからをも全うする」という虚の精神に徹するなかで、作為的な意志とかかわらずおのずと機運が生じるものと考えられたのである。では、こうした序に支えられた国家において西が考える「上帝への忠義」という徳目は、悪から善に向けた個による意識の徹底と変容にいかに関連づけられるのだろうか。

### (ⅳ)「忠」「敬」「愛」「孝」「誠」「譲」

西の場合、国家としての「序」は、「忠」や「敬」という徳目によってつながれた人間関係や組織体制を意味する。一般に、条理の内容を表層的な知の問題とする場合、利害が先に立つことになる。しかし、かれは、国家と個を支える法制・礼制が真に「活きた法」となるためには、「敬」の情が働かなくてはならないという。「敬」とは、「己を虚しくして他を受け入れる」ことを意味し、そこには自己否定の作用が伴う。自己を虚しくするものにこそ、真理は現前すると考えるのである。[*178]

そして、この「敬」を国家や君主へと向けた概念が「忠」となる。どちらも、「虚」を本源とするが、主体を基準とする場合、ともに上向き（天・君主へ）のベクトルをもつ。しかし、「虚」はさらに平行や下向きにも向けられる。

西は、天は尊敬すべきであるが地は親愛すべきものであるとし、「敬なき愛は愛狎偏私となり愛なき敬は厳憚畏怖に流れる」と語る。[*179] そして、一般には、人にそうした愛敬の情を

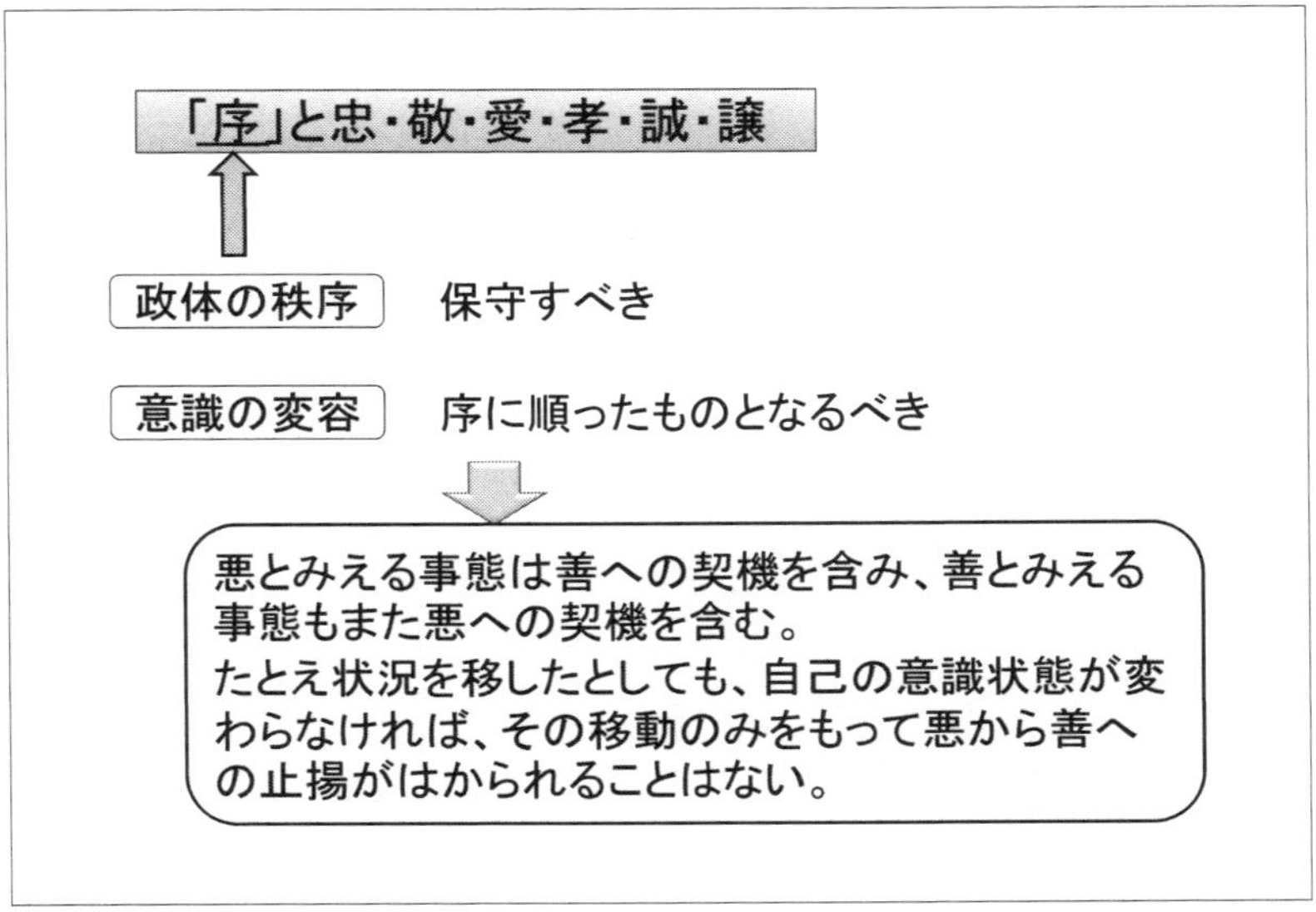

「序」と忠・敬・愛・孝・誠・譲

政体の秩序　保守すべき

意識の変容　序に順ったものとなるべき

悪とみえる事態は善への契機を含み、善とみえる事態もまた悪への契機を含む。
たとえ状況を移したとしても、自己の意識状態が変わらなければ、その移動のみをもって悪から善への止揚がはかられることはない。

起こさせるのはその父母であるとし、「孝」がその愛敬そのものであるという。そのわたしたちに最も近い「孝」と、天父への「忠」とをひとつにする概念が「誠」とされたのである。この藤樹的な徳目の総合概念である「誠」をもって西は「忠孝一」とするのである（西の場合、父母に対する愛敬も天父に対する愛敬も人間の純乎たる道徳的情としては全然同一とされた）。[*180] その「愛」と「敬」を融合するところが真の道徳感情であるという。

さらに、西にとっては、この「己を虚しくするもの」こそが社会システムを支える普遍的な原理とされる。そこでは、己の場所を譲って虚しく他人の占めるに任せる「譲」の精神が貫かれると考えている。「譲」の至極は、「棄捨」であり、「忘却」であり、「出離」であるとされる。そして、この「譲」の精神がおのずから「礼」をもたらすのだという。それゆえ、ひろく「調和」がもたらされるには、現実を構成する諸要素の「互譲」によらねばならないとする考えに至る。すなわち、この「互譲」の原則は、かれのいう「虚（心を虚しくする）」の精神からもたらされるものといえるのである。[*181]

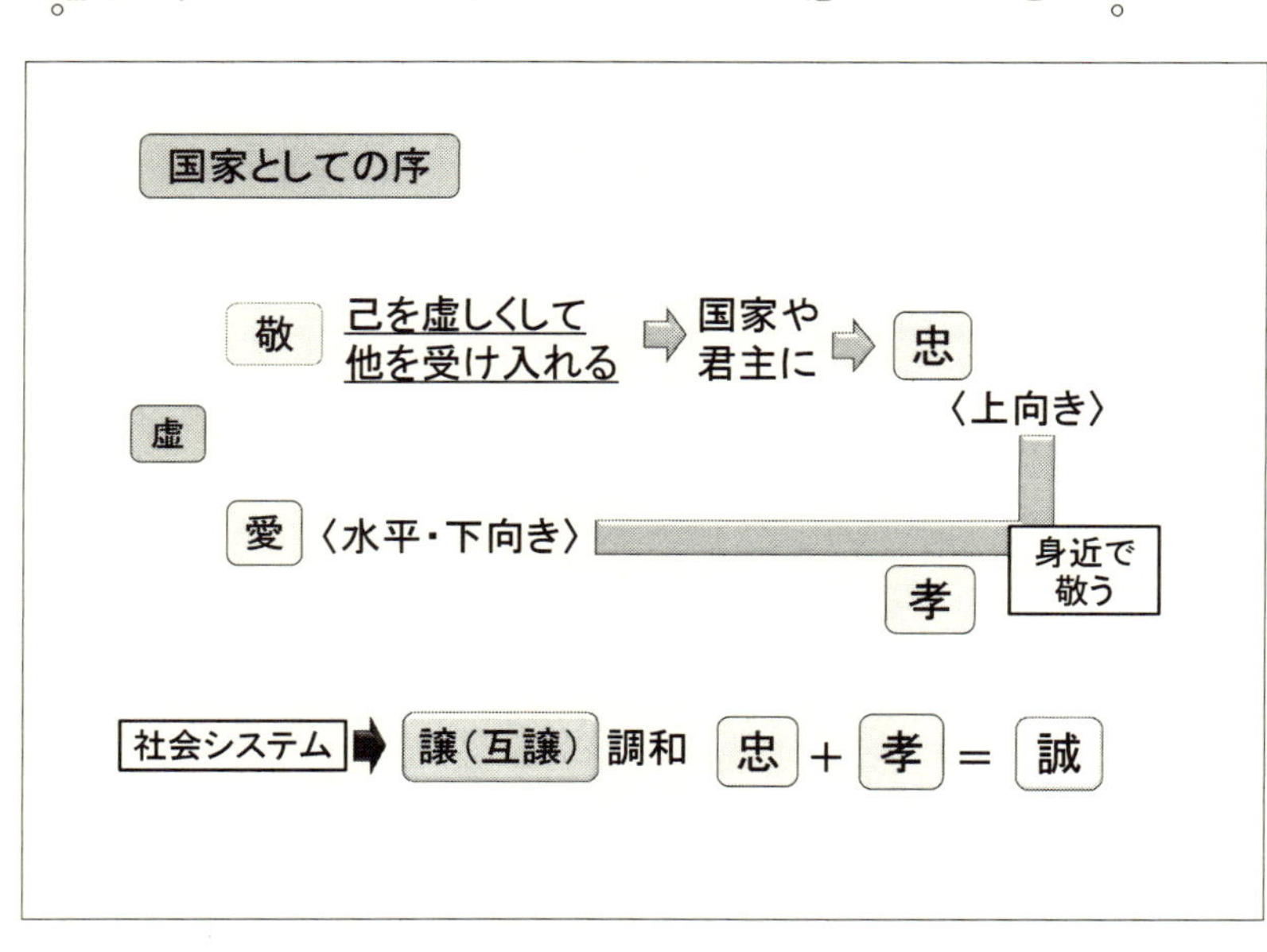

この「虚」こそ、人心に平安をもたらす本源であり、この大本が廃れることで外からの強制を伴う義務概念がもたらされると考えた。[*182]

# 結論—西思想とナショナリズムとの関係ならびに「平和・和解」理論の可能性

本書では、戦後、〈封印〉された西思想が依拠する「特殊即普遍のパラダイム」の構造を考察してきた。おわりにあたり、思想封印の根拠とされたナショナリズムとの親和性ならびに、本書が追求する「平和・和解」理論としての可能性について言及してみたい。

まず、西の思想の特徴をふり返りつつ、ナショナリズムとの距離**［西理論とナショナリズムとの関係］**についてみてみよう。

西思想がとる認識論的アプローチの方法は〈内観〉であり、それを通じて事象の内的な相対化と体系化がすすめられる。そこでは、形而上学的な領域への一足飛びの飛躍が否定され、「現実的な視点からの構造化」がおしすすめられた。しかも、その立場は、意識論に立脚して、カオス—フラクタル的な〈部分—全体の自己相似性〉と〈特殊の側の自己変容〉を理論特徴とする「特殊即普遍のパラダイム」を採用し、わたしたちが今日においてさえ無自覚である宇宙意識的な「無意識の層」や「超—時空的な現象」をも含めた理論を射程に組み込むことに成功している（ここでは、状況相対的な現実は、暗から明にいたる意識変容の一位相と理解される）。

さらに、ナショナリズムとの関係でいえば、西の「特殊即普遍のパラダイム」は、主観の「絶対的創造性」「無限定性（無自性）」に通底する「虚」を根本原理とするため、そこに排他的闘争的なナショナリズムの要素をみることはできない。なぜならば、かれの説く「主観の無限定性」は、「いかなる固定した前提をも置かない認識態度」として具現し、そこにおいて認識は、自己意識を介して展開される普遍（理想）と特殊（現実）とのあくなき循環として形成されていく。内観的な知は現実への適応結果を新たな内観の材料として、「自他ともに自由な意識状況であるか否か」を判断基準に創造的に高進されていくのである。

それゆえ、西のとる存在のヒエラルキーは、固定的絶対的なものを前提とした構造ではなく、普遍はつねに個の意識変容の状態に応じた相即的・流動的性質のものとして語られる。そこでは、排他的闘争的なナショナリズムがつきすすむ全体的な「同質化・均質化」は目標とされず、〈特殊は特殊のままに普遍へと貫入する〉ことがめざされた。つまり、このことから、西の思想は自愛を根拠として均質化へ向かう所有衝動とは別の、「絶対的創造としての自由」に依拠した理論ということができる。

以上みてきたように、西の「特殊即普遍のパラダイム」には、理論上、排他的闘争的な要素を見いだすことはできない。ただし、かれの実際の行動と理論との整合性を判断するためには、わたしたちはさらなる吟味が必要であると考える。西は、「譲」が成り立たない非合理な現実に際して「精神の絶対的選択」*[183]が必要となるという。

一般に、当時、理性ある多くの学者たちが最終的に闘争的排他主義に舵を切るのは、海外列強による日本への非合理な抑圧への義憤、ナチ的全体主義についての本質の見誤り、そして抗うことのできない国内情勢、等の事情が考えられるが、西の場合、それらの判断や態度とは本質的に異なる。

西は大戦末期の昭和一八年一月二二日に行った「講書始御儀」において食や兵より民の信を第一とすべきとする孔子の言葉（『論語』顔淵篇子貢問政の章）を引用し天皇に進講している。*[184]この西の講義が天皇による「精神の絶対的選択」にいかに影響を及ぼしたのかについては明らかにできないが、西は自らの信念に基づく役割を果

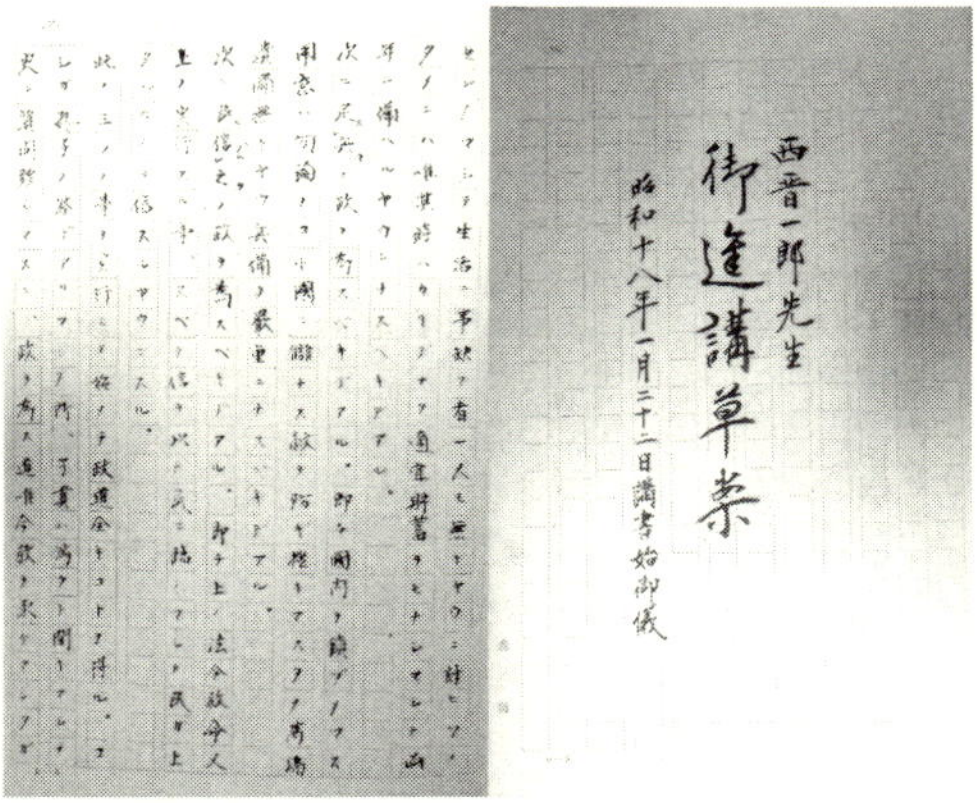

（山口県立図書館所蔵：森岡正美関係文書）

たしきったかのように同年一一月一三日に生を閉じる。そして、それから二年後の昭和二〇年に、広島・長崎への原爆投下を経て、天皇は戦争に終止符を打つべく御前会議でポツダム宣言の受諾を判断（同一四日）し、翌一五日に終戦の詔勅を発表することになる。西が、あらゆる対立を回避すべく自らは学者としての分に徹し、〈虚〉に常在する君主に〈精神の絶対的選択〉を委ねるという立場にあったことを考えれば、時代の闘争的な思潮に直接的に抵抗することがなかった事実と全身全霊を込めた最後の御進講はともに、かれの思想的位置を示しているといえる。

ただし、わたしたちは本研究を通じ、西の天皇・君主論のうちに課題をも見出す。西が、認識に際し、あらゆる前提や固定した物の見方を否定する「特殊即普遍のパラダイム」を支持するにもかかわらず、ある時代の特定の「国家」形態を、ヘーゲル同様、「社会のもっとも完結せる法的組織」「人格の客観的表現」[*185]と理解し、「君主」を最終決断としてのプンクト（点）を打つ「絶対的一者の具現者」とみなしたかれの思考のうちに、そうした理念との落差がなかったかどうか、さらなる踏みこんだ分析が必要となるものと考える。

たとえば、西は、天皇について、祭祀を通じてつねに虚の原理と向き合い虚と一つになる唯一の存在と解した。たしかに、そうした〈虚（とらわれのない純化した精神）〉としての中心存在に、多元的有機的システムを精神の次元から調和する意義を見出すことは理念的に可能であるように思われる。しかし、本来、この理論は同時に、「自己内省」と「不完全さの自知」と「変容」をわたしたちの存在の根底に据えるものであった〈虚〉に近い尊敬すべき存在であればこそそうした自知は徹底されることにもなる)。それゆえ、ヘーゲルの場合のように、純粋な理念の完成体としての国家・君主を、変容を旨とする現実の国家・君主と同値化するとき問題が生じるように思われる。固定した絶対的な普遍(絶対精神あるいは超越的にプンクトを打つ君主の側)から特殊(個)に向けた一方向的な強要の視点は、本来、西が描いたパラダイムとは異なり、ドグマの教化や、変容途上の現実国家の絶対視ならびに排他的な保護主義に陥る可能性を含むものといえる。*186 今後、〈虚〉の原理をふまえた上で、君主に関して西が述べる「精神の絶対的選択」とヘーゲルの「プンクト的超越判断」との理論・現実をふまえたさらに精緻な考究が待たれる(西は、ヘーゲルの君主論が、事実に立脚したものではなく、理論的要請から構想されたものであると批判している)。

では、次に、こうした西の思想が「平和・和解」理論としてどのような可能性を示しうるのかについて述べてみよう。

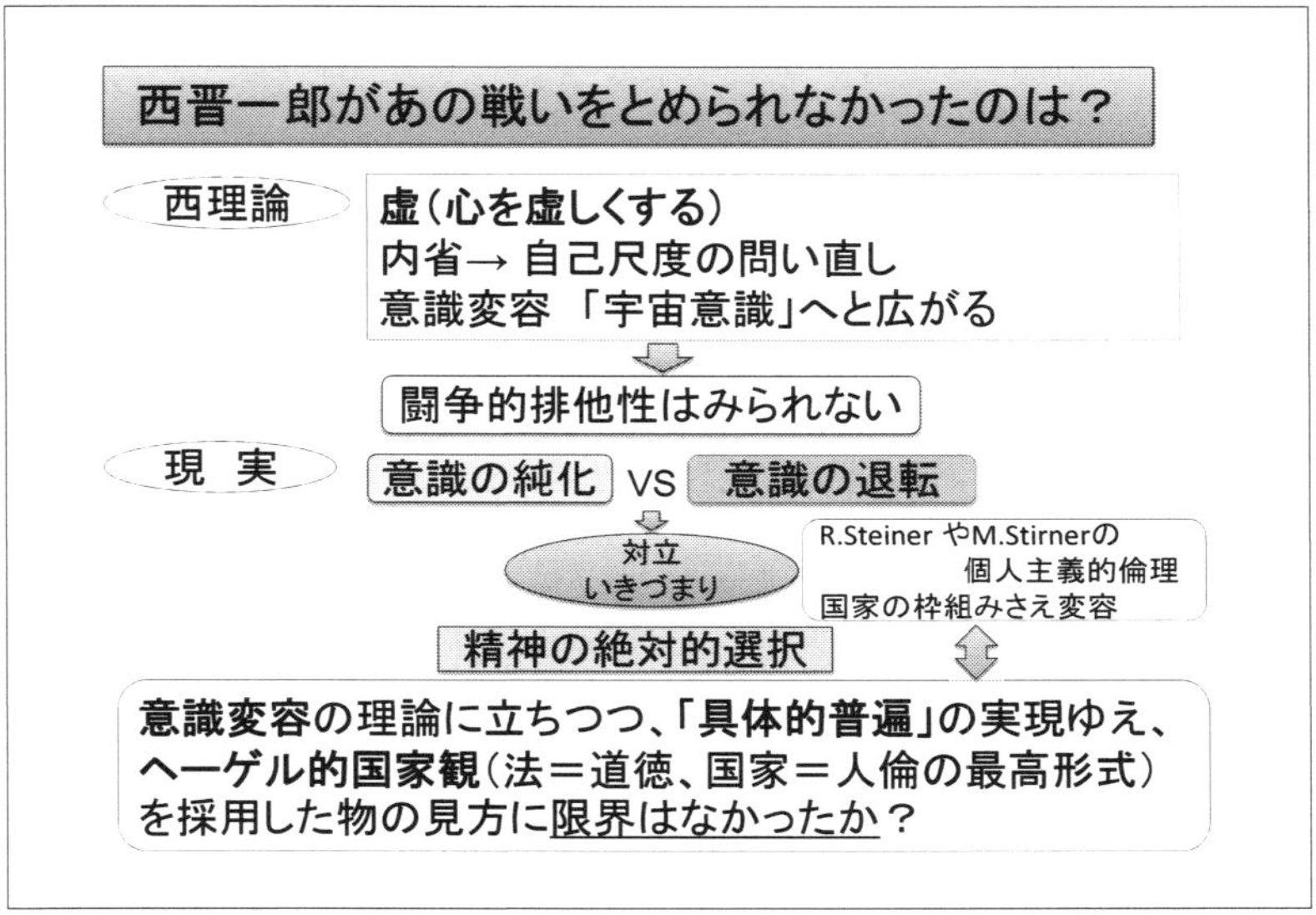

**西晋一郎があの戦いをとめられなかったのは?**

| 西理論 | 虚(心を虚しくする)<br>内省→ 自己尺度の問い直し<br>意識変容 「宇宙意識」へと広がる |
|---|---|

⇩

闘争的排他性はみられない

現 実　意識の純化 VS 意識の退転

⇩

対立 いきづまり

R.Steiner やM.Stirnerの 個人主義的倫理 国家の枠組みさえ変容

精神の絶対的選択

意識変容の理論に立ちつつ、「具体的普遍」の実現ゆえ、ヘーゲル的国家観(法=道徳、国家=人倫の最高形式)を採用した物の見方に限界はなかったか?

本書が「平和・和解」理論の構築にあたり課題としたのは、〈客観的な普遍概念〉と〈個人、民族、国家の側の具体的で特殊な理念〉との〈落差〉をいかにうめることができるのかという点であった。とりわけ本著作が問題視したのは、〈普遍〉から頭越しに〈特殊〉を導くような〈具体的主体と乖離した抽象的客観論〉や、あらゆる価値普遍化の試みを疑い〈共同体の意義や人格的変容を否定する主観論〉であった。本書の冒頭で提案した視点、**「窓口理論の可能性」「状況相対主義の問い直し」「特殊即普遍のパラダイムの構造化」**は、そうした問題を突破するひとつの方途であり、西理論についての考察もこれらの点に比重を置いてなされてきた。

従来の一元的な正義論においては、「未成熟な思考」は、〈導き〉もしくは〈抑圧〉の対象でしかなかった。しかし、わたしたちは、「成熟者への同質化」をねらった〈植民地政策〉や現在もおしすすめられる〈経済市場主義化〉〈一元的な民主主義の汎化〉が、あるいはその反動としての〈テロリズム〉が、事態を複雑・困難にし、さらなる悲劇をもたらしうることを学んでいる。〈頭越しの正義〉ではなく、特殊が特殊を窓口として地金にそって具体的な成熟をめざす西的な〈窓口理論：多元的正義論〉の可能性は十分考慮に値するものといえる。

西の「特殊即普遍のパラダイムにもとづく主体変容論」では、わたしたちの生に浸透しない抽象的な正義をひろめることにかわり、〈足元にある機微に習熟する思考〉が重視される。しかも、この意識変容論における自他関係の特色は、それぞれが各々の窓口を通して意識の純化に努めることによって、それまでは自己と無関係にみえていた対象としての他者が、自己と分離不可能で有意な他者として自己のうちに新たな関係性をもって立ち現れてくるとする点にある。

それは、究極的には〈わたし〉に回収されることのない〈他者〉と、〈わたし〉との内奥における統一の事態を物語ってもいる。西が、「相手を変えるには自己を知り自己を変えること[*187]」と繰り返し強調するのは、この方向に徹することこそが「異質な他者の理解（和解）」に向けた、より現実的で有効な方法であると考えているからだと思われる。しかも、これは文化的な〈成熟〉〈未成熟〉や国家体制の形態にかかわらず、個人の意識の問題として取り組むことが可能である。こうした自己意識の純化を通して、〈わたし〉ははじめて〈他者〉の重みを真に覚知することができ、そのことによって他者との倫理関係（「和解」）もはじまるということができる。

そして、現実の実践レベルで、こうした意識を軸とした〈主体変容〉を導きうるものこそが、「教育」を核とする社会システムだと考えられる。とりわけ、それぞれの窓口にそったスムーズな意識純化のプロセスこそ、教育の課題とならなくてはならない。西自身は、己を虚しくする「虚」を原理とした社会システム＝「譲」を構想し、「特殊即普遍」の主体変容（主客未分→主客分化→主客合一）を実にする「敬」「愛」「忠」「孝」「誠」といった徳目の涵養を主唱した。

しかし、西の場合、そうした倫理学的取り組みを越えて、この「特殊即普遍のパラダイム」にもとづく具体的な発達課題や教育方法については言及することはなかった。このパラダイムにもとづき、認識と存在と道徳とを具体的な教育の場において発達という軸でつなぐ本研究の方向は、ひきつづき同様のパラダイムをもつR・シュタイナーの理論・実践の解明のうちにゆだねられる。

ただ、本書がここまで明らかにしてきた西の思想は、戦後、実際にそうであったように、国家主義的イデオロギーの宣揚を理由に〈封印〉されたりするようなものではなく、「同質化」「異質な者の排除」「全体化」とは相容れない、「特殊が特殊なまま多様性を保ちつつ変容し、普遍と即応する程度に応じて各々の具体的な普遍を実現する」というプロティノス的な〈特殊即普遍のパラダイム〉を理論の根底にもつものといえる。わたしたちは、特殊性を考慮しない一方的な偏った正義の強要が原理主義を刺激し、テロリズムのような際限のない〈負の連

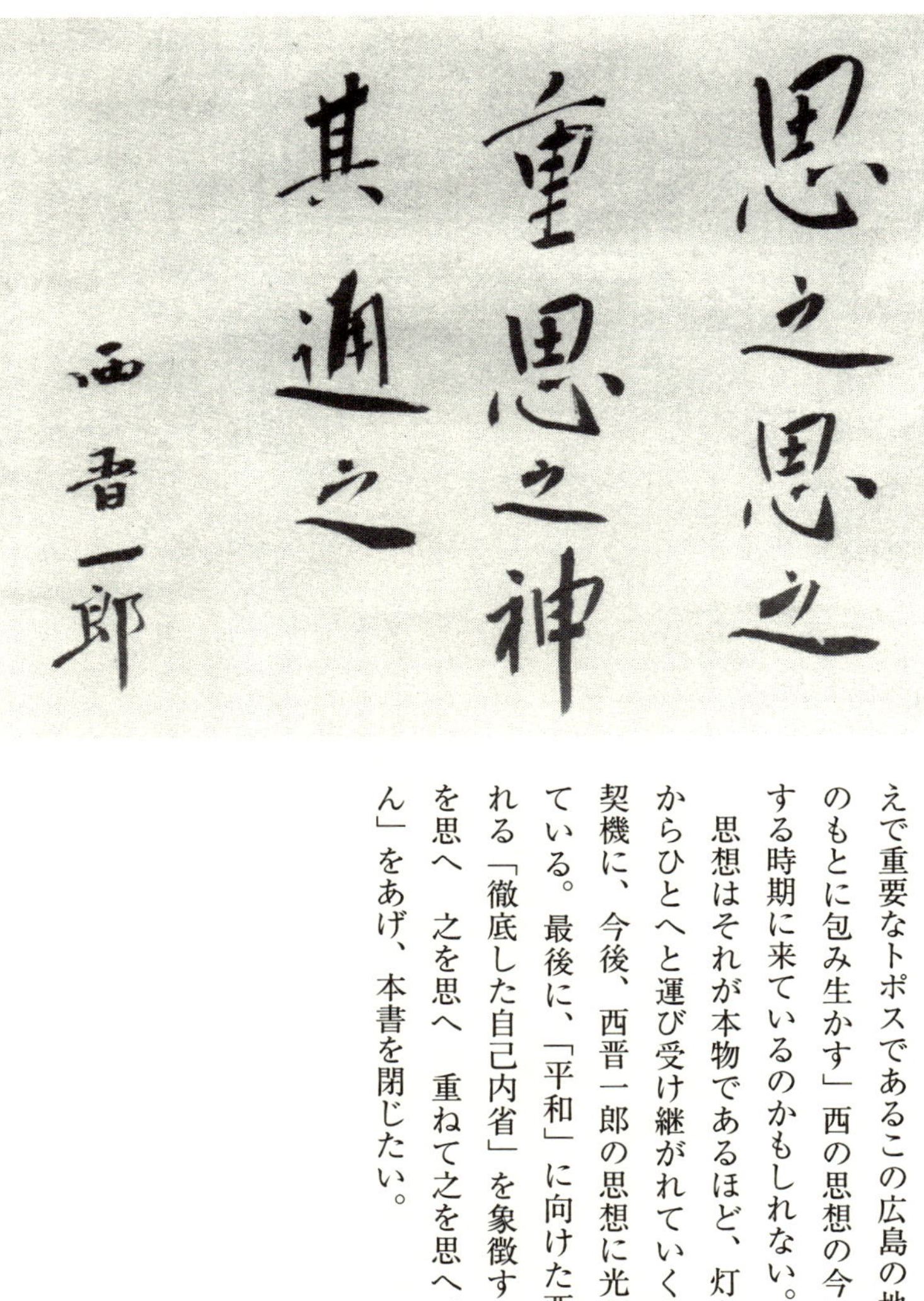


鎖〉をもたらしている現実を見いだす。平和を考えるうえで重要なトポスであるこの広島の地から、「自他を自由のもとに包み生かす」西の思想の今日的な有効性を発信する時期に来ているのかもしれない。

思想はそれが本物であるほど、灯されたその炎はひとからひとへと運び受け継がれていくように思う。本書を契機に、今後、西晋一郎の思想に光が当たることを願っている。最後に、「平和」に向けた西思想の核心に置かれる「徹底した自己内省」を象徴する、西自筆の書「之を思へ　之を思へ　重ねて之を思へば　神其れ之を通ぜん」をあげ、本書を閉じたい。

# 註

引用に際しては、旧字体は新字体に、旧仮名遣いは新仮名遣いに改めた。

1. Dewey John,"*Democracy and Education. An introduction to the Philosophy of Education*", New York, The Macmillan Company, 1916, p.87（デューイ著、松野安男訳『民主主義と教育（上）』岩波文庫、1975 年）
2. 同前
3. "*Democracy and Education. An introduction to the Philosophy of Education*", p.9
4. "*Democracy and Education. An introduction to the Philosophy of Education*", p.87
5. "*Democracy and Education. An introduction to the Philosophy of Education*", p.22
6. David A. Clark,(ed.)," *Intrusive Thoughts in Clinical Disorders Theory, Research, and Treatment*", New York, Guilford Press , 2005. Wilber,K.,(ed.),"*The Holographic Paradigm and Other Paradoxes. Exploring the Leading Edge of Science*", Boston/London, Shambhala, 1985.（K・ウィルバー編、井上忠他訳『空像としての世界―ホログラフィをパラダイムとして』青土社、1992 年）参照。
7. UNESCO の起源が、教育モデルとして世界的に注目されるシュタイナー派やモンテッソーリ派の運動にねざしていたことが判明している。しかも、両者は、ともにブラバツキー（Blavatsky, H.P.：1831-1891）による神智学（Theosophy）を基盤にもつ。Yoshinori Eto, A Theosophical Paradigm in Montessori Education Thought: A Point of Contact with Steiner Educational Thought, "*PRAXIS*", vol.12, 2010, pp.107-122
8. 小笠原道雄・田中毎実・森田尚人・矢野智司「戦後教育哲学の出発」『教育哲学研究』第 97 号、2008 年、175 頁。
9. 『教育哲学研究』151 頁。

10.『教育哲学研究』170頁。

11.『教育哲学研究』158頁。

12. 西の思想形成においていまのところ直接的な関係は見いだせていないが、この時期、西と同様の思考パラダイムといえる神智学をはじめとするスピリチャリズムが広まりをみせていた。そうした点からも、この山口高等中学校時代に、西が、のちにシュタイナー思想を展開する隈本有尚（1860-1943）と谷本富（1867-1946）に習っていることや、当時、神智学協会会長のオルコット（Henry Steel Olcott：1832-1907）がわが国の仏教再興運動の一環として本願寺派等から招聘され、山口に講演に訪れている事実は興味深い。神智学・人智学に関して言えば、これらの思想は、学術界や政財界の知識人に影響を与え、とりわけ教育界においては、ユネスコ設立運動や新教育運動と連動する形で多大な影響を与えた（たとえば、吉田熊次、入澤宗壽、谷本富、三浦関造、鈴木大拙、元良勇次郎、高橋里美、浮田和民、大川周明、黒田清隆、三宅雪嶺、新渡戸稲造、安岡正篤、渡辺国武、大倉孫兵衛、宇垣一成、荒木貞夫、森鴎外等）。シュタイナー自身も、隈本の影響からか、自身の『生活財としての精神科学（"*Geisteswissenschaft als Lebensgut*"）』（Berlin, Rudolf Steiner Nachlass-Verwaltung Buch: 63, 1913/14）のなかで、わが国の陽明学者中江藤樹の理気説をプロティノス的な新プラトン主義と重ねみる記述をおこなっている。西も同様に、中江藤樹とプロティノスを思想基盤においている点は偶然とはいえ思想の類似性を物語る。実際、西思想の中核は宋学であり、なかでも中江藤樹の思想は西論の中心理念である忠孝・敬・誠・虚に深い影響を与えたものと思われる。西と仏教との関係については、かれが広島高等師範学校教授時代に禅学会や仏教青年会を創設し、この活動を通じて学生の仏教指導に当たっている（仏教青年会運動と神智学運動との関係は渡辺章悟「明治の仏教と仏教青年会運動」東京大学仏教青年会『仏教文化』第49号、2010年、76-109頁に詳しい）。このことから、西が仏教的な宗教体験をも併せもっていたことが理解できるが、これは、かれ自身の懐古的な記述によれば、「最大の影響を受けた」（倉西潔の手記）とされる北条時敬（西にとって、東京帝国大学の先輩であり、山口高等中学校時代の校長でもあり、自らを広島高等師範学校に招聘した初代校長でもあった）の影響が大きいものと思われる。

13. 他に、海軍兵学校教授嘱託、満州建国大学顧問・名誉教授、日本諸学振興委員会常任委員、教学局参与、神祇院参与等を

務めている。中江藤樹研究を推進する藤樹頌徳会の会長となり、『藤樹研究』を刊行した。

14. 西は、国体論の形成の中心的な人物として知られるが、かれの思想を通覧するかぎり、その思想に排他性や闘争性、抑圧・支配関係を支持する要素は見いだし得ない。野田によれば、「大正九年に文部省で国定修身教科書編纂主任にしようと熱望したが、断然之を謝絶された」とされる。野田義夫「西晋一郎君の思ひ出」『丁酉倫理会倫理講演集』第496輯、1930年、54頁。

15. 西晋一郎『倫理学の根本問題』岩波書店、序、1923年。

16. 西晋一郎『清風録』『続清風録』（西晋一郎先生廿周忌記念事業會編）1954-64年。こうした評は、多くの個々の教え子たちの言葉にもみられるが、広島高等師範学校や広島文理科大学全体としてかれへの崇敬もまた確認される。それは、1913年ごろに起こった政府の緊縮財政策の一環としての高等師範学校廃止計画へのかれの対応に由来するところが大きい。計画への高等師範内部での過激な反対運動に対して、西は穏健な運動において高等師範の存続を主張し、学内の安定に貢献した。その後、満州事変などの影響で廃止計画は頓挫し、西は大学をあげて次期学長選へ推薦されることになる。しかし、文部省側は任命権を主張し、強引に普通学務局長・式部欽一を学長に任命。しかし、式部は学内統率の困難さを感じ、辞表を提出する。そのとき、式部は学園の魂と言われた西について次のように語っている。「人格高く徳望あり、学者として立派な人であり、又学園の輿望を一身に集めてゐる」「私の就任によって現下の非常時に際し、学園の平和が少しでも乱されることとあらんか」（同人雑誌会文詩11頁）、と。だが、西が学長に就くことはなく、広島高等師範学校でかつて教え、東京高等学校長であった塚原政次が就任することになる。

17. 森信三『人倫の道』致知出版、2004年、1頁。縄田二郎もまた、西と西田について、「戦前の日本の哲学界では、理論哲学の最高峰としては西田幾多郎であり、実践哲学の最高権威として西晋一郎の名は、「西に西あり」として広く世に知られていた」（『西晋一郎の生涯と思想』五曜書房、2003年、3頁）と述べている。

18. 白井成允「西先生の倫理学について」広島哲学会『哲学』第15集、1頁。

19. 隈元忠敬『西晋一郎の哲学』渓水社、1995年、129-131頁。

20. 西晋一郎『倫理哲学講話』育英書院、1915年、1頁。

21.『倫理学の根本問題』1頁。西は「実在（Sein）」を本質存在である真実在とし、現象界の現実存在＝「存在（Dasein）」と区別している。ただし、拙論では、筆者が認識とならべて述べる場合、カント的な存在領域を意図し、こうした物自体の本質領域を「存在（Sein）」と記述する。カントは存在（Sein）と区別して現実存在をDaseinと呼ぶ。

22. 西晋一郎『忠孝論』岩波書店、1931年、85頁。

23.『倫理学の根本問題』23頁。

24.『倫理学の根本問題』28頁。

25.『倫理学の根本問題』29頁。R・シュタイナーも認識と存在と徳の内観的統合の内に自由をみるパラダイムを支持した。「義務は好悪の感情（Gefallen und Mißfallen）を超えたところにある。人間にとって義務は、そのために生命を犠牲にする程までに、高い意味をもちうる。そして人間は、自分の性向（Neigungen）つまり好悪の感情を、強制や屈従からではなく、自己自身を通して認識の先に看取された義務に従うことにおいて高めれば高めるほど、より高次の段階に立つことになるのである。道徳的－善は真理同様、自己の永遠の価値を自分自身の内にもっており、それを感覚的な心によって手に入れるのではない」（Steiner,R." *Theosophie. Einführung in übersinnliche Welterkenntnis und Menschenbestimmung*". Dronach/Schweiz, Rudolf Steiner Verlag, 1987, S.46. 高橋巌訳『神智学－超感覚的世界の認識と人間の本質への導き』イザラ書房、1988年、53頁。）

26. 西晋一郎「ロッチェの倫理学」『哲学雑誌』157号、有斐閣、1900年、同「ロッチェの哲学」井上哲次郎編輯『哲学叢書』第一巻第二集、集文閣、1900年や、同「ライプニッツの哲学」『哲学雑誌』152,153号、有斐閣、1899年がある。西は、両思想について次のような見解をもつ。ライプニッツは、実在をモナドと呼ぶ。モナドの実体は知覚であり、知覚は全宇宙の活ける鏡とした。それゆえ、一個のモナドの内容は無量在である。モナドは単子ながらその内容は全宇宙である。ロッツェは実在とは関係であるとし、関係の真意義はただ知のみにおいてみるとした。関係があっても知らぬときは無きが如くであり、知らぬ故に他と隔絶して個々別々となり了る（西晋一郎『実践哲学概論』岩波書店、38頁）。すでにこれら両思想の理解に普遍と特殊の関係を知の内にみる西の思想特徴が現れている。

27. 西晋一郎『グリーン氏倫理学』金港堂書籍、1902年、「グリーン氏倫理学」『倫理学書解説』（増補改訂版）育成会、1905年）

28.『グリーン氏倫理学序論』序文。西のグリーン研究は、わが国へのグリーン哲学の紹介者として知られる倫理学講座教授の中島力造とのかかわりが予測される（「博士には倫理学の上では、英国のトーマス・ヒル・グリーンの自我実現主義に共鳴した時期がある。これは蓋し、我々の恩師、東大文学部倫理学科主任教授中島力造先生の学的感化の為であった」深作安文「西博士を憶ふ」『丁酉倫理会倫理講演集』第496輯、1930年、55頁。

29. 西晋一郎『普遍への復帰と報謝の生活』日本社、1920年、26頁。

30. 縄田二郎『西晋一郎の生涯と思想』五曜書房、2003年、100頁。

31. 西晋一郎『普遍への復帰と報謝の生活』28頁。

32.『普遍への復帰と報謝の生活』27頁。

33.『普遍への復帰と報謝の生活』28頁。

34. ここであげるマルチノーは、鈴木大拙やE・フロムが編者となる著作において次の論文を著し、禅や精神分析的が取り扱う無意識の概念をも含めた理論の構築をおこなっている。Zen Buddhism and Psychoanalysis. In: "*Christian and Buddhist*" (1957), eds. D.Suzuki and E.Fromm, New York, Harper & Row, 1960.

35.『倫理哲学講話』自序。

36. 同様の傾向は、西洋的な思考様式を経由した当時の知識人のうちにみられる。かれらは当時の哲学を語る上での共通言語である西洋的な尺度や概念を視野に入れ駆使しつつ、あらたに日本的な思想を深化・発展させようとしたといえる。たとえば、西田幾多郎（1870-1945）は、西同様、グリーンやフィヒテ、ヘーゲル、プロティノス、ベルクソン、W・ジェームス研究を手がかりに、同じくこの認識論的な主体変容と「普遍即特殊」のパラダイムをとりつつ東西の哲学を統合していった。鈴木大拙（1870-1966）もまた東西の研究を通じ、西と同様のパラダイムを支持する。Daisetz Teitaro Suzuki, "*Zen Buddhism and its Influence on Japanese Culture*". Kyoto, The Eastern Buddhist society, 1938.（鈴木大拙『禅と日本文化』岩波書店、

1964年）での「禅者にとってはいつも一即多、多即一である。二つのものはいつも同一性を持っていて、これが「一」、これが「多」と分けるべきではないのである。…万物の姿は真如そのままである。真如とは無である」（27頁）という鈴木の言葉はそのことを物語っている。

37.『倫理哲学講話』自序。

38.『普遍への復帰と報謝の生活』52-53頁。

39.『忠孝論』1頁。

40.『倫理学の根本問題』1頁。白井によれば、この著作の執筆のころ（1923）、西はフィヒテ思想に傾注していたことを述懐したとされる（白井成允「西先生の倫理学について」広島哲学会『哲学』第15集、1頁）。それゆえ、この実在＝意識論は、フィヒテの思想によるところが大きいものと考えられる。しかし、西自身、同書において、「真の哲学は今も昔も同じ真理を説いてをる」と洋の東西古今を問わずみられることもあわせて指摘している。

41.同前。

42.『倫理哲学講話』14-15頁。

43.『倫理哲学講話』17頁。

44.「神智学」という用語は、歴史的には、三世紀のアレキサンドリアで折衷神智学を創設したアンモニオス・サッカス（Ammonios Sakkas：175-242）にまで遡るとされる（原理的なものは、古代ヘルメス哲学やプラトン、ピタゴラスなどにみられる）。この系譜の思想は、さまざまな宗教、宗派を調和させ、そのどれもが「智慧の宗教」という幹から出たものであることを説く。その原理は、多少の相違はみられるものの、〈汎神論〉〈アレゴリー的な解釈法〉〈異質な教えを調停・融和する折衷主義〉〈直接体験によって真理に至れるとする神秘主義〉といった要素をもつ。サッカスの思想はその後、オリゲネスやといった新プラトン派に引き継がれていく。こうした神智学的要素は、ヤコブ・ベーメの思想や、キリスト教の薔薇十字、ユダヤのカバラ、イスラムのスーフィズム、道教の仙道、インドのベーダ、ヨーロッパのフリーメーソン、グノーシス、チベット密教、日本の古神道、真言密教などに共通の世界観を見いだしうる。筆者が注目する、シュタイナー思想やモンテッソーリ思想との関係において語られる、十九世紀半ば以降、多方面に影響をおよぼしたブラバッキー（H.P. Blavatsky：1831-1891）に始まる現代神智学もまたこの系譜に位置づく。

45. 西によれば、フィヒテの哲学は「個人の道徳的独立自定」にはじまり、「道徳的理想実現の努力、実現」の境位を経て、「宇宙における道徳の充実流行」の確信へ至る、という。かれは、こうした自己変容のプロセスに共鳴し、さらに「此意識の客観的普遍性を尋求して止まざる哲学が、遂に又個人を超越するのみならず人間をも超越したる万有普遍の実在に到達する日あらんかと余は想見するのである」（『倫理哲学講話』199-200頁）と、超個の宇宙意識ともいえる高次の意識を予感するのである。また、普遍（本源）は、自己の内に感得されるものではあるが、「当人の意識ではなくとも或る他の意識であるかも知れぬ。或は或る大なる意識であるかも知れぬ」と語るように、宇宙意識的なものまでも想定していることがわかる。

46.『倫理学の根本問題』254頁。

47.『倫理学の根本問題』255頁。

48.『倫理学の根本問題』256頁。

49.『倫理学の根本問題』256頁。

50.『倫理哲学講話』16-17頁。ただし、ベルクソンが『創造的進化』のなかで展開する〈流動〉に関する記述からは、西思想との相同性をうかがい知ることができる。「質的生成や進化的生成や膨縮的生成の底に、変化に逆らうものを、すなわち…形相ないし本質、目的を精神は求めなければならない。…エイドスは「眺め」とか、あるいはむしろ「瞬間」と訳してもよく、…不安定を写し取った安定した眺めである。それは生成の瞬間として性質であり、発展の瞬間として形態である。…ものを「イデア」に還元するとは生成をその主たる瞬間に分解することであり、しかもそれらの瞬間はいずれもその建前からいって時間の法則をのがれて永遠のなかへ摘み取られた形になっている。…動く事象の底に動かぬイデアが置かれるやいなや、ひとつの全宇宙論が、それどころかひとつの神学ともいうべきものの全体がかならず生ずる。…プラトンからアリストテレスを経て、プロティノスまで展開する教説は、その大筋においてはなにひとつ付随的なところも偶然的なところもなく、なにひとつとして哲学者の空想ととるべきものはなかった。その大筋に示されているのは体系好きな知性が万有生成の流れを問違な眺めに写し取り、これを通して生成をかえりみながら知性自身に描いてみせているその流れの姿なのである」（真方敬道訳『創造的進化』岩波文庫、1979年、368-369頁）。

51. ヘーゲルもまた、「欲求する自己意識」から「承認のプロセスを経て個別性と一般性を含みもつ自己意識」を経て、「対立する自己の他在を廃棄し、それぞれ独立を保ちつつ相互に同一化する普遍的な自己意識」に至る自己意識の発達段階を描く（『精神哲学』）が、西にとって目的論的に設定される絶対精神は承認しがたい見方とされた。また、ベルクソンも、アリストテレス的な〈普遍は個物の中に〉の立場に立ち、揺らがない本質（形相）に呼応する生成（質的、進化的、膨張的）の哲学を展開する（『創造的進化』）が、西にとっては、そうした俯瞰的な〈生成〉や〈流動〉の事実よりも、「人がよりよくなる」という実践的な意識変容の課題が根本に置かれた。

52. 『倫理学の根本問題』34頁。

53. 『倫理哲学講話』24頁。

54. 鈴木大拙の「即非の論理」は、直接には『金剛般若波羅蜜経』の「仏説般若波羅蜜 即非般若波羅蜜 是名般若波羅蜜」に由来している。これは対象知（悟性・感覚による表層的で断定的な知）の否定の先にある大肯定としての超感覚的な体験知のありようを説いたものである。大拙は、そのことについて、「金剛経の禅」『般若経の哲学と宗教』（鈴木大拙全集第5巻、岩波書店、1968年）のなかで、「われわれの存在事実というものは、この矛盾で構成されているのである。存在していると いうことが、霊性的の上では、矛盾の自己同一ということになるのである。論理的矛盾そのことが、存在なのである。その存在が霊性の上で納得せられるものとならなければならぬ。この納得即ち直覚を、知性面に現して見ると、背くか触れるか、肯定か否定かという矛盾に陥らなければならぬ。霊性的直覚では、そのまま受け容れられて、矛盾が矛盾でなくなる。…般若の論理（即非の論理）とは、この霊性的直覚の論理である」と述べている。これは、西田幾多郎の「絶対矛盾的自己同一」の概念に影響を与えた考えでもある。また、大拙と神智学の関係について、大拙の妻ベアトリスは、1920年に、慶応大学の客員教授のジェイムズ・カズンズとともに神智学ロッジを創設し、大拙の自宅は神智学メンバー（東方星教団日本支部）の集会所として使われていた（岡村美穂子、上田閑照『大拙の風景』燈影撰書30参照）。

55.『倫理哲学講話』32頁。

56. 近代日本において同様のパラダイムをもつ人物として、西田幾多郎や鈴木大拙、それに和辻哲郎があげられる。カントの場合、範疇 Kategorientafel は、1. 分量 Quantität（一・多・全）、2. 性質 Qualität（実在・否定・制限）、3. 関係 Relation（付属と自存・原因と結果・相互）、4. 様態 Modalität（可能と不可能・実存と非存在・必然と偶然とされた。鈴木大拙は、"*Zen Buddhism and its Influence on Japanese Culture*". Kyoto, The Eastern Buddhist Society, 1938.（『禅と日本文化』岩波書店、1989年）の中で、「禅者にとってはいつも一即多、多即一である。二つのものはいつも同一性を持っていて、これが「一」、これが「多」と分けるべきではないのである。…万物の姿は真如そのままである。真如とは無である」（27頁）と述べ、和辻哲郎もまた、『人間の学としての倫理学』（岩波書店、1962年）において、認識主体を観念論的に主観に置くのでもなく、唯物論的に客体に置く志向的な関係性を主客の関係にみる「間柄」の概念を打ち出した。しかし、それはたんなる関係概念を超え、「自と他とに分離しつつしかも間柄として合一している…あくまでも統一に於ける分離である。根柢に於て一であるものでなくては分離するといふことがない。…自他不二的に連関する。…かく一者が分かれつつ不二であるといふことに於てのみ間柄は成立する」（205-206頁）とする物の見方を背景にもつ。かれのいう「実践的行為連関」とは、こうした「間柄」としての統一・分離・結合の関係を意味する。

57.『倫理学の根本問題』28頁。

58. 西晋一郎『実践哲学概論』岩波書店、1930年、11-12頁。

59.『忠孝論』3-4頁。

60. ただし、そこに西が「一者」を想定しているとすれば、同じ普遍と特殊の即なる関係をとる枠組みの中でも、それはアリストテレス的な可能的無限ではなく、プロティノス的な現実的無限となる。

61.『忠孝論』6-7頁。

62.『倫理哲学講話』204頁。

63.『忠孝論』69頁。

64.『倫理哲学講話』309頁。

65.『倫理哲学講話』1頁。

66.『倫理哲学講話』72頁。

67.『倫理哲学講話』70-71頁。

68. 隈元忠敬『西晋一郎の哲学』渓水社、1995年、193頁。シュタイナーもこうしたパラダイムについて「主観的な活動でもある…追思考（Nachdenken）によって、対象の真の本性がわたしたちに開示される。…高次の認識段階が活性化しだすと、多様にみえるすべてのものは一なるものとして本質をあらわにする。それは実証できる類（たぐい）のものではなく、体験されねばならないものである。逆説のように聞こえるかもしれないが、これは一つの真理である」、と述べている（Steiner, R."*Die Mystik im Aufgange des neuzeitlichen Geisteslebens und ihr Verhältnis zur modernen Weltanschauung*", Dornach, Rudolf Steiner-Nachlaßverwaltung, 1901, S.28-31）。

69.『倫理哲学講話』22頁。

70.『倫理哲学講話』25頁。

71.『倫理哲学講話』24頁。

72.『倫理哲学講話』28頁。

73.『倫理哲学講話』32頁

74.『倫理学の根本問題』60頁。

75.『倫理学の根本問題』1頁。

76.『倫理哲学講話』230-232頁。

77. 西晋一郎『神人及国家』（森信三編、講義録）文莫會、1933年、72頁。井筒俊彦もまた、同様の観点から、もし、当の本人が「自分を知ることなしに、あるいは自分を高めることなしに、自己を主張したり他者を理解するということは果たして意味があるのか」（井筒俊彦「禅における言語的意味の問題」『意識と本質』岩波文庫、2005年参照）と指摘している。つまり、偏見という色眼鏡をかけていては自己も他者も正しくみることができず、理解も説得もうまくいかない。個の魂の変容と上昇があってはじめて視界はクリアとなり、正しい他者理解や周囲の向上に向けた働きかけが可能となる、というのである。

78. 隈元忠敬『西晋一郎の哲学』渓水社、1995年、132頁。
79. 『倫理哲学講話』308頁。
80. 『倫理哲学講話』305頁。
81. 『倫理学の根本問題』2頁。
82. 同前。
83. 『忠孝論』10頁。
84. 同前。
85. 『忠孝論』11頁。
86. 『忠孝論』291頁。ただし、西は、絶対的意識界の裏に無意識を含めた無量の程度の意識の相互交通をイメージしており、「無意識といふも此意識界内のことである」とも述べている。
87. 『倫理学の根本問題』4頁、26頁。
88. 『倫理学の根本問題』4頁。
89. 『倫理学の根本問題』6頁。
90. 『倫理学の根本問題』4頁。
91. 同前。
92. 『倫理学の根本問題』85頁。
93. 『実践哲学概論』159頁。
94. 『忠孝論』292頁。
95. 同前。

96.『忠孝論』292頁。
97.『忠孝論』311-312頁。
98.『倫理哲学講話』216-222頁。
99.『普遍への復帰と報謝の生活』28頁。
100. 同前。
101.『我国の教』倉西潔氏編纂発行（非売品）、1933年、55頁。
102.『倫理学の根本問題』9頁。他には「知恥」「感謝」「四端の心」もそうした〈渡し〉と考えられた。
103.『普遍への復帰と報謝の生活』36頁。
104.『普遍への復帰と報謝の生活』45頁。
105.『倫理哲学講話』185-186頁。
106.『倫理学の根本問題』12頁。
107.『倫理学の根本問題』107頁。
108.『倫理学の根本問題』14頁。
109.『倫理学の根本問題』62頁。
110.『倫理学の根本問題』64-67頁。
111.『倫理学の根本問題』266-267頁。
112.『実践哲学概論』38-39頁。気概：「羞悪の心」に端を発する（『実践哲学概論』294頁）と考えられた「気魄（意気張）」もまた徳の涵養に必要な心情としてあげられる。西によれば、「気魄」とは、「肉体の安危に頓着せず、苦痛を厭はず、感性的快楽の甘さに泥むことを心よしとせざる一種の衝動」であり、「人間自立の起発点」たりうる心的作用であるとされた（橋本景岳に由来）。これは、情熱をもった自立への衝動と言え、「勇」の徳の素とされる。（『倫理学の根本問題』315-316頁）ただし、盲目たる暴勇にはしる嫌いもあり、理性との合一がはかられるべきという。

113.『倫理学の根本問題』65頁、282-289頁。
114.『倫理哲学講話』242頁。
115.『倫理哲学講話』242頁。今日、認知心理学・精神医学の領域では、意志とは無関係に生じる侵入思考（Intrusive Thoughts：雑念）が心理的病理現象にかかわることが実証されている David A. Clark (ed.)," *Intrusive Thoughts in Clinical Disorders Theory, Research, and Treatment*", New York, Guilford Press, 2005.）
116.『実践哲学概論』48頁。
117.『実践哲学概論』246頁。
118.『実践哲学概論』11-13頁。
119.『倫理学の根本問題』77頁。
120.『倫理学の根本問題』85頁、82頁。
121.『倫理哲学講話』242頁。
122.『忠孝論』2頁。
123.『忠孝論』序論、1頁。
124.『倫理学の根本問題』85頁。
125.『倫理学の根本問題』14頁。功利主義、価値相対主義批判。
126.『倫理学の根本問題』4頁。
127. 同前。
128.『倫理学の根本問題』34頁。
129.『倫理学の根本問題』274頁。
130. 隈元忠敬『西晋一郎の哲学』渓水社、1995年、34頁。
131.『倫理学の根本問題』5頁。

132.『倫理学の根本問題』23頁。

133. スピノザ「情をもってのみ情は制せられる」（『倫理学の根本問題』19頁）。ヘーゲルの「無限の苦痛」を経て可能的超越が現実的超越となり可能的自由が現実的自由となる（『倫理学の根本問題』113頁）。

134.『倫理学の根本問題』19頁。

135.『忠孝論』78頁。

136.『倫理学の根本問題』85頁。

137.『実践哲学概論』31頁、『倫理学の根本問題』112頁。

138.『倫理学の根本問題』10頁。

139. 同前。

140.『倫理学の根本問題』41頁。

141. 隈元忠敬『西晋一郎の哲学』渓水社、1995年、186頁。

142. 隈元忠敬『西晋一郎の哲学』渓水社、1995年、180-181頁、山本空外「プローティノスと西倫理学」広島哲学会『哲学』第4集、25頁。

143.『忠孝論』52頁。

144.『忠孝論』61頁。

145.『忠孝論』60頁。

146. 同前。

147. 善をある程度直観しつつもまだ利己的な自愛に打ち克てない状況。

道徳意識に徹し切れていない状況。善の欠損＝「全体から見て全たからぬ」：プロティノスは悪の原因を「物質」という。それを西は、「物質」とは「無形相」「実相の欠損」「善の欠損」（イデアを含んでいないもの）と解釈する（『忠孝論』77頁）。

知行合一の立場をとる場合であれば悪は無知に外ならない。善を知れば必然的に之を行ひ、悪と知りつつ行ふことは出来ぬ（『忠孝論』269 頁）。

148.『忠孝論』74 頁。

149.『忠孝論』67 頁。

150.『忠孝論』282-283 頁。

151.『忠孝論』281 頁。

152.『忠孝論』62 頁。

153. 同前。

154.『忠孝論』74 頁。

155.『忠孝論』65 頁。

156.『忠孝論』66 頁。

157.『忠孝論』71 頁。

158.『忠孝論』7 頁。

159.『忠孝論』5 頁。

160. この現代的ホリズムの定義に先立ち、このパラダイムが提示された背景について解説しておこう。1970 年代に入り、現在の自然科学者の側において実証科学の限界を超えた説明のできない現象を有意味的に解明する今日的な理論枠組みが模索・提唱され始めた。ケン・ウィルバー (Wilber, Ken) の言を借りるならば、「かたい科学 (hard science)」（p.4）を、精神的な、つまり超越論的なリアリティと直接に向き合わせる、というもっとも真剣で精度の高いパラダイムの創築が試みられたのである。具体的には、スタンフォード大学神経科学教授のプリブラム，K．H．(Pribram,Karl,H.) が従来の「分析的モデル」に対して提唱した「ホログラフィック・モデル」や、量子論を背景としたロンドン大学理論物理学教授ボーム，D．(Bohm,David) の物理理論によってその理論枠組みが諸研究分野に注目されることとなった「ホログラフィック・パラダイム（Holographic Paradigm）」がその代表的なものである。

ここでいう「分析的モデル」とは、デジタル型コンピュータのように、情報が一群の可能性に基づく特定のプログラムに従って単線的に選択・フィードバックされると考える理論モデルである。一方、「ホログラフィック・モデル」は、情報に関していえば、個々の状態が互いに不可分に相互作用を行い、単線的モデルに還元できないアナログ型のシステムを意味する。さらにこのモデルは、心理学的には、従来の分析的モデルが個別の日常意識の次元と超個人的な次元を説明できなかったのに対し、事象間あるいは特殊と普遍との相互連結の内実を説明可能にする理論モデルとみられている。分析的モデルがデータの単線的な因果記述と可視化に徹する「水平軸」の思考を先鋭化したものとすれば、ホログラフィック・モデルは、禅（Zen Buddhism）や道教(Tao)等の東洋思想や西洋の神秘主義思想が従来述べてきた「部分（特殊）と全体（普遍）の相補性や相同性」を容認する「垂直軸」の物の見方を理論の中核に据えることになる（Capra, Fritjof, "*The Tao of Physic: An Exploration of the Parallels Between Modern Physics and Eastern Mysticism*", Boston, Shambhala, 1975)。邦訳、カプラ，F．著、吉福伸逸訳『タオ自然学―現代物理学の先端から「東洋の世紀」がはじまる』工作舎、1979年）やパラダイム転換の理論ならびにケン・ウィルバー・K．(Wilber,Ken)による意識の進化論にもとづくトナランスパーソナル心理学もまたこうした理論を根拠としている）。現在、このあらたなパラダイムに基づく学問は、当初の神経科学、量子論、素粒子論を超えて、精神病理学、心理学、倫理学、社会学等にかなりの広がりをみせている。

では、ひきつづき、本論文が西理論の読み解きの鍵とする「全体論的パラダイム」について、ホログラフィック・パラダイムを視野に入れたバティスタ(Battista, John R.)の理論分類を通してその特徴を描出し、さらには、上述の二つの理論モデルとの関係を記述してみたい。

バティスタは、パラダイムの定義づけと分類に際して、その構造と現代的意義をクリアにするために、次の科学哲学上の三つの問いをあげている（p.144)。

［科学哲学の三つの問い］

一、何が存在するのか。あるいは、何が実在の本質なのか。

二、存在するものをわたしたちはどのようにして知るのか。あるいは、何が知識を構成するのか。

三、存在するものの変化と安定を説明するものはなにか。

バティスタによれば、上記の設問に関して、第一の問いへの回答はそのパラダイムの「存在論(Ontology)」を構成し、第二の問いへの答えはそのパラダイムの「認識論(Epistemology)」を、第三の問いへの回答はそのパラダイムの「因果性(Causality)」「分析性(Analysis)」「説明の方法(Methodology)」もしくは「力学（Dynamics）」を構成するとされた。

そして、かれは、この科学哲学の三つの問いから要求される存在論、認識論、方法論、因果性、分析性、力学といった理論上の視点を「西洋的思考の三つのパラダイム」として以下の表に整理する（p.144）。

| パラメーター | 存在論 | 認識論 | 方法論 | 因果性 | 分析性 | 力　学 |
|---|---|---|---|---|---|---|
| 生気論 (Vitalism) | 二元論 | 主観的 | 現象学的 | 目的論的 | 形而上学的 | ゼロ・エントロピー的 |
| 機械論 (Mechanism) | 二元論 | 客観的 | 経験的 | 決定論的 | 還元主義的 | エントロピー的 |
| 全体論 (Holism) | 一元論 | 相互作用的 | 類比的 | 確率論的 | 構造的 | 負・エントロピー的 |

[西洋的思考の三つのパラダイム]

前記の分類において、バティスタは、表の最下位の「全体論（Holism）」的パラダイムを現象の理解に有効な今日的理論枠組みであると考えている。そのパラダイムにおいては、存在論は一元論的(Monistic)、認識論は相互作用的(Interactive)、方法論は類比的(Analogical)、因果性は確率論的(Probabilistic)、分析性は構造的(Structual)、力学は負エントロピー的(Negentrapic)な見方に立つものとされた。バティスタは、この「全体論的パラダイム」について、次のイメージでもって語っている。

「全体論的パラダイムによれば、宇宙全体は相互に連結し、階層的な組織をもつ。物質とエネルギー、生きているものと生きていないもの、心（mind）と身体（body）と精神（spirit）、これらはすべて同一の系の相異なるレベルをさす。わたしたちは、この宇宙系と相互作用をおこなうがゆえに、この系について知っている。不確実性（uncertainty）はこの系に対するわたしたちの関係に内属する部分であるが、これはこの系が過程であり、しかもわたしたちの知ろうと努めている当の過程にわたしたち自身が部分として含まれていることによるものである。わたしたちがこの不確実性を減らすことができれば、それだけ世界過程に関しての情報が増える。…世界は、ビリーヤードのボールの玉突きのように単純で線型的な仕方で古典力学的に決定されてはいない。むしろ、宇宙系のそれぞれのレベルが互いに作用しあっている。…したがって、わたしたちは、どんなものにせよその絶対的な原因をけっして知り得ないし、ある事象が完全に決定されているかどうかすら知り得ないのである」（p.145）。

このパラダイムでは、「部分は全体への手がかりをもつ」ものと解され、「差異のうちの統一（unity-in-diversity）」と「統一のうちの差異（diversity-in-unity）」が〈即〉なる関係として容認される。さらに、この理論枠組みにおいては、時空は完全に開かれ、一切の区切りは実体的でなく、機能的・暫定的なものと理解される。それゆえ、空間的制約から生じる〈自己―他者〉〈自己が属する有機体―その他の環境〉〈身体―心―精神〉の区別や、時間的制約によって生まれる〈過去―未来〉〈生―死〉〈存在―無〉といった区別は本質的ではなく、同一系の相異なる位相とされる。すなわち、そこでは全体として唯一のリアリティを備えた唯一の実有が存在し、そこに精神（Geist）や死をも包み込む上昇的で円環的なヒエラルキーが構成されるのである。ここにおいて認識の壁は一時的なものとされ、認識主観の高進の程度に応じて存在のリアリティは開示されていく。つまり、「経験的認識（知）」から「超越論的存在認識（知即在）」への架橋は、「至高の同一性（supreme identity）」（p.145）をめざす連続的な〈認識主観の存在論的変容プロセス〉として解説できるのである。加えて、こうした見方においては、リアリティに関する情報量の質的拡大は、意識階梯の問題と考えられるため、冒頭にあげた分析的モデルは否定されることなく、ホログラフィック・モデルはともにこの意識の「垂直軸」的な上昇図式のうちに位置づけられるのである。しかもこのパラダイムは明確な現代的意義をもち、旧来の生気論がとる〈目的論的な因果性〉や〈形而上学的な構造化〉とは明らかに一線を画し、〈二元的存在論〉〈相互作用的認識論〉〈構造的分析性〉〈確率論的因果性〉〈類比的方法論〉〈負エントロピー的力学〉というポストモダンとしての全体論的一元論の枠組みで論じられることになる。John.

R.Battista., The Holographic Model, Holistic Paradigm, Information Theory and Consciousness, In: Wilber,K.,(ed.),"*The Holographic Paradigm and Other Paradoxes: Exploring the Leading Edge of Science*", Boston/London, Shambhala, 1985（K・ウィルバー編、井上忠他訳『空像としての世界』青土社、1992年）。

161. 金子光男「B・ラッセル教育哲学の今日的課題―ナショナリズムと教育の問題を中心として―」『教育哲学研究』第18号、1968年、15-16頁を参照とした。原典は、Russell, B. "*Principle of Social Reconstruction*". New York, Cornell University Library, 1997, P.62.

162. "*Principle of Social Reconstruction*". P.161.

163. 後藤嘉也「人間の社会性」木田元・須田朗監修『哲学の探究』中央大学出版部、1993年、240頁。

164. 『哲学の探究』247頁。

165. 『倫理哲学講話』321頁。

166. 『倫理哲学講話』132頁。

167. 『倫理哲学講話』374頁。

168. 『倫理学の根本問題』16頁。

169. 同前。

170. 『倫理哲学講話』323頁。

171. 同前。

172. 『倫理哲学講話』324頁。

173. 『倫理哲学講話』340-41頁。

174. 『忠孝論』30頁。西は、『中庸』の第27章「礼儀三百威儀三千」を通じて上下の制が一貫することを例としてあげている。J・S・ミルは、国家の統制を批判し他者危害原則に基づき個人の自由を主張する。こうした思考において、統治機構の成立条件に、国民の側の体制の容認と保持の努力と課せられた義務の履行をあげる点は西と類似するが、民主主義の未成熟な国家がパターナリズムの範疇に置かれる点は西との相違点である。

175.『忠孝論』32頁。

176.『忠孝論』73頁。

177.『忠孝論』85-86頁。

178.『忠孝論』45頁。

179.『普遍への復帰と報謝の生活』30頁。カントの善意志が自然的衝動を排除すべきものと考え、純粋理性の天のみを仰いだため、「尊敬の情」だけが感性と理性をつなぐ要素と考えられたのだという。

180.『普遍への復帰と報謝の生活』32頁。

181.『普遍への復帰と報謝の生活』24頁。

182.『普遍への復帰と報謝の生活』27頁。老子の「大道廃れて仁義あり」はこの意だという。

183.『倫理哲学講話』372-373頁。

184. 西は、この「講書始御儀」にあたり書いた御進講草案の末尾に、天皇による敬神の祭祀が人民の信を基礎づけ、その仁徳が人民への愛に基づく食を満たし、その尚武の威徳が兵力の充実の元となることを示し、そうした天皇の考えを人民との間に立ち輔弼するのが家臣や役人の務めであると記している。この文章は、西が自らの御進講の役割に込めた言葉と察することができる。「謹ンデ惟ンミマスルニ天朝御歴代敬神ノ御祭祀、愛民ノ御仁徳、尚武ノ御威徳ヲ以テ天下ヲ治国シメシ給ハリマシテ、敬神ノ御祭祀ハ信ノ大本、愛民ノ御政ハ食足スノ政ノ根源、尚武ノ御威徳ハ兵足ス政ノ根源ト拝察致シマス。皇國ノ歴史ニ於キマシテ群臣百官ドモガ詔ヲ承ケ民ノ上ニ立チマシテ御政ヲ御輔ケ申上ゲテ参リマシタ。此ノ間ニ孔子ガ道徳政治ヲ説キマシタ所ガ群臣百官ドモガ聖旨ノ存シマスル所ヲヨク奉體致シマス上ニ何程カ助ケトナリマシタコトモアリマセウカト存ジマス。」(山口県立図書館、森岡正美関係文書)

西の御進講時の経緯と心境について、随伴した教え子の村上義幸の「西晋一郎先生言行録抄」(山口県立図書館玖村文庫所蔵)から記録として紹介しておこう。同伴の旅は、昭和十八年一月十九日から二十四日にかけて行われた。この御進講の発令は差し迫ってから出されるもので、二・三日前までは発表されず、本人にも前もって通知されない。西は御進講の準備を整え、一月十九日、広島駅から寝台車で出発した。西、村上両名は、二十日の朝十時に静岡を通過し十時に東京に到着している。西は、二十一日の朝食後に翌日御進講する講義の清書にかかる。二十二日の出発前に御進講の控え書を村上は受け取っている。御進講の時間は十時三〇分からであった。鳳凰の間で、天皇・皇后両陛下、各皇族方々、それに宮内大臣、内大臣以下陪聴を仰せつけられた人々に対して御進講が行われた。当日の御進講は、国書が和辻哲郎、漢書が西晋一郎、洋書が本田光太郎の順で行われた。無事、御進講を終えた西は宮内省の車で見送られ、宿舎に戻ると、廣島文理科大学教授新見吉治や同窓諸氏が待ち受け、西は揮毫を請われて次の言葉を色紙に筆で書いた。「南西北東　戦雲急之　大内山風静　静専動直　皇威拂妖氛」。まさにこの句に、御進講に際しての西の思いが垣間見られる。日米開戦（昭和十六年）を経て、当時、連合国側との一進一退の攻防がつづく戦況にある中、西は論語（顔淵篇子貢問政の章）を題材に「食」や「兵」に比し「信」が統治上、重要であることを皇居で天皇に進講した。この句ではそこ皇居における精神的な場の力を通して不毛な闘いが鎮められることが期待される。すなわち、戦雲急を要する中、風静かにして、もっぱら清浄なる虚心が支配し、虚を体現する天皇の威光は不吉な災難や騒乱の気を打ち払ってくれる、と。西はそのとき、自らも同じく〈虚〉のうちに貫入できたと感じとったのではないだろうか。

185.『忠孝論』30頁。

186. シュタイナーは、『自由の哲学（"*Die Philosophie der Freiheit*"）』(Dornach, Rudolf Steiner Verlag, 1894) において、「個と類」をめぐる見解を表明している。ここにおいては、類に対する個の優位と、類概念の単純な個への適応の不可が述べられる。しかも、シュタイナーの場合、徹底的な個の独自性についての主張は、かれにとって最も重要な「自由」の問題につながっているのである。つまり、かれは「人間はこうした類的なものから自由となる。…わたしたちが類的なものから自分を自由にする程度に応じてのみ、公的団体の内部における自由な精神の度合いが問われるのである。…すべての人間は自らを支配する権威の命令からも自己の本質部分をしだいに自由にしていく」（S.241）と主張する。内的で精神的な進化の末に普遍的な真理を開示できるのは、共同体の無意識に浸透した「全体」としての類概念ではなく、あくまでも自己の精神活動という窓口を通してのみであるとされるのである。しかも、それが人間が個として生まれ、個として生きていくことの存在根拠であり、それこそが「自由」本義であるとされるのである。しかも、シュタイナー的ホリズムが精神的次元として重視する民族の問題は、類としての国家やその保持を政策上めざす政治とは本来別の問題としてあつかわれる。シュタイナーが「法（政治）、経済、精神文化の三層化論」を説くのも、そうした相互の不当な干渉が不幸な闘争や自我の抑圧を生みだしたと考えるからなのである。とりわけ、そこでは、教育の問題は、政治や経済領域とは別の精神領域に属し、「個における精神の自由」の原理が貫かれねばならないとされるのである。

さらに、本論において検討してきた極端な全体主義志向や排他的な全体主義は、シュタイナーにとってどう理解されるのであろうか。かれは「そのような自由（筆者註：動物的生活や権威的命令といった類的なものからの自己の解放）を獲得することができない人は、自然有機体か精神有機体の一分肢になる」（S.241）という。つまり、ここで考察の対象とした排他的全体主義の状態は、類によって自己の本来の自由が制約された様態と解されるのである。

187.『神人及国家』72頁。

# 第二部　資料編

# 1．西文庫目録（広島大学所蔵）

《目　次》

（1）中央図書館所蔵
和　書………111
洋　書（邦訳を含む）………142
道家関係冊子………153
端本類………154
経典類（小冊子）仏教其他………156
（2）文学研究科所蔵
西晋一郎講義・講習録・書簡………157

## はじめに

西文庫は広島大学所蔵の元広島文理科大学教授故西晋一郎博士旧蔵資料である。西博士は和学・漢学の分野で神道、国学（水戸学）、国体学、崎門学関係書を中心に近代日本の精神史研究に有益な資料を収集された。一方では、関連分野として西洋哲学・倫理学に至るまで幅広い研究をされ、当時は、京都の「西田（幾太郎）」、広島（文理大）の「西」と称された。約二千冊。

## 凡　例

イ．本目録は、広島大学の中央図書館と文学研究科の所蔵場所別に作成している。

ロ．記載順については、編著者名、書名、出版者、出版年を原則とした。不明な項目は未記載としている。

ハ．中央図書館所蔵の和書と洋書の項目には、冒頭に通し番号を付している。これは中央図書館による西文庫の整理番号で、今後変更となる可能性がある。

ニ．中央図書館所蔵の端本類の項目には、冒頭に請求記号を付している。

ホ．中央図書館より文学研究科に移管された西晋一郎講義・講習録・書簡資料は、A段、B段、C段に分別して収めている。

## （1）中央図書館所蔵

### 和　書

1. 女子學習院編『女流著作解題』女子學習院、昭和一四年。
2. 大倉精神文化研究所編『古文書古記録影寫副本解題』横浜、昭和一八年。
3. 清水正健編『改訂　水戸文籍考』水戸、須原屋書店、大正一一年。
4. 東北帝國大學附屬圖書館編『和漢書別置本目録』（未定稿）、仙台、昭和一一年。
5. 遠藤隆吉博士還暦記念會編『遠藤先生華甲壽記念論文集』遠藤隆吉博士還暦記念會、昭和九年。
6. 安藤年山『年山紀聞』第一―六巻、京都、小川多左衛門（等）、文化元年。
7. 藤原実煕『拾芥抄』上、中、下、江戸中期?.。
8. 小中村清矩『陽春盧雜考』第一―八巻、東京、小中村義象、昭和三〇年。
9. 栗田寛著『栗田先生雜著』上、中、下巻、栗田勤編、東京、吉川半七、明治三四年。
10. 栗山濳鋒『幣帚續編』写［享和三著者序］。
11. 松平定信『春の心　樂翁御著作集』小寺鉎次郎編、桑名町（三重県）、樂翁公一百年記念大祭協賛会、昭和三年。
12. 内田周平編『憶南集』谷門精舎、昭和四年。
13. 板倉勝明『甘雨亭叢書』別集第一集（1/2）、安政三年?.。同別集（続）（2/2）
14. 板倉勝明『甘雨亭叢書』第五集、江戸、山城屋佐兵衛等、安政三年。
15. 板倉勝明『甘雨亭叢書』第四集、江戸、山城屋佐兵衛等、嘉永六年。
16. 板倉勝明『甘雨亭叢書』第一集、江戸、須原屋茂兵衛等、弘化二年。
17. 板倉勝明『甘雨亭叢書』第二集、江戸、須原屋茂兵衛等、弘化三年。
18. 板倉勝明『甘雨亭叢書』第三集、江戸、須原屋茂兵衛等、嘉永元年。
19. 長谷川昭道『長谷川昭道全集』上、下巻、信濃教育会編、長野、信濃毎日新聞社、昭和一〇年。
20. 黒川眞頼『黒川眞頼全集』第一―六巻、黒川眞道編、國書刊行会、明治四三―四四年。
21. 及川儀右衛門『藝備史研究』生活社、昭和一四年。
22. 伊藤證信『哲學入門』昭和六年。謄写　大阪　プリント社印刷。
23. 森信三『哲學小門』出版地不明、刊年不明。
24. 法貴慶次郎『中世哲學史綱』金港堂書籍株式会社、明治三六年。
25. 河瀬憲次『形而上的なるものと認識』藤井書店、昭和八年。
26. 佐藤通次『身體論』白水社、昭和一四年。
27. 紀平正美『認識論』岩波書店、大正四年、三版。
28. 大西祝『論理學』警醒社書店、明治三六年。大西博士全集、第一巻。
29. 森信三『學問方法論』古今書院、昭和一七年。

30. 森信三述『學問の方法』昭和一四年序。
31. 山田光遵『東洋國家倫理の原理と大（體）系』中文館書店、昭和一六年。
32. 岩波書店編　『岩波講座　東洋思潮（第一―一八回）』、岩波書店、昭和九―一一年。
33. 清原貞雄『日本思想史　奈良朝國民の精神生活』中文館。
34. 大倉精神文化研究所編『神典』横浜、昭和一一年、三版。
35. 伊藤證信『日本哲学入門』山喜房佛書林、昭和一七年。
36. 加藤仁平『三種の神器観より見たる日本精神史』第一書房、昭和一四年。
37. 加藤仁平『日本精神の発展と教育』同文書院、昭和九年。
38. 紀維貞『國基』京都、天保八年。（跋）
39. 栗田寛『天朝正学』國光社、明治二九年。
40. 三井甲之『しきしまのみち原論』原理日本社、昭和九年。
41. 齊藤晌『日本的世界観』朝倉書店、昭和一八年。（現代哲学叢書）
42. 佐久間太華『和漢明辨』大阪嵩高堂、京都、博厚堂、安永七年。
43. 安岡正篤『日本精神通義』大日本聯合青年団編、日本青年館、昭和一一年。（新興日本叢書　第四巻）。
44. 『國学入門』発行地不明、刊年不明。明治二年、松菊頑夫跋。
45. 西晋一郎『代表的国学者の日本精神観』磯野清註解、明治図書株式会社、昭和一一年。
46. 山田孝雄『國学の本義』國学研究會出版部、昭和一四年。
47. 山田孝雄編并注解『荷田東麿創学校啓文』宝文館、昭和一五年。
48. 賀茂眞渕『校本賀茂眞渕全集』思想篇　上、下巻、山本饒編、弘文堂書房、昭和一七年。
49. 大石新『賀茂眞渕』大阪、柳原書店、昭和一七年。
50. 本居宣長『倭心三百首』江戸、須原屋茂兵衛等、天保三年。
51. 本居宣長『玉鉾百首附本末歌』青柳高鞆　刪訂、神習舍塾蔵版（明治三年跋）
52. 本居宣長『直毘霊』江戸、須原屋茂兵衛（等）。
53. 本居宣長『馭戎慨言』各上、下、津（伊勢）、寛政八年（鈴之屋蔵版）。
54. 平田篤胤集・富永仲基集（附）伴信友・伊勢貞丈、大日本思想全集刊行会編、昭和七年。（大日本思想全集　第一〇巻）
55. 平田篤胤（講述）講本氣吹颸、上、下、門人等筆記（平田篤胤熟蔵版。
56. 平田篤胤『三大考辯々』写。
57. 平田篤胤　撰述『三五本圀考』上、下巻、櫻井信影（等）校　（平田篤胤）熟蔵版、天保六年（後記）。
58. 平田篤胤『新鬼神論』上、下、写。
59. 平田篤胤『霊能眞柱』上、下、大野広則校正（平田篤胤熟蔵版、天保九年。
60. 平田篤胤『平田翁講演集』平田学会編　法文館書店、大正二年。
61. 平田篤胤『平田翁講演集』平田学会編　法文館書店、大正二年。
62. 山田孝雄『平田篤胤』宝文館、昭和一五年。
63. 愛媛縣教育会編『矢野玄道』松山　愛媛県教育会、昭和八年。（愛媛県先哲偉人叢書第一巻）
64. 富士谷御杖『富士谷御杖集』第三―五巻、國民精神文化研

究所編、東京、昭和一三—一五年。(國民精神文化文献七)
65. 樹下快淳　編述『贈正五位　鈴木重胤真人物』鈴木重胤先生学徳顕揚会、昭和一八年、九版。
66. 矢野玄道『眞木柱』京都、池村氏【製本】、明治六年。玄柱堂蔵版。
67. 原善『先哲叢談』前、後編、東條耕合著、松栄堂書店、明治三三年、六版。
68. 西島醇『儒林源流』東洋図書刊行会、昭和九年。
69. 大江文城『本邦儒学史論攷』大阪、全国書房、昭和一九年。
70. 高瀬代次郎『冢田大峰』光風館書店、大正八年。
71. 細井平洲『嚶鳴館遺草』第一—六巻、細井徳昌編、天保六年。
72. 鎌田柳泓『朱学辯』京都、群玉堂、享和二年。
73. 西村天囚『日本宋学史』大阪、杉本梁江堂、明治四二年。
74. 大塚観瀾　輯『日本道学渕源録』第一—四巻、続録巻五、東京、岡次郎、昭和九年。
75. 安東省庵記念会編『安東省庵』城内村(福岡県山門郡)、大正二年。第一—一三巻、
76. 浅見絅齋『絅齋先生文集』第一—一三巻、山口剛斎校正。
77. 浅見絅斎『洪範師説』第一、二巻、高村正巳。
78. 浅見絅齋『四箴附孝并序師説』写。
79. 淺見絅齋『浅見先生尚書講諠』上、下、写(浅見先生小野先生尚書講諠第一、二)。
80. 浅見絅齋『劄録』写。
81. 傳記学会編『山崎闇斎と其門流』明治書房、昭和一三年。
82. 藤原惺窩『惺窩先生倭謌集』第一—五巻。
83. 藤原惺窩『惺窩文集続巻』第一—三巻。
84. 藤原惺窩『惺窩文集』第一—五巻、林道春編、昭和二年。
85. 前田恒治『会津藩に於ける山崎闇斎』西沢書店、昭和一〇年。
86. 三宅尚齋筆記『四道』敬齋箴序竹原先生口義。
87. 黙齋学会編『黙齋先生傳』池上幸二郎編、一誠堂書店、昭和一〇年。
88. 中島鹿吉『南学読本』高知、日新館書店、昭和一〇年、再版。
89. 小野鶴山『小野先生尚書講諠』大島久富録、写。
90. 佐藤直方『道学標的』[正徳2序]。
91. 植田玄節『闇齋先生易簀訃状』岡直養、池上幸二郎(校)、晴心堂、昭和一四年。
92. 若林強齋『家禮訓蒙疏』第一—四巻、写、明治六年(識語)。
93. 若林強齋『強斎先生雑話筆記』第一—八冊(第一—一二巻)、餘慶篇、山口春水筆記、岡直養・池田寿介校、虎文齋、昭和一二年。
94. 若林強齋『強齋先生遺艸』乾坤、第一—四巻、岡直養校、虎文齋、昭和一一年。
95. 若林強齋『強齋先生雑話續録抄』山口春水[録]　森信三編、大阪、昭和一一年。
96. 山崎闇斎編『大家商量集』上・下、京都、武村市兵衛、江戸時代中期。
97. 山崎闇斎編『玉山講義附録』上・中・下、京都、武村市兵衛、寛文一二年。
98. 山崎闇齋『性論明備録』京都、武村市兵衛、寛文一二年序。
99. 楠本碩水『碩水先生餘稿』上・下(巻首一巻三、附録一・二)岡次郎編、谷門精舎、昭和四年。
100. 尾藤二洲『素餐録』池尾允校、京都、出雲寺文次郎等、

天保七年。
101. 尾藤二洲『正学指掌』尾藤二洲先生顕彰会、川之江町（愛媛県）、昭和一六年。
102. 古賀精里『精里初集抄』第一―三巻、古賀煜等校、文化一四年。愛月堂蔵版。古賀撲。
103. 古賀精里『精里二集抄』第一、二巻、文化一四年序。愛月堂蔵版。
104. 淇園會編『鴻儒皆川淇園』京都府南桑田郡　淇園会（郡役所内）、明治四一年。
105. 柴野栗山『家庭に寄せし柴野栗山の書簡』川口萬之助、長尾折三編、聚精堂、明治四三年。
106. 柴野栗山『栗山文集』第一―六巻、江戸、山城屋佐兵衛、天保一四年。
107. 尾関當補『読大記参疏』岡次郎編、虎文斎、昭和一三年。
108. 春日酔古編『春日潜庵先生影迹』京都、法蔵館、大正四年。
109. 富士川游述『中江藤樹』正信協会編、厚徳書院、昭和一二年。
110. 加藤盛一編『定本孝經啓蒙』加藤盛一校訂、訳註、天晨堂、昭和一七年。中江藤樹原著。
111. 松原致遠『日本学としての藤樹教学』大日本雄辯会講談社、昭和一八年。
112. 松本義懿編『藤樹先生の学徳』渾沌社出版部、昭和六年。
113. 中江藤樹『藤樹全書』初編第一―一〇巻、京都、川勝鴻寶堂、明治二六年。
114. 中江藤樹『翁問答』上・中・下、慶安三年。
115. 中江藤樹『藤樹先生全集』第一―五冊、岩波書店、昭和一五年。
116. 中里介山『藤樹先生言行録』大菩薩峠刊行会、昭和九年。
117. 滋賀県高島郡教育会編『藤樹先生』今津町（滋賀県）、大正一〇年、訂正四版。
118. 滋賀県高島郡教育会編『藤樹先生』今津町（滋賀県）、大正七年。
119. 滋賀県高島郡教育会編『藤樹先生』青柳村（滋賀県高島郡）、昭和一一年。
120. 縣社藤樹神社『藤樹先生御絵伝』高瀬武次郎（解説）、案本一洋　青柳村（滋賀県高島郡）、昭和一四年。
121. 熊澤蕃山『蕃山全集』正宗敦夫編　第三冊、蕃山全集刊行会、昭和一五年。
122. 熊澤蕃山『蕃山全集』正宗敦夫編　第一―五冊、蕃山全集刊行集、昭和一五―一七年。
123. 熊澤蕃山『藝術大意』萩原金吾編、戸倉村（長野県埴科郡）萩原金吾、昭和一一年。
124. 春日潜庵『潜庵遺稿』第一―三巻、春日昇一郎編　青木嵩山堂、昭和二六年。
125. 春日潜庵述『陽明学真髄』春日直之助筆記、東京、春日昇一郎、明治四四年。
126. 廣瀬淡窓『和訳義府野仲護』大阪、野仲識、昭和六年。
127. 岩橋遵成、『徂徠研究』関書院、昭和九年。
128. 加藤仁平『伊藤仁齋の学問と教育即ち堀川塾の教育的研究』目黒書店、昭和一五年。
129. 會澤正志齋『豈好辯』玉巌堂、安政四年。
130. 會澤正志齋『下学邇言』第一―七巻、会沢安、宇伯民。
131. 會澤正志齋述『できい編』京都、茨城屋他太左衛門等、一五年。

明治二年、弘道館叢書、会沢安。
132. 會澤正志齋述『退食閑話』水戸?、弘道館?、天保一三年。
133. 會澤正志齋『及門遺範』江戸、玉巖堂（横山金右衛門）文久元年。
134. 會澤正志齋『閑道編』上・下、寺門謹編、國光社、明治二五年。
135. 藤田東湖述『校註弘道館記述義』岡林利平校註、明治書院、昭和一二年。
136. 藤田東湖述『弘道館記述義』菊池謙二郎校訂、長野、信濃教育会、昭和九年。
137. 藤田東湖『藤田東湖全集』第一―六巻、高須芳次郎編、章華社、昭和一〇―一一年。
138. 帆足記念文庫編『帆足萬里先生略傳』日出町（大分県）大正一一年。
139. 三浦梅園『梅園全集』梅園会編　上・下　弘道館、大正元年。
140. 立林宮太郎『水戸学研究』国史研究会、大正六年。
141. 遠藤隆吉『巣園哲学』巣園学舎出版部、昭和一六年。
142. 紀平正美『行の哲学』岩波書店、大正一二年。
143. 紀平正美『知と行』山本饒編、京都、弘文堂書房、昭和一三年。
144. 鬼頭英一『存在論』朝倉書店、昭和一八年。
145. 森信三『恩の形而上学』古今書院、昭和一三年。
146. 大槻正一『帥塞哲学講話』藤井書店、昭和九年。
147. 田邊元『哲学の方向』興亜教学研究会編、目黒書店、昭和一六年。
148. 田中晃『生哲学』朝倉書店、昭和一七年。
149. 土田杏村『土田杏村全集』第一―一五巻、恒藤恭等編、第一書房、昭和一〇―一一年。
150. 佐藤通次『皇道哲学』朝倉書店、昭和一六年。
151. 趙謙『学範』上村次郎右衛門、明暦二（巻末）。
152. 遠藤隆吉『学問概論』巣学舎出版部、昭和一四年。
153. 藤田豊八（等号著）『支那文学大綱』第一巻、大日本図書株式会社、明治三一年。
154. 服部富三郎『咬菜軒五種』服部富三郎先生謝恩記念刊行会、名古屋、昭和一一年。
155. 平原北堂『支那思想史』改訂版、京都、人生道場、昭和一七年。
156. 今北洪川『禪海一瀾』巻上・下、山口中市町（山口県）阿部準輔、明治九年。
157. 王涇撰『大唐郊祀録』第一―一〇巻、巻末、附録、中華民国清朝末期以後。
158. 斯文会編『支那学研究』第四編、斯文会、昭和一〇年。
159. 武内義雄『支那思想史』岩波書店、昭和一一年。
160. 浅見絅齋『六經編考』元禄六年著者跋。
161. 馬融　撰『校訂忠經集註』五十川左武郎　校訂増註、大阪、明善堂、明治一五年。
162.『群書治要』魏徵等撰（勅撰）宮内省編、宮内寮図書寮、昭和一六年。
163. 班固撰『白虎通徳論』第一―四巻、鵜信之訓点、江戸、寛文二年巻末。
164. 古草堂主人『古草堂經藝標新』北京?、光緒一。
165. 元田永孚『元田先生進講録』吉本襄編、民友社出版部、大正三年。
166. 太田錦城『疑問録』上・下　太田敦、信成校、江戸、玉巖堂（和泉屋金右ヱ門）、天保二年。
167. 太田元貞『九經談』元、享、利、貞（巻之一―一〇）奥山清興等校、京都、川勝徳次郎【製本】。
168. 『幼学綱要漢文解』明治以降?。
169. 易經『乾隆御纂　周易述義』第一―八、呉、纂修（勅撰）江戸、吉川半七、青山清吉、弘化三年。
170. 『易学啓蒙補要解』第一―六冊、徳川時代。
171. 平田篤胤『彖易正義』巻上・下、菅原道満、新田目道茂伝、嘉永七年序。
172. 徐鼎『周易舊注』第一―六巻、扶桑使廨、光緒一二年。
173. 胡方平『周易啓蒙通釋』上・下巻、成徳校訂、京都、出雲寺萬次郎、弘化三年。
174. 眞勢中州『周易釋故』眞勢中州述、松井羅州補述、早稲田大学出版部編、明治四三年。
175. 根本通明『周易象義辯正』鷹巣町（秋田県）、昭和一二年。
176. 大橋訥菴『周易私断』首巻一―六、並木正韶増補、文求堂書店（田中慶太郎）大正七年。
177. 太田晴軒『周易論語孟子三經談』江戸、玉巖堂（和泉屋金右衛門）江戸時代。
178. 佐藤一齋『周易欄外書』1/2―9/10
179. 『御纂周易折中巻首巻』第一―二二　李光地等撰（勅撰）北京?、馬新貽、同治六年。
180. 朱熹『易学啓蒙』第一―四冊、京都、銅駝坊書林（村上平樂寺）延宝二年。
181. 武内義雄『易と中庸の研究』岩波書店、昭和一八年。
182. 程頤『周易程子傳』第一―五（第一―二四巻）京都、今村八兵衛、享保九年。
183. 内田周平述『周易講義』。
184. 大田錦城講述『尚書紀聞』伊藤祐義録　早稲田大学出版部編、大正一五年。
185. 申時行『新鍥会編』書經講義第一―八（第一―一二巻）、大阪、文栄堂。
186. 『欽定書經傳説彙纂』巻首第一―二一巻、王頊齡等撰（勅撰）、北京、馬新貽、李瀚章、同治七年。
187. 林道春点『書経集註』風月庄左衛門、明歴元年。
188. 鷲津宣光講述『尚書』斯文学会、明治年間、斯文学会講義筆記。
189. 根本通明述『詩經講義』上下巻、博文館、明治四四年。
190. 『欽定詩経伝説彙纂』王鴻緒等撰、馬新貽・同治七年。
191. 『毛詩考』戸畑・安川敬一郎、昭和九年。
192. 朱熹、集註『詩經集註』第一―八巻、鈴木温（標注刪正）江戸、須原屋茂兵衛等、寛政三年。
193. 後藤點『改正音訓　禮記　元亨利貞　再刻』北村四郎兵衛（等）、安政二年（五刻）。
194. 後藤點『大字　禮記　元亨利貞』明治一四年。
195. 胡興『周禮折衷』第一―六巻、尚徳堂、同治五年。
196. 『欽定周官義疏』巻首一―四八巻、允禄等撰（勅撰）北京、同治七年。
197. 『欽定儀禮義疏』巻首、第一―四八巻、北京、同治七年頃。
198. 汪基『儀禮節本』巻上、下、江永較纂、上海、会文堂粹、宣統二年。

199. 陳澔集説『禮記集説』第一―三〇巻、京都、今村八兵衛、享保九年。

200.『欽定禮記義疏』巻首、第一―八二巻、北京、清朝代。

201. 藤樹頌徳会編『藤樹先生を語る』青柳村（滋賀県高島郡）、昭和一二年。

202. 何休『宋紹熙本公羊傳注』第一―一二巻、揚州、汪氏問礼堂、巻頭の書名　何休春秋公羊伝解詁。

203.『欽定春秋傳説彙纂』巻首、第一―三八巻、王掞等撰（勅撰）北京、同治七年頃。

204. 遠藤隆吉『孝經及東西洋の孝道』巣園学舎出版部、昭和一一年。

205. 巖可均輯『孝經鄭氏注』曹元弼、光緒二〇年。

206. 林長次郎集註『孝經』大阪、林歐文堂、昭和四年。

207. 伊藤鳳山、點並鼇頭、『頭書孝經孔傳読本』大阪、藤屋善七、弘化三年。

208. 上河正揚『孝經童子訓』京都、元明元年。

209. 片山兼山『古文孝經参疏』上、中、下、山中祐之輯、葛山壽、萩原萬世校、江戸、嵩山房、寛政元年。

210. 孝經『古文孝經』太宰春台　訓点、大阪、青木嵩山堂、明治初期。

211. 近藤元粋『孝經集註』大阪、明善堂、明治一六年。

212. 杉浦親之助編『孝經五種』東京、大正一四年。

213. 田中正義『孝經纂註校本』金沢、池善書店、昭和三年。

214. 東條弘増攷『孝經尊氏解』洪頤煊補證［江戸］文化一一年。

215. 津阪孝綽（註釈）『孝經發揮』文政九年。

216. 内田周平編『孝經刊誤合纂』谷門精舍、昭和一一年。

217. 山本北山　輯『孝經集覧』上、下　江戸嵩山房、安永四年。

218. 竺常『四書越俎』第一―四巻、寛政六年序。

219. 田中慶太郎　校訂『大学章句』文求堂書店、昭和一〇年。

220. 留守先生『大学三綱領口義』。

221.『大学章句序（講義）』朱熹章句。

222. 新刻改正『大学』朱熹章句、後藤点、大阪、松雲堂。

223. 簡野道明　補註『補註　学庸章句』朱熹章句、明治書院、昭和二年。

224. 熊澤蕃山『大学或問』乾、坤、江戸、山崎金兵衛等、天明八年。

225. 松平定信『樂翁公口演　大学講義』新潟、小林二郎、明治二五年。

226. 西晋一郎通釈『大学解通釋』藤樹頌徳会編、目黒書店、昭和一四年。

227. 若林強齋『大学講義』乾、坤、明治四年。

228. 浅見絅齋『中庸分書説』三宅重固録。

229. 新刻改正『中庸』朱熹章句　後藤点、大阪、濱本伊三郎、岡本仙助、明治一七年。

230.『中庸聞書』第一―三巻。

231.『中庸章句序』天保四年。

232.『中庸図解』附大学聞書、平形隼人、天保四年。

233. 袁金鎧講述『中庸講義』奉天、壬申の年。

234. 三宅重固『中庸或問筆記』明治三年。

235. 西晋一郎『中庸解通釋』大阪、敞文館、昭和一八年。

236. 伊藤太郎『日本魂による論語解釋』津、昭和九年。

237. 伊藤太郎『日本魂による論語解釋』第一―四、津、論語研究会、昭和一〇―一一年。
238. 皇侃撰『論語義疏』第一―一〇巻、吉田鋭雄校字、懐徳堂記念会編、大正一三年。
239. 中江藤樹原著『和訳論語卿黨啓蒙』大阪、文莫会、昭和九年。
240. 中島徳蔵『論語の組織的研究』中島徳蔵先生追憶記念会、昭和一六年。
241. 大田錦城述『論語聞書』第二―二〇巻、伊藤祐義筆記。
242. 『論語卿黨啓蒙翼傳』卿党第一〇、広島、弘法大生堂。
243. 『論語』朱熹集註、秋梧散史訳註、大阪、立川文明堂、大正一〇年。
244. 朱熹　集註『論語集註』第一―七巻、江戸時代。
245. 武内義雄『論語之研究』岩波書店、昭和一四年。
246. 安井息軒『論語集説』第一―六巻、京都、勝村治右衛門等、明治五年。
247. 北村澤吉『儒学概論』上海、商務印書館、民国一七年(1928)。
248. 北村澤吉『儒教道徳の特質と其の学説の変遷』関書院、昭和八年。
249. 平田篤胤『孔子聖説孝』上、下　平田銕胤、碧川好尚、角田忠行校。
250. 『孔子家語』第一―一〇巻、王粛撰、太宰春台増注、江戸、嵩山房、寛保二年。
251. 『聖蹟図』、民國出版。
252. 臺南孔子廟編『聖廟釋尊禮樂器図』台南、昭和一〇年頃。
253. 『孟子筆記』講述者不詳。
254. 大田錦城述『孟子聞書』第一―一四巻、伊藤祐義筆記。
255. 久保愛　注『荀子増注』第一―二〇巻、補遺、京都、葛西市兵衛、文政八年。
256. 阮逸註『文中子中説』上、下(第一―一〇巻)制江書局、光緒二年。
257. 乾奈良吉述『原人論駁論』平端村(奈良県平群郡)明治二六年。
258. 森信三述『森先生　近思録講義上』端山護、金戸守筆録、大阪、昭和一四年。
259. 薛瑄『讀書録』大阪、大野木市兵衛、享保七年。
260. 荻原拡『周濂渓の哲学』初期宋代哲学の研究、藤井書店、昭和一〇年。
261. 周敦頤撰『周子全書』第一―七巻、朱熹註、徐必達校、江戸時代。
263. 李滉撰『西銘考證講義』京都、小杢太郎平、寛文七(跋)。
264. 浅見絅斎(講述)『小学外篇』大月勝蔵。
265. 後藤俊瑞『朱子の哲学』聖山閣、大正一五年。
266. 本間黙斎(講述)『近思録序講例』惟秀録、明治一三年。
267. 古賀精里(講述)『近思録集説』乾、坤、文化一二年。
268. 劉子澄(纂述)『合璧、摘要　小学本注』朱熹刪訂、鷲裕齋標抄、京都、天保一四年?。
269. 佐藤一齋(講述)『近思録欄外書』乾、坤。
270. 周濂渓『通書』朱熹解、大槻清準　校訂、仙台、養賢堂、文化九年。
271. 周濂渓『通書』巻上、下、朱熹解、京都?、鈴木太兵衛、寛文六年。
272. 葉采　集解『近思録集解』乾、坤(第一―一四巻)江戸、利倉屋喜兵衛、貞享五年。
273. 王陽明『傳習録』巻上、中、下、附佐藤一齋欄外書、南部保城編、松山堂書店、大正八年。
274. 王陽明『標註　傳習録』巻中、下、附録、大阪、中川明善堂、明治初期。
275. 王陽明『王陽明先生文録』第一―一〇巻、黄綰譔、江戸時代。
276. 王陽明『王陽明文粋』第一―四巻、村瀬誨輔編次、京都、楠見甚左衛門等、文政一一年。
277. 劉宗周『人譜』元、亨、利、貞、洪正治校編、江戸、須原屋伊八等、天保一二年。
278. 新井白蛾『老子随筆』巻上、中、下、江戸、松山堂。
279. 廣瀬苓陽『老子摘解』巻上、下、広瀬孝校、大阪、河内屋茂兵衛、嘉永二年。
280. 畢沅撰『老子道徳經攷異』巻上、下、天保四年。
281. 木山鴻吉編『評註　老子道徳經』上、下、蘇轍解、東京、松山堂、明治二六年。
282. 金の蘭齋『老子經國字解』第一―三巻、大阪、文海堂、文化六年。
283. 松本愚山『撰述老子評注』巻上、下、文政六年。
284. 根本通明講述『老子講義』根本通徳校訂、博文館、明治三五年。
285. 仁科琴浦註『老子解』文化一〇年。
286. 林希逸撰『老子鬳齋口義』巻上、下、京都。
287. 王弼注『老子道徳經』上篇、下篇附録、岡田権兵衛、享保一七年。
288. 佐藤楚材『老子講義』第一―六巻、佐藤雲韶、服部拱校、名古屋、明治二六年。
289. 沈一貫『老子通』東洋大学出版部、明治四二年。
290. 焦竑輯『老子翼』第一―六巻、王元貞校、江戸時代。
291. 澤庵鈔述『沢庵禪師　老子講話』森慶造参訂、東亜堂書房、明治四三年。
292. 豊浦懐註『老子道徳經妄言』上、下篇、西履霜等校、天明八年。
293. 山本洞雲『老子經諺解大成』第一―一〇巻、延宝九年。
294. 林希逸撰『列子鬳齋口義』巻上、下、京都、安田安昌、寛永四年。
295. 巖井文『荘子増註』東京、磯部太郎兵衛、野村銀次郎、明治二六年。
296. 郭象註『新刊　荘子評註』元、亨、利貞（第一―一〇巻）、陸徳明　音義、有井範平訓点、報告書、明治一六年。
297. 郭象註『荘子註疏』第一―三三巻、京都?、中野宗左衛門、萬治四年。
298. 荘周『荘子内篇註』第一―四巻、釋徳清註、南京、光緒一四年。
299. 高木千鷹（和訳）『荘子和譯』西まつ子、大正一二年。
300. 内藤耻叟述『墨子文中子講義』博文館、明治二六年。
301. 中法漢学研究所編『論衡通検』北京、民國三二年（1943）。
302. 中法漢学研究所編『呂氏春秋通検』北京、民国三二年（1943）。
303. 安井息軒『管子纂詁』第一―二四巻、江戸、玉山堂、慶応元年。
304. 劉安撰『准南子』塚本哲三編、有朋堂書店、大正一三年。
305. 波多野精一『西洋哲学史要』大日本図書株式会社、明治三四年。
306. 大西祝『西洋哲学史』下巻、警醒社書店、明治三七年。
307. 西晋一郎『西晋一郎先生御講義チマイオスとパルメニデース』東京、倉西潔、昭和八年。
308. 山本幹夫『哲学体系構成の二途』プローティーノス　解釈試論、目黒書店、昭和一一年。
309. 青木巌『アリストテレース』岩波書店、昭和二年。
310. 稲富栄次郎『無と直観―プロティノス哲学の根本問題―』理想社出版部、昭和一四年。
311. Bentham, Jeremy／ベンザム・ジェレミー『功利論』田制佐重訳、春秋社、昭和三年。
312. 越川彌榮『近代獨逸哲学思想の研究』第一巻、大阪、修学館、昭和一七年。
313. Leibnig, G.W.／ライプニッツ・G.W.『ライプニッツ軍子論』河野與一訳、岩波書店、昭和三年。
314. 広島高等師範学校教育研究会編『カント研究』東京宝文館、大正一三年。
315. Fichte, Johann, Gottlieb／フィヒテ・ヨハン・ゴットリープ『フィヒテ知識学の概念並に第二序論』山本饒訳、岩波書店、昭和九年。
316. 朝永三十郎『フィヒテの「無神論論争」』。『哲学研究』第6・7・8号の抜粋を増訂す。
317. Schleiermarher, Friedrich／シュライヘルマッヘル・フリードリヒ、『西先生御講述　シュライエルマッヘル倫理学』西晋一郎講述、倉西潔筆録、東京、昭和七年。
318. 京都哲学会編『ロッチェ』東京宝文館、大正六年。
319. Dilthey, Wilhelm／ディルタイ・ウィルヘルム『哲学の本質』勝部謙蔵訳、大村書店、大正一四年。
320. Nietzsche, Friedrich, Wilhelm／ニーチェ・フリードリヒ・ウィルヘルム『ツァラトゥストラは斯く語る。此の人を見よ』加藤一夫訳、春秋社、昭和四年。
321. 朝永三十郎『デカート』岩波書店、大正一四年。
322. Bergson, Henri-Louis／ベルグソン・アンリ・ルイス『ベルグソン精神力』小林太市郎訳、第一書房、昭和一三年。
323. Bergson, Henri-Louis／ベルグソン・アンリ・ルイス『改版　ベルグソンの哲学』錦田義富訳、警醒社書店、大正一〇年。
324. 楢崎淺太郎『心理学の基本問題』内外出版株式会社、大正一二年。
325. 馬場文翁『倫理学概論講義』東洋書院、昭和九年。
326. D'Arcy, Charles F.／ダーシー、チャールズ・エフ『倫理学綱要』紀平正美、八木沼源八共訳、大同館、大正八年。
327. 服部富三郎述『東洋倫理学』京都、吉井昭文堂、昭和年間。
328. 西晋一郎『東洋倫理』岩波書店、昭和九年。
329. 馬場文翁『最近獨逸倫理学綱要』東洋書院、昭和九年。
330. 安積艮斎『艮斎間話』上、下、江戸、芳潤堂（高橋源助）
331. 安積澹泊齋『湖亭渉筆』第一―四巻、京都、柳枝軒、享保一二年。
332. 山本幹夫『國家倫理の構造』目黒書店、昭和一六年。
333. 中島力造述『最近倫理学説の研究』東京、中島愼一、中島寛次、大正八年序。
334. 大西祝『倫理学』警醒社書店、明治三五年。

335. 西田幾多郎『善の研究』岩波書店、昭和六年。
336. 須郷侊太郎『實質的價値倫理学の理念』成美堂書店、昭和九年。
337. 大西祝『良心起原論』警醒社書店、明治三七年。
338. 福富一郎『全体性の構造』同文書院、昭和一三年。
339. 安東省菴撰『三忠傳』巻上、下、京都、柳枝軒、貞享元年。
340. 福島政雄『孝道の自覚と佛教』天晨堂、昭和一六年。
341. 広池千九郎『孝道の科学的研究』広池千英、昭和四年。
342. 広瀬淡窓『析玄三十則』矢上行批釈、大阪、河内屋茂兵衛、江戸、須原屋茂兵衛、嘉永二年。
343. 鹿島生編『孝子と貞女』求光閣書店、大正三年。
344. 契嵩編并註『夾註輔教編孝論要義』巻八、九、京都、出雲寺文次郎。
345. 木原松桂『孝子木原松桂母を尋ぬる記』(附大父の墓を尋ぬる記)広島史学会(広島尚古会)大正一五年。
346. 近藤芳樹(編)『明治孝節録』第一―三、宮内省(蔵版)明治一〇年。
347. 桑原隲蔵『支那の孝道』昭和二年稿。
348. 矩道記『西の岡孝子儀兵衛行状聞書』京都、近江屋治郎吉、八文字屋正兵衛、昭和七年。
349. 福島政雄『皇國教化の本義』京都、興教書院、昭和一六年。
350. 鹿子木員信編『皇國学大綱』同文書院、昭和一六年。
351. 講學會編『教学論叢』目黒書店、昭和一六年。
352. 講學會編『皇國學論叢』目黒書店、昭和一九年。
353. 文部省普通学務局編『國體講演録 第二編―広島高等師範学校講演の部―』(1/2)(2/2)宝文館、昭和三年。国民道徳(西晋一郎)、憲法の精神(長倉矯介)国民思想特に国体の本義、見吉治)、英国の国体、国民性、現代思想批判(新神道、武士道(清原貞雄)、古代史(栗田元次)、現代社会組織(岩井龍海)。
354. 西晋一郎『人間即家國の説』明世堂書店、昭和一九年。
355. 大倉精神文化研究所編『祭政一致と臣民道』横浜、昭和一二年。
356. 須郷侊太郎『滿州國國民道徳概論(日文)』拓文堂書店、昭和一三年。
357. 福島政雄『忠孝の本義と佛教』目黒書店、昭和一二年。
358. 森信三『忠孝の眞理』大阪、昭和九年序。
359. 西晋一郎述『我國体と教学の特色』広島、儒道研究会、昭和一三年。
360. 西晋一郎『國民道徳講話』藤井書店、昭和一八年。
361. 西晋一郎『國家教学教育』目黒書店、昭和一四年。
362. 西村茂樹『日本道徳論』西村金治、明治二〇年。
363. 佐藤通次『学問の嚴粛性』冨山房、昭和一八年。
364. 角田忠行輯『宝訓文彙』京都、辻鼻家蔵版、明治六年。
365. 會澤正志齋『新論』上、下、水戸、東海氏(蔵版)江戸時代末期。
366. 福島政雄『國体教育史論』目黒書店、昭和一三年。
367. 磯野清『国体の本義詳説』目黒書店、昭和一六年。
368. 紀平正美『國体と哲学』理想社出版部、昭和一五年。
369. 河野省三『神ながらの國』明世堂書店、昭和一八年
370. 眞木和泉守『楠子論』。
371. 三上參次『尊皇論発達史』冨山房、昭和一六年。

372. 文部省編『國體の本義』昭和一二年。
373. 西川平吉『國體の話』大阪、出來島書店。
374. 飲光『神儒偶談』白木村（大阪府南河内郡）昭和一三年。
375. 広島文理科大学、広島高等師範学校精神科学会『国体思想論』(1/2)(2/2)目黒書店、昭和一八年、国体(西晋一郎)他。
376. 山本信哉『神道要典（国体篇）』博文館、昭和一七年。
377. 渡邊幾治郎『皇室新論』早稲田大学出版部、昭和四年。
378. 川尻宝岑述『教育に関する勅語謹話、戊申詔書謹話』心学参前舎、昭和一五年。
379. 西晋一郎『教育勅語衍義』朝倉書店、昭和一九年。
380. 西晋一郎『教育勅語衍義』賢文館、昭和一五年。
381. 台北第一師範学校国民精神文化研究会編『台北』昭和一三年。
382. 船本恒一編『五雄藩皇国精神講義』小郡町（山口県）、昭和一七年。
383. 磯野清『日本武士道詳論』目黒書店、昭和九年。
384. 内田周平編『拘幽操合纂』谷門精舎、昭和一一年。
385. 山岡鐵太郎述『武士道』勝安房評、安倍正人編、東京、平本正次、明治三五年。
386. 齋藤正謙『士道要論』鹿児島、造士館、嘉永三年。
387. 山本常朝『葉隠抄』山本常朝述、田代陳基録、志紀村（大阪府南河内郡）斯道会、昭和一〇年。
388. 山本常朝『葉隠抄』山本常朝述、田代陳基録、角田貫次、国維会東京青年部、昭和九年。
389. 報徳經済学研究会編『報徳經済学研究』第一輯、理想社、昭和一九年。
390. 福住正兄『報徳教祖二宮翁夜話』静岡、中上喜三郎、明治四二年。
391. 井口丑二『報徳溯源』中央報徳会、大正八年。
392. 二宮尊徳『二宮尊徳遺稿』二宮尊徳編、求信堂書店、大正三年。
393. 富田高慶述『報徳記』第一―八巻、大日本農会、明治二三年。
394. 柴田寅三郎『石門心学撮要』京都、心学脩正舎、大正一五年。
395. 及川儀右衛門『石門心学小観』目黒書店、昭和一七年。
396. 山田敬齋『我無しの境地』心学参前会、昭和一七年。
397. 稲垣國三郎『大阪心学の開祖　中井利安の事蹟』中井利安先生事蹟顕彰会、堺、昭和八年。
398. 稲垣國三郎述『石門心学の大家　鎌田一窓と鎌田柳泓』堺、稲垣國三郎、昭和七年。
399. 明倫舎編『手島堵庵全集』京都、明倫舎、昭和六年。
400. 布施松翁『松翁道話』上、中、下、大阪、塩屋喜助、本屋吉兵衛、文化一一年。
401. 布施松翁『松翁道話』初―五篇、大阪、積玉圃、文化一一年以降。
402. 石田梅巖『齊家論』上、下、京都、小川新兵衛、小川源兵衛、延享元年。
403. 石田梅巖『都鄙問答』第一―四巻、京都、小川新兵衛、小川源兵衛、天明八年。
404. 石川謙『心学講話』章萃社、昭和一〇年。
405. 紀の應信編『心学明日も見よ』北尾政美画、江戸、須原屋市兵衛等、寛政三年。
406. 中澤道二『道二翁童蒙訓』上、中、下、京都、文徵堂、文化一一年。

407. 中澤道二『道二翁道話』初篇、二篇、三篇（各上、下）江戸、須原屋茂兵衛等、寛政七―八、一二年。

408. 手島堵庵『町人　身体はしら立』上、下、増補再版、京都、松栄堂、享和二年。

409. 平田篤胤『皇典文彙』上、中、下（第一―三巻）（平田篤胤熟（蔵版）安政四年（序）。

410. 西晋一郎『天の道人の道』目黒書店、昭和一八年。

411. 大田錦城『梧窓漫筆』第一編、続編、三編、各上下、小川尚栄堂、明治三四年。

412. 鳥尾小彌太『統一学』鳥尾小彌太、明治三五年。

413. 徳川齋昭『告志篇』水戸、弘道館（蔵版）、文久三年。

414. 川合清丸（譯註）『袁氏家訓　譯陰隲録』日本国教大道社、明治三五年。

415. 福島政雄『鑑草講話』藤樹頌徳会、昭和一一年。

416. 中村てき斎『比売鑑』第一―一六冊（第一―一九巻）大阪、田中宋栄堂。

417.『鄭氏女孝經図絵』江戸後期。

418. 宮本和吉『哲学概論』岩波書店、大正五年。

419. 片山正直『宗教の眞理』岩波書店、昭和一六年。

420. 宮澤英心『現代人を救ふ宗教』博文館、昭和五年。

421. 鳥尾小彌太述『真正哲学無神論』川合清丸録、大道社、明治三四年。

422. 磯部忠正『神話哲学―随順の倫理―』朝倉書店、昭和一八年。

423. 川口興道『迦具土の研究』奈良、昭和一七年。

424. 越川彌栄『内外対照　日本神話の新研究』モナス、昭和四年。

425. 増田福太郎『台湾の宗教―農村を中心とする宗教研究―』養賢堂、昭和一四年。

426. 小倉鏗爾『神道の話』錦正社、昭和一三年。

427. 山本信哉『神道綱要』明世堂書店、昭和一七年。

428. 袋中『琉球神道記』加藤玄智編、明世堂書店、昭和一八年。

429. 城西野殿某原著『神道名目類聚抄』校訂、大岡山書店、昭和九年。

430. 木野戸勝隆『百日参籠』大岡山書店、昭和八年。

431. 国書刊行会編『神道叢説』山本信哉編、国書刊行会、明治四四年。

432. 栗田寛編『神祇志料附考』上巻、栗田勤校訂、皇朝秘笈刊行会、昭和二年。

433. 柳田國男『神道と民俗学』明世堂書店、昭和一八年。

434. 大宮兵馬、中島博光編『神道叢書』第三、五冊、新宮教院、水穂会、明治二九―三〇年。

435. 平田篤胤講『俗神道大意』第一―四、門人等筆記。

436. 矢野玄道『本教学柱』玄道先生頌道会編、大洲町（愛媛県）、昭和一二年。

437. 卜部兼直等撰、吉田神社編『神道大意』内外書籍株式会社、昭和一五年。

438. 常世長胤『宗源教大意』東京、明治一六年。

439. 吉川従長等『吉川視吾堂先生行狀』羽倉敬尚編、東京、照国会、昭和一七年。

440. 小林健三『垂加神道』理想社、昭和一七年。

441. 山崎闇齋『垂加翁神説』跡部良顕編、村岡典嗣校訂、岩波書店、昭和一三年。

442. 小池内廣輯『官許　諸祭神略記』静室蔵版、明治四年。
443. 近藤喜博『海外神社の史的研究』明世堂書店、昭和一八年。
444. 北畠親房『校註二十一社記』三島安精校註、明世堂書店、昭和一八年。
445. 小林健三『英彦山神社小史』添田町（福岡県）英彦山神社社務所、昭和一七年。
446. 『伊勢二所皇太神宮御鎮座本縁』、小山景正、元文元年。
447. 『伊勢二所皇太神宮御鎮座本縁』奥書終りに元禄四年、荒木田神主氏任書写とあり。
448. 神宮司廳編『神宮要綱』神宮司庁、昭和三年。
449. 『内外遷宮行支記』元禄一五年、宝永六年遷宮のこと記す。題簽に浪華散人とあり。
450. 度會行忠『伊勢二所太神宮名秘書』上、下、加茂縣主甲季写。
451. 度會常彰『参詣記纂註』加藤玄智編、明世堂書店、昭和一八年。
452. 『御鎮座次第紀抄』岡田正利、享保八年。
453. 『豊受皇太神宮神拜次第記』、表紙うらに田中平之烝前書あり。
454. 『豊受皇太神御鎮座本紀』深井光近、萬次三年。
455. 荒木田末偶『遷宮物語』上、中、下巻、名古屋、永樂屋東四郎、弘化年間頃。
456. 造神宮使廳編『神宮の建設に関する史的調査』東京、造神宮使庁（内務省内）。
457. 別格官幣社湊川神社編『湊川神社六十年史』本篇、資料篇、武藤誠編、藤巻正之、昭和一四年。
458. 大倉粂馬『伊豫上代史考伊曾乃神社』松岡静雄共著、郷土研究社、昭和七年。
459. 『宗像太神三社集説』伴野八重垣（删補）山魯翁、昭和九年。
460. 住田平彦『神祇奉齋要略』東京、昭和一四年。
461. 本居宣長釈『大祓詞後釋』上、下巻、松坂町（伊勢）柏屋兵助等、寛政八年。
462. 本居宣長釈『大祓詞後釋』上、下巻、文秀閣蔵版。
463. 今泉定助述『大祓講義』大倉精神文化研究所編、昭和一三年。
464. 平田篤胤『祝詞式正訓』附天神寿詞、上、下巻、東京、昭和二年。
465. 本居宣長釈『出雲國造神寿後釋』上、下、京都、菱屋孫兵衛等、寛政五年序。
466. 平山省齋述『修道眞法』大成教教務庁、明治四五年。
467. 平山省齋述『本教眞訣』大成教教務庁、大正三年。
468. 金光家邦編『金光教典』金光町（岡山県）、昭和三年。
469. 天理教同志會編輯部編『訂正増補　天理教祖』丹波市町（奈良県）昭和二年。
470. 千家尊福『出雲大神』杵築町（島根県）大正一〇年。
471. 金子大栄『佛教の諸問題』岩波書店、昭和九年。
472. 平田篤胤『出定笑語』守元寛（隋齋）嘉永七年。
473. 伊藤證信『眞正佛教学』同志同行社、昭和一七年。
474. 雲照述『佛教原論』明治三八年。
475. 荻原雲來『印度の佛教』大正三年序。
476. 師錬撰『元亨釋書』巻第一―三〇、京都、小嶋家冨（跋）、寛永元年。
477. 常盤大定『支那佛教の研究』第三、春秋社、昭和一八年。
478. 宇井伯寿『支那佛教史』岩波書店、昭和一一年。

479. 『宋高僧傳』第一―三〇巻、賛寧等撰（勅撰）京都、美濃屋彦兵衛、慶安四年。
480. 松平定常（不輕居士）『護法漫筆』東京、石村貞一、明治一〇年。
481. 森尚謙（不染居士）纂輯『護法資治論』第一―一〇冊、京都、文昌堂、安永三年序。
482. 常盤大定『超と脱』佛教年鑑社、昭和八年。
483. 富永仲基『出定後語』巻上、下、江戸、前川六左衛門等、文化二年。
484. 村上専精『佛教統一論第一編大綱論』金港堂書籍株式会社、明治三四年。
485. 川上弧山『要文抄緣　大蔵經索引抜粋』京都、大蔵經索引刊行会、昭和二年。
486. 三井昌史訳著『新訳　大品般若經』甲子社書房、大正一五年。
487. 『訓点校正妙宝蓮華經』乾、坤（第一―八巻）鳩磨羅什訳、赤松光映、訓点校正、京都、山田保延堂、昭和二四年。
488. 本純撰『法華玄籤籤緣』第一―一〇巻、京都、貝葉書院、明治年間。
489. 『妙法蓮華經観世音菩薩普門品』第二五、石橋啓十郎、昭和一一年。
490. 佐伯定胤編『法華經義科』上宮御疏、斑鳩町（奈良県）。
491. 里美達雄訳著『新訳　法華三部經』甲子社書房、昭和二年。
492. 聖徳太子『法華義疏』第一―四巻、森江書店（調進）昭和八年。
493. 福島政雄『求道と人生―華厳経入法界品に就いて―』渾沌社出版、昭和八年。
494. 原田靈道訳著『新訳　華嚴經』甲子社書房、昭和二年。
495. 齋藤唯信『華嚴五教章講話』高島米峰編、丙午出版社、昭和二年。
496. 佐々木月樵『夜摩天宮会及其解説』京都、護法館、大正九年。
497. 岩野眞雄訳著『新訳　浄土三部經』附勝鬘経、甲子社書房、昭和二年。
498. 聖徳太子撰『勝鬘経義疏』森江書店、昭和九年。
499. 原田靈道『新訳　大般涅槃經』甲子社書房、昭和二年。
500. 柏原祐義訳著『新訳　維摩經物語』甲子社書房、昭和二年。
501. 三井晶史訳著『新訳　楞伽經』甲子社書房、大正一五年。
502. 聖徳太子『維摩經義疏』巻上、下、明治年間以後、維摩詰所説経上、中、下の義疏である。
503. 甲子社書房編『律藏』第一巻、小乗四分律上、甲子社書房、昭和二年。
504. 顕慧『起信論義記幻虎録辨偽』巻上、中、下、井上忠兵衛、宝永三年。
505. 齋藤唯信『倶舎論頌講話』丙午出版社、大正一三年。
506. 新井石禪『心頭滅却すれば火も亦涼し』高橋北堂編、中央出版社、昭和二年。
507. 景戒編『校本　日本靈異記』明世堂書店、昭和一八年。
508. 清潭『観音の研究』大正三年序。
509. 成唯識論（假刷）護法等造、玄奘訳、法隆寺村（奈良県生駒郡?）（性相学聖典刊行会?）昭和一六年頃。
510. 良遍『法相二巻鈔』唯識大意　奥田正造編、森江書店、昭和七年。
511. 良遍撰述『校補　唯識大意　一名　法相二巻鈔』上、下巻、

藹々居士青巒校補　信濃教育会（編）、長野、昭和七年。
512. 佐々木月樵『世親論集』京都、法蔵館、大正八年。
513. 奥田正造編『明恵上人要集』森江書店発売、昭和八年。
514. 源信述『観心略要集』京都、長谷川市兵衛、寛文一一年。
515. 前田慧雲述『天台宗綱要』東洋大学出版部、明治四四年。
516. 蒙潤『校本　四教義集註』第一―五巻、義水智泉刪補、京都、寺田栄助、明治一八年。
517. 硲慈弘編『天台宗聖典』明治書院、昭和二年。
518. 樹下快淳編『慈雲尊者』大日本雄辯会講談社、昭和一九年。
519. 慈雲尊者鑽仰会『慈雲尊者の面影』白木村（大阪府南河内郡）高貴寺、昭和一〇年。
520. 空海『遍照発揮性靈集』正続第一―一〇巻、眞済編、京都、前川茂右衛門。
521. 空海『三教指歸』巻上、中、下、大阪、毛利田庄太郎、小嶌勘右衛門、享保六年。
522. 飲光『王法正論　治国之要　十善法話』第一―一二巻、白木村（大阪府南河内郡）高貴寺、文政七年。
523. 山本幹夫『法然佛教とわが国体思想』法然上人鑽仰会、昭和一六年。
524. 山本幹夫『辨栄聖者の人格と宗教―現代人の宗教読本』大東出版社、昭和一一年。
525. 藤秀璻『歎異鈔講讃』東林書房、昭和八年。
526. 大山俊健『歎異鈔二十講』京都、興教書院、昭和八年。
527. 村上専精述、『改訂愚禿鈔の愚禿草』京都、村上専精博士功績記念会、昭和三年。
528. 『蓮如上人御一代紀聞書』白井成允校訂、仙台、昭和四年。
529. 『歎異鈔講本』島地大等、校訂、光融館、大正五年。
530. 赤路宗貞『増補茶室掛物禪語通解』東京、内山龍太郎、昭和三年。
531. 新井石禪『新井石禪全集』山田靈林編、第一―一二巻、新井石禪全集刊行会、昭和四―六年。
532. 浄善（輯）禪門宝訓集上、下、京都、柳枝軒（小川多左衛門）題には頭書禪門宝訓とあり。
533. 木宮惠満編『冠註　一鹹味』京都、出雲寺文次郎、明治一九年。
534. 長井石峯『正眼国師　盤珪大和尚』政教社、大正一五年。
535. 鈴木子順編『禪臨済宗眼目』梅花書院、明治三六年。
536. 鈴木大拙『百醜千拙』京都、中外出版株式会社、大正一四年。
537. 榮西撰『興禪護國論』古田紹欽訳註、明世堂書店、昭和一八年。
538. 秋山範二『道元の研究』岩波書店、昭和一〇年。
539. 惠能『六祖大師法宝壇經』宗宝編、京都、貝葉書院、明治年間。
540. 日野巌編『滴水禪師』福知山町（京都府）京都府立福知山中学校、昭和一一年。
541. 一休『一休和尚全集』森慶造校訂、光融館、明治三八年。
542. 石田誠齋『鐵眼と宝洲』大阪、石田文庫、大正一一年。
543. 伊藤道海『常済大師御傳記』鶴見町（神奈川県）總持寺、大正一四年。
544. 大方廣圓覚修多羅了義經集註、上、中、下巻『佛陀多羅漢訳、元粹（集註）』京都？、河南四郎右衛門（江戸時代中期）
545. 山田孝道述『信心銘講義』光融館、昭和二年。

546. 新井石禪『修養の極致　虚世の秘訣　洗心録』中央出版社、昭和二年。
547.『辨圓』東福聖一国師、法語、文政一二年跋。
548. 道元『夾註　永平清規典座教訓』木村文明註、仙台?、明治二〇年。
549. 道元『永平正法眼藏』凡例並巻目巻、志比谷村（福井県吉田郡）寛政一二年。
550. 慧安『先聖先県賢聖道一轍義』巻上、下、国民精神文化研究所編、昭和一一年。
551. 圓慈『宗門無盡燈論』上、下巻、大曾根村（愛知県西春日井郡）松雲堂（矢野平兵衛）、明治一八年。
552. 白隠『白隠廣緑』第一輯　大橋春崖編、東京、天眼寺、沼津町（静岡県）大聖寺、明治三五年。
553. 白隠『勅謚　正宗国師　白隠和尚全集』第一巻、平本正次編、光融館、明治四〇年。
554. 橋田邦彦述『正法眼藏釋意』第一巻、山喜房佛書林、昭和一六年。
555. 橋田邦彦述『正法眼藏釋意』第二巻、山喜房佛書林、昭和一六年。
556. 川尻宝岑述『白隠禪師毒語心經閑話』小野田亮正緑、すみや書店、明治四一年。
557. 水谷宗能編『應燈二祖の假名法語』京都、河合卯之助、明治一九年。
558. 靈源『靈源和尚筆語』京都、藤屋三郎兵衛、江戸中期以後。
559. 臨濟『鎭州臨濟慧照禪師語録』慧然集、京都、松栢堂（出雲寺文治郎）明治三〇年。
560. 素童『夜明簾』高橋定担輯、鴻盟社、大正四年。
561. 正覺『増冠宏智禪師頌古』乾坤、古田梵仙増冠（編）、六鄉村（愛知県西春日井郡）松屋書店、明治九年。
562. 宗杲『増冠傍注　大慧普覺禪師書』巻上、下、京都、貝葉書院、明治三六年。
563. 澤庵『澤庵廣録』秋庭宗琢編、北品川（東京府荏原郡）明治三九年。
564. 田邊元『正法眼藏の哲学私観』岩波書店、昭和一四年。
565. 山田孝道編『校補點註　禪門法語集』光融館、明治四〇年。
566. 瑞方編『冠註永平家訓綱要』乾、坤、大津町（滋賀県）能仁義道、明治一三年。
567. 日英註『立正安国論新註』上、中、下巻、京都、村上勘兵衛、江戸末期。
568. 日蓮遺訓研究会編述『日蓮聖人の遺訓』大阪、岡田文祥、大正九年。
569. Otto, Rudolf／オットー・ルドルフ『聖なるもの　神観念に於ける非合理的要素並びに其の合理的要素との関係』山谷省吾訳、イデア書院、昭和二年。
570. Swedenborg, Emanuel／スエデルボルグ・エマヌエル『神智と神愛』鈴木大拙訳、丙午出版社、大正三年。
571. 川合信水『耶蘇基督讃』尚文堂、昭和二年。
572. 村岡典嗣編『吉利支丹文学抄』改造社、大正一五年。
573. 山本秀煌『聖フランシスコ・ザベリヨ』イデア書院、大正一四年。
574. 古賀精里撰『極論時事封事』山崎明秀、安政四年。
575. 平泉澄『傳統』至文堂、昭和一五年。

576. 武藤長平『西南文運史論』岡書院、大正一五年。
577. Wells, H. G. ／ウェルズ・H.G.『世界文化史大系』第一―五巻、佐野学等訳、大鐙閣、大正一〇―一一年。
578. 平田篤胤『弘仁歴運記考』上、下、草鹿砥宣輝等校、（平田篤胤）熟（蔵版）。
579. 大倉精神文化研究所編『神典索引』横浜、昭和一二年。
580. 大倉精神文化研究所編『神典解説』上、下巻、横浜、昭和一三―一四年。
581. 志波彦神社、鹽竈神社（国幣中社）編『古事記諸本解題』昭和一五年。
582. 淺田宗伯『読史間話』乾、坤、東京、浅田恭悦、明治二四年。
583. 法相宗勧学院同窓会編『日本上代文化の研究　聖徳太子千三百廿年　御忌奉讃記念論文集「性相」特別号』法隆寺村（奈良県生駒郡）法相宗勧学院同窓会、昭和一六年。
584. 森清人『詔勅虔攷』第一、二巻、慶文堂書店、昭和一七―一八年。
585. 大倉邦彦先生献呈論文編纂委員会編『国史論纂　大倉邦彦先生献呈論文集』横浜、躬行会、昭和一七年。
586. 三浦藤作『歴代詔勅全集』第一巻、河出書店、昭和一五年。
587. 早稲田大学出版部編『物語日本史大系』昭和二―三年。
588. 森末義彰・岡山泰四編『歴代詔勅集』目黒書店、昭和一三年。
589. 『日本文化講座』第一巻、大村書店、東京、昭和三年。
590. 田北学編『大友史料』第一、二輯、大分、金洋堂書店、昭和一二―一三年。
591. 赤堀又二郎『御即位及大嘗祭』御即位記念協会、大正一〇年。
592. 藤原冬嗣等修清原夏野等改編『内裏式』上、中、下、藤原貞幹校、京都、娑婆岐春行（刻）享和三年。
593. 『延喜式』第一―一〇巻、藤原忠平（等撰）大阪、河内屋喜兵衛等、寛政七年。
594. 一條兼良『御代始鈔』今泉定介編輯、吉川半七、明治三三年。
番号なし　通番号41743『有職袖中鈔』今泉定介編輯、吉川半七、明治三三年。
595. 「今泉定助編輯」『神祇官太政官眞言院武徳殿圖』（1）（吉川半七）明治三〇年代（故実叢書）。
596. 「今泉定助編輯」八省院圖（2）（吉川半七）明治三〇年代（故実叢書）
597. 「今泉定助編輯」豊樂院圖（3）（吉川半七）明治三〇年代（故実叢書）
598. 「今泉定助編輯」大学寮圖（4）（吉川半七）明治三〇年代（故実叢書）
599. 「今泉定助編輯」内裡圖附中和院（5）（吉川半七）明治三〇年代（故実叢書）
600. 「今泉定助編輯」京城略圖（6）（吉川半七）明治三四年。
601. 伊勢貞丈『武雑記補註』上、中、下巻、長澤伴雄補校、江戸、須原屋茂兵衛等、嘉永元年。
602. 伊勢貞丈『貞丈雑記』第一―一六（各上、下）伊勢貞友等校、江戸、文渓堂、天保一四年。
603. 荷田在満撰『大嘗会儀式具釋』東京、安部篤良、大正五年。
604. 源高明『西宮記』第一、二、今泉定介編、柏林社書店、昭和一三年。
605. 森幸安（図并識）、皇州緒餘撰部『中昔京師地図』今泉定介編輯、吉川半七、明治三四年。

606. 森幸安（図并識）、皇州緒餘撰部『中古京師内外地図』今泉定介編輯、吉川半七、明治三四年。
607. 牟田橘泉『禁秘抄考註』巻上、中、下、今泉定介編輯、吉川半七、明治三〇年代。
608. 大江匡房『江家次第』増訂故実叢書編輯部編、吉川弘文館、日用書房、昭和四年。
609. 大江匡房『江家次第』第一—五、江戸時代中期。
610. 関根正直述『即位禮大嘗祭　大典講話』東京宝文館、大正四年。
611. 関根正直編『公事根源新釋』上、下巻、関根正直校註、六合館書店。
612. 裏松光世『大内裡圖考證』首巻、第一—一三巻、内藤広前校註、今泉定介編輯、吉川半七、明治三五年。
613. 大日本史論賛　乾、坤、（第一—一〇巻）。
614. 藤原齋延編『古語拾遺句解』大阪、岡田茂兵衛。
615. 『愚管抄』第一—七巻、近藤瓶城校、近藤活版初、明治一五年。
616. 生田國秀撰『古学二千文』江戸（平田篤胤（蔵版））万延元年（跋）。
617. 慈圓『愚管抄』第一—七巻、中島悦次校註、三教書院、昭和一三年。
618. 北畠親房『神皇正統記』山田孝雄校訂、岩波書店、昭和九年。
619. 北畠親房『評註校正　神皇正統記』第一—六巻、京都、同盟書賈（慶應元年序文）、津逮堂、大谷仁兵衛発売。
620. 北畠親房『国宝白山本　神皇正統記』河内村（石川県河内村）白山比咩神社、昭和一五年。
621. 北畠親房『（白山本）神皇正統記』第一—四巻、平泉澄編、三秀社、昭和八年、附録白山本神皇正統記解説。
622. 物集高見編『皇学叢書』第六巻、広文庫刊行会、昭和二年。
623. 『日本書紀』第一—三〇巻、舎人親王等撰（勅撰）寛文九年（以後版）。
624. 頼山陽『日本外史』第一—一二（第一—一二巻）頼元恊等校、京都、明治一六年、頼氏藏版。
625. 頼山陽『日本政記』第一—一六（第一—八巻）頼復等（校訂）、北畠茂兵衛等、明治七年、頼氏藏版。
626. 重田象陽『時代改稱　大日本通史』東京、大阪屋號書店、大正一五年。
627. 武元立平『史艦』初編第一—六巻、中編第一—六巻、後編第一—八巻、関新吾校、近藤活版所、明治一六年。
628. 龍野尚舍『古語拾遺言餘鈔』第一—五冊、江戸、須原屋茂兵衛等。
629. 徳川光圀修『大日本史』第一—二五冊（第1—243巻）徳川綱條校、徳川治保重校、吉川半七、阪上半七、侯爵、徳川家藏版、明治三三年。
631. 吉田東伍『徳川政教考』上、下巻、冨山房書店、明治二七年。
632. 大場磐雄『日本古文化序説』明世堂書店、昭和一八年。
633. 平田篤胤『古史成文』第一—三巻、（平田篤胤）塾（蔵版）文政六年序。
634. 本居宣長『神代正語』上、中、下巻、名古屋、永樂屋東四郎（江戸時代後期？）。
635. 本居宣長『神代記髻華山蔭』京都、丁字屋栄助（江戸時代）。
636. 二木謙三『古事記神代篇の正しき解釋』大日本養正会、昭和一三年。

637. 平田延胤『しもとのまにまに附録』。
638. 飯田武郷『再版　日本書紀通釋』第一―五巻、索引、代々幡村（東京府豊多摩郡）飯田永夫、明治四二年。
639. 加藤玄智『日本書紀講話』章華社、昭和一〇年。
640. 川谷致秀『中朝事実及聖教要録述義』関書院、昭和一一年。
641. 『舊事本紀』第一―一〇巻、京都、瀧庄三郎、寛永二一年、序文に聖徳太子撰とあれども誤りなり。
642. 水野滿年『古事記上表文講義』皇国軽綸、根本経典、古事記正解ノ指針、名古屋、国華教育社、昭和一三年。
643. 『古事記傳』本居宣長著、本居豊穎校訂、名古屋、片野東四郎、東京、吉川半七、第一―三巻。
644. 『日本後記・續日本後記』日本文徳天皇実、東京、経済雑誌社、1913年、背のタイトル「國史大系、六国史」。
645. 『日本三代実録』東京、経済雑誌社、大正二年、背のタイトル「國史大系、六国史」。
646. 『日本書紀』京都、中野宗左衛門、岩波書店、平成元年―平成三年、舎人親王。
647. 『訓読　日本書紀』上巻、舎人親王、太安萬侶撰、黒板勝美編、岩波書店、昭和三年。
648. 『類聚国史』菅原道眞撰、經済雜詩社、大正五年、国史大系。
649. 佐伯有義『古事記講義』杉谷正隆、大宮宗司述、皇典講究所編、皇学書院、大正二年。
650. 神宮教院編『神典採要』伊勢山田、加藤長平、明治六年。
651. 『續日本紀』菅野眞道等撰、經済雜誌社、大正三年、国史大系、六国史。
652. 鈴木眞年『古事記正義』明世堂書店、昭和一八年。
653. 武田祐吉『古事記』楽浪書院、昭和一六年。
654. 山田孝雄述『古事記序文講義（1）』国幣中社志波彦神社、鹽釜神社古事記研究会編、塩釜町（宮城県）志波彦神社、鹽釜神社、昭和一五年。
655. 山田孝雄述『古事記序文講義』国幣中社志波彦神社、鹽釜神社編、塩釜町（宮城県）志波彦神社、鹽釜神社、昭和一〇年。
656. 山鹿素行『中朝事実』上、下、明治後期版、巻頭に乃木希典写真と山鹿素行肖像図版を置く。山鹿高興。
657. 矢野玄道『志斐賀他理』上、下、矢野直道等校、明治二年、倚松堂熟蔵版。
658. 武田祐吉『肇國紀傳』明世堂書店、昭和一七年。
659. 『續日本紀』上巻、藤原継縄等撰、平泉澄校訂、大日本文庫刊行会、昭和一三年、大日本文庫國史篇。
660. 門脇重綾『名和氏紀事』上、下巻、名和村（鳥取県西伯郡）名和神社、昭和五年。
661. 竹内理三『寺領荘園の研究』畝傍書房、昭和一七年。
662. 谷重遠（講述）『保健大記打開』第一―三巻、京都、柳枝軒（茨城多左衛門）享保五年。
663. 八代國治編『荘園目録』明世堂書店、昭和一五年。
664. 『東鑑脱漏』近藤瓶城校訂、東京、明治一六頃、史籍集覧。
665. 『新刊　吾妻鏡』第一―五〇巻、京都、野田庄衛門、寛文元年、四五巻欠巻。
666. 『島津家本東鑑』一名東鑑纂、近藤瓶城校訂、東京、明治一六年。
667. 八代國治『吾妻鏡の研究』明世堂書店、昭和一六年。

668. 建武中興六百年記念会編『建武中興』昭和九年。
669. 荻野由之『王政復古の歴史』明治書院、昭和八年。
670. 維新史料編纂事務局編『維新史』第一―三巻、明治書院、昭和一六年。
671. 服部宇之吉『北京籠城日記』東京、服部宇之吉、一繁子、大正一五年、附録大崎日記のぬきほ（服部繁子）
672. 石川久徴『桃蹊雑話』水戸、協文社、昭和一五年。
673. 高瀬眞卿『故老実暦　水戸史談』中外圓書局、明治三八年、附録きのふの夢（羽皐隠士）続きのふの夢（羽皐隠士）。
674. 『尾陽視聴合紀（1）』岡田幹、昭和七年序。
675. 齋藤拙堂『伊勢國司記略』梅原三千校訂、津、拙堂会、昭和八年。
676. 田中眞治『防長史講話』山口、山口県教育会、昭和一一年。
677. 岩垣彦安明（註解）『十八史畧　天、地、人（第一―七巻）』岩垣彦明（註解）岩垣松苗校訂増補、岡田屋嘉七郎等、明治三年。
678. 那珂通世編『支那通史』第一―三巻、上、下、中央堂、明治二二年。
679. 平田篤胤『赤縣太古傳成文』東京、明治年間、平田篤胤塾蔵版。
680. 秦鼎撰『國語定本』第一―六（第一―二一巻）田代廉平、大家寛校字、大阪、河内屋源七郎、嘉永七年。
681. 平田篤胤『春秋命歴序考』上、下巻、穂井田忠友等校（平田篤胤）塾蔵版、天保四年、篤胤後記。
682. 蘇輿『春秋繁露義證』第一―一七巻、北京、宣統二年（1910）。
683. 竹添進一郎鈔録『評註　歴代古文鈔』第四集、史記鈔、巻一―五、奎文堂、明治一八年。
684. 范祖禹譔『唐鑑』第一―二四巻、江戸、出雲寺萬次郎、嘉永六年。
685. 石村貞一編『明治新刻元明清史略』第一―五巻、東生書館、明治一〇年。
686. 李綱撰『靖康傳信録』巻上・中・下、須原屋茂兵衛等、慶応元年。
687. 佐藤楚材編『清朝史略』第一―二巻、甲府、明治一四年。
688. 作田荘一『満州建国の原理及び本義』新京　満州富山房、康徳一一年。
689. 朝比奈知泉『明治功臣録』国民教育普及会、大正一四年。
690. 萩原正太郎『勤王烈士傳』頌功社、大正二年。
691. 岩田徳義編『宝暦治水工事薩摩義士殉節録』東京麻布学館、大正六年。
692. 岡謙蔵『赤穂義士事跡』九春堂、明治二〇年。
693. 大野鐵次郎『満洲建国　殉皇烈士墓参行脚記』大亜細亜建設社、昭和一七年。
694. 『赤穂精義参考内侍所』第一―四巻、栄泉社、明治一五年。
695. 秋山大鳳『御大典記念大日本三十至孝畫傳』秋山大鳳、秋山美桐共著、京都、大日本敎忠孝畫堂、昭和一二年序。
696. 青山延光『赤穂四十七士傳』上、下、京都、出雲寺文次郎等、嘉永四年（珮弦斎雑著）。
697. 増田蔵書『浅野遺臣論』。
698. 山田得翁齋述『絵本楠公記』初編第一―一〇巻、速水春暁斎画、江戸、須原屋茂兵衛等、寛政一二年。
699. 速水春暁齋述并画『絵本楠公記』二編、第一―一〇巻、江戸、須原屋茂兵衛等、享和元年。

700. 速水春暁齋述并画『絵本楠公記』三編、第一―一〇巻、江戸、須原屋茂兵衛等、文化六年。

701. 『義臣傳記』巻上、中、下、江戸時代中期以後、「義臣伝」を整理抜書せるもののごとし。

702. 『義臣傳』第一―五巻、江戸時代中期以後、赤穂義士伝なり。

703. 池田義信輯『忠臣銘々畫傳』初編、江戸、和泉屋金右衛門等、嘉永元年。

704. 『明闇記』巻上、中、下、虫食い甚だしいけれど、すこぶる達筆の写本なり。

705. 『明君白川夜話』天、地、人。

706. 三尾重定編『播畫近世名家傳　諸家紀事詩文和歌』東京、東崖堂等、明治一三年。

707. 室鳩巣『赤穂義人録』。

708. 長山貫『義士肖像賛詞』樗園吟社（蔵版）嘉永三年。（號樗園）

709. 青雲閣兼文『殉難前草』京都、文生堂（近江屋卯兵衛）慶応四年。

710. 『四十六士論』石嵜道常齋、文政一三年。

711. 菅原沙門撰『菅家三代紀畧』江戸、須原屋茂兵衛等、天保一二年以後。

712. 山崎美成編『義士伝一夕話遺　赤城落穂集』第一―四巻、橋本玉蘭画、江戸、宝集堂（大和屋嘉兵衛）、安政二年。

713. 菊池武保輯着『前賢故実』第一―一〇冊（各上、下全二〇巻）名古屋、片野東四郎等、明治元年後序。

714. 澤甫山編『赤穂記』酒井徳恒補修、共同出版株式会社、明治四二年、附録赤穂義人録（室鳩巣）。

715. 熊谷敬太郎『日本列女傳』明治出版社、大正二年。

716. 淺見絅齋『靖献遺言』第一―八巻、京都、風月堂（風月堂庄左衛門）明治二年。

717. 池田家岡山事務所編『帝鑑評』池田光政等評、岡山、昭和一二年。

718. 李瀚纂『箋註蒙求校本』上、中、下巻、岡白駒、箋註、佐々木向陽、標疏、大阪、九書堂、安政五年。

719. 朱熹纂輯『宋名臣言行録』前集第一―一〇巻、後集第一―一四巻、続集第一―八巻、別集第一―一三巻、外集第一―一七巻、李幼武補選、張采評閲、北京?、清朝時代、明崇禎一一年序。

720. 及川儀右衛門『日本皇室史話』イデア書院、昭和三年。

721. 及川儀右衛門『皇室と文化』中文館書店、昭和五年。

723. 平泉澄『後鳥羽天皇を偲び奉る』島本村（大阪府三島郡）水無瀬神社社務所、昭和一四年。

724. 橿原神宮社務所編『神武天皇御紀　日本書紀巻第三』謹解、畝傍町（奈良県）橿原神宮社務所、昭和一五年。

725. 明治天皇『グランド将軍との御對話筆記』国民精神文化研究所、昭和一二年、国民精神文化文献一四。

726. 明治神宮社務所編『明治天皇昭憲皇太后　御逸事集』明治神宮社務所、昭和五年。

727. 内閣　大禮記録編纂委員会編『昭和大禮要録』内閣印刷局、昭和六年。

728. 大阪朝日新聞社『大喪儀記録』大阪、朝日新聞合資会社、大正元年。

729. 矢野玄道『正保野史』。
730. 福島政雄『聖徳太子の生命と教化』渾沌社出版部、昭和六年、渾沌社教育叢書二。
731. 矢野玄道『神功皇后御傳記』上、下巻、安政五年序、白川家學士等蔵版。
732. 秦信慶述『倭姫命世紀鈔』礒波翁（刪補）礒波翁、享保五年。
733. 『倭姫命世紀傳』祢宜五月磨筆、寛文九年度合延佳跋文を附す。
734. 鹿児島史談会編『神代三山陵』鹿児島、昭和一〇年。
735. 上野竹次郎?『巡陵紀程』山陵崇敬会?、昭和四年頃、標題紙、奥付とも欽ぐも「山陵」上下と共に一部なるべし。
736. 上野竹次郎『山陵』上、下、山陵崇敬会、昭和四年。
737. 山口鋭之助『陵の祭と陵の神の宮』明治聖徳記念学会、大正一二年、表紙には山陵の研究とあり。
738. 新井奥邃『奥邃語録』永島忠重編、奥邃広録刊行会、昭和六年。
739. 永島忠重『新井奥邃先生』奥逐広録刊行会、昭和八年。
740. 上田又次『エドモンド、バーグ研究』至文堂、昭和一二年。
741. 藤田東湖『東湖先生之半面　一名　東湖書簡集』水戸、皆川朝吉、明治四二年。
742. 藤原實冬『実冬公記』国学院大学修練報国団学術部　編、明世堂書店、昭和一七年、皇典選書叢刊。
743. 藤澤博士記念会編『藤澤博士追想録』藤澤博士記念会、昭和一三年。
744. 藤澤利喜太郎『藤澤博士遺文集』上、中、下巻、藤澤博士記念会編、昭和九年。
745. 岳飛『岳忠武王集　單恂録』西晋一郎、大正二年、原本は江戸玉巌堂文久三年刊本によりて筆写されしもの。
746. 范仲淹『宋范文正公言行録』巻上、中、下、年譜言行摘録、崔延璋輯、北京?、光緒一三年、宋韓魏公言録（崔延璋輯）と共に一帙に収む、字は希文、謚は文正。
747. 宇野東風『細川靈感公』熊本、長崎書店、明治四二年。
748. 近江匡男編『井上明府遺稿』東京、近江匡男、大正九年。
749. 渡邊世祐編『稿本石田三成』東京、渡辺世祐、明治四〇年。
750. 岩村忍『耶律楚材』生活社、昭和一九年。
751. 韓琦『宋韓魏公言録』崔延璋輯、北京?、光緒一三年、宋范文正公言行録（崔延璋輯）（二冊）と共に一帙に収む。
752. 清正公三百年会編『加藤清正伝』中野嘉太郎編、隆文館、明治四二年。
753. 今泉鐸次郎『河井継之助伝』目黒書店、昭和六年。
754. 早野元光編『川尻寶岑先生事績』参前舍、明治四四年。
755. 重野安繹『右大臣吉備公傳纂釋』箭田村（岡山県吉備郡）吉備公保廟会事務所、明治三五年。
756. 碧瑠璃園『白川樂翁』前編、至誠堂書店、明治四二年。
757. 故本山社長傳記編纂委員会編『松陰本山彦一翁』大阪、大阪毎日新聞社、東京日日新聞社、昭和一二年。
758. 故本山社長傳記編纂委員会編『松陰本山彦一翁遺稿』大阪、大阪毎日新聞社、東京日日新聞社、昭和一二年。
759. 水川克巳『水川克巳遺稿集』高原博編、鹿児島、広島文理科大学哲学研究室外各学校聀員卒業生、昭和一三年。
760. 塚本小次郎『修養訓話資料　乃木大将逸事』京都、棡会事務所、大正一〇年。

761. 碧瑠璃園『乃木大将実傳』隆文堂、大正二年。

762. 日本互尊社編『互尊翁』長岡、昭和一二年、野本恭八郎、號は互尊。

763. 小野寺秀和『赤穂義士　人乃鑑一名涙襟集』上、下、清水正徳編、江戸（文化元年序文）、小野寺十内。

764. Morf, Heinrich／モルフ・ハインリヒ『ペスタロッチ—伝』第一、二巻、長田新訳、岩波書店、昭和一四、一五年。

765. 福島政雄『ペスタロッチ小傳』附遺跡巡歴記、渾沌社出版、昭和一三年。

766. 木崎好尚『百年記念　頼山陽先生』広島、頼山陽先生遺蹟顕彰会、昭和六年。

767. 李綱『李伯紀忠義編』第一—七巻、家田虎訂選、江戸、嵩山房、衆星閣、文化六年序。

768. 東郷中介『南洲翁謫所逸話』鹿児島、川上孝吉、明治四二年。

769. 渡邊朝霞『維新快傑　西郷隆盛』岡村書店、大正一〇年。

770. 西郷南洲『西郷南洲翁遺訓及遺文』鵜木岩助編、鹿児島、鹿児島市報徳会雑誌部、大正五年。

771. 佐久間象山『省諐録』文光堂（森田鐵五郎）明治二五年。

772. 信濃教育会編『佐久間象山先生　省諐録衍義』長野、大日方利雄、昭和五年。

773. 佐久間象山『象山書翰集』色部城南編、有朋堂書店、明治四四年。

774. 『精忠録』著者不明、蟹江時敏写、嘉永七年、南宋の名臣岳飛の事蹟を記す。原本は朝鮮の万暦一三年（序文）刊行されしものならん。

775. 西内雅『澁川春海の研究』至文堂、昭和一五年。

776. 三遊亭圓朝述『西洋人情話　英國孝子ジョージ・スミス之傳』三遊亭円朝演述、若林珀藏筆記、速記法研究会、明治一八年。

777. 曾國藩（1811-72）『曾文正公文鈔』上、下巻、塚達編、東京、塚達、明治一二年。

778. 根岸延貞編『天満宮傳記略』上、下、平田篤胤（稿）根岸延貞編、江戸?、文政三年。

779. 伊勢貞丈『管像辨』岡恒繕、文化六、奥書に安永九年一〇月燈下書畢、伊勢平藏貞丈述とあり。

780. 徳川光圀『桃源遺事』三木之幹等撰、水戸、義公生誕三百年記念会、昭和三年。

781. 渡邊修二郎編著『徳川光圀言行録』内外出版協会、明治四一年、偉人研究第三二編。

782. 義公生誕三百年記念会編『義公行実』水戸、昭和三年、徳川家蔵版。

783. 伴林光平『贈従四位　伴林光平全集』上、下巻、小野利教編、大阪、湯川明文堂、大正八年。

784. 福島政雄『古希臘文明の跡をたづねて』目黒書店、昭和二年。

785. 佐倉孫三編『山岡鐵舟傳』普及舍、明治二六年。

786. 玖村敏雄『吉田松陰』岩波書店、昭和一一年。

787. 吉田松陰『照顔録』（萩）松下村塾、照顔録、坐獄日録を合刻す。

788. 『標註古風土記（常陸）』栗田寛纂註、後藤蔵四郎補註、大岡山書店、昭和五年。

789. 『標註古風土記（出雲）』栗田寛纂註、後藤蔵四郎補註、大岡山書店、昭和六年。

790. 東吉貞編『神都名勝誌』第一―六巻、河崎維吉等校註、東京、吉川半七、明治二八年、神宮司庁蔵版。
791. 本居宣長『管笠日記』上の巻、下の巻、松阪（伊勢）柏屋兵助、京都、銭屋利兵衛、寛政八年頃。
792. 岡次郎『遊總記』虎文齋、昭和一三年、岡直養。
793. 『仙臺萩』阿刀田令造編修、仙台、無一文館、昭和五年。
794. 伴林光平『籠中追記　南山踏雲録』京都、村上勘兵衛、明治元年。
795. 日之出商行編『朝鮮金剛山』京城、昭和九年。
796. 滿洲事情案内所編『満洲國地方誌』新京、康徳七年、満洲事情案内所報告八五。
797. 賴山陽『校正通議』巻上、中、下、賴元恊等校、東京、明治一一年（弘化四年原版）賴裏、子成。
798. 矢野玄道『獻芹詹語』慶應三年（巻末）。
799. 市川匡『帝範臣軌國字解』民友社、大正五年。
800. 河田興述『水雲問答』江戸、玉山堂（山城屋佐兵衛）嘉永六年。
801. Lieber, Francis／リーバー・フランシス『政治道德學』上、下巻、澤柳政太郎訳述、戸塚村（東京府豊多摩郡）東京専門学校出版部、明治三五年。
802. 荻生徂徠『政談』第一―四巻、江戸時代、荻生茂卿。
803. 佐藤清勝『大日本政治思想史』上、下巻、大日本政治思想史刊行会、昭和一四年序。
804. 室伏高信『東洋政治思想』日本評論社、昭和一七年、東洋思想叢書六。
805. 荻原裕撰『獻替録』第一―八巻、京都、石津賢勤（刊）文久二年（序）、字は公寛、號は西晴。
806. 加藤弘藏『立憲政體略』江戸、上州屋捴七、慶應四年。
807. 清原夏野等撰（勅撰）『令義解』第一―一〇巻、塙保己一校正、京都、勝村治右衛門等、寛政一二年以後。
808. 荻野由之編『日本古代法典』荻野由之、小中村義象、増田干信編、博文館、明治二五年。
809. 穂積陳重『祖先祭祀と日本法律』穂積嚴夫訳、有斐閣、大正六年、著者講演（英語）を邦訳せるもの。
810. 梶原虎三郎編『官令全書』第一、二編、大政官之部、西新通町（愛媛県香川郡）明治一三年。
811. 蒲生秀實『職官志』第一―六冊（第一―七巻）大阪、加賀屋善蔵、天保六年。
812. 荻野由之『日本制度通』第一―三巻、小中村義象共著、吉川半七、明治二〇年。
813. 北畠親房『職原抄』上、下、延宝七年（巻末）、題に改正瓩原抄とあり。
814. 近藤芳樹『標註職原抄校本』上、下、別記（各上、下）田中宋栄堂、安政五年。
815. 栗田寛編『氏族考』巻上、下、近藤瓶城編、近藤活版所、明治三〇年、続史籍集覧。
816. 牧健二『日本法制史概論』弘文堂、昭和一一年。
817. 大久保初雄『職原抄講義』上、下巻、大阪、明善堂（中川勘助）明治二九年再版。
818. 玄惠註『聖德太子憲法』森江書店、昭和九年。
819. 玄惠註『聖德太子御憲法玄惠註抄』奥田正造編、森江書店、昭和一五年。

820.『令集解』直木撰、國書刊行会編、図書刊行会、大正一三年。
821.『類聚三代格』第一、二、四—一三冊、植松茂岳等校、名古屋、弘化二年（跋）、第三冊を欠ぐ、巻末に植松蔵版とあり。
822. 坂上明兼編『法曹至要抄』巻之上、中、下、石齋鵜信之訓点、洛陽（京都）村上勘兵衛、寛文二年。
823. 平基親『官職秘鈔』上、下、京都、小林半兵衛、元禄一四年。
824. 瀧川政次郎『律令制度』岩波書店、昭和八年、岩波講座日本歴史第一回。
825. 吉田東伍『庄園制度之大要』日本学術普及会、昭和一五年。
826. 近藤瓶城編『式目抄』乾、坤、利巻、近藤活版所、明治二六年、続史籍集覧。
827. 高井蘭山述『證註　御成敗式目詳解』江戸、玉巖堂（和泉屋金兵衛）文化一一年後記、題簽には御成敗式目證註とあり。
828.『弘仁式』第一—三〇巻、藤原冬嗣等撰（勅撰）原本應永八年写。
829. 伊藤博文『帝國憲法、皇室典範義解』丸善株式会社、昭和一七年。
830. 廣池千九郎『日本憲法淵源論』丹波市町（奈良県）大正七年。
831. 穂積八束『国民教育　憲法大意』八尾書店、有斐閣書房、明治三八年。
832. 酒巻芳男『皇室制度講話』岩波書店、昭和九年。
833. 帝國學士院『帝室制度史』第一—三巻（第一編天皇）ヘラルド社、昭和一三—一四年。
834. 植木直一郎『皇室制度』帝国神祇会出版部、昭和三年。
835. 黒川眞頼、横山由清編『舊典類纂皇位継承篇』上、下冊、元老院蔵版、舊典類纂会、昭和一二年。
835(2). 黒川眞頼、横山由清編『纂輯御系圖』元老院蔵版、舊典類纂会、昭和一二年。
836. 美濃部達吉『米國憲法の由來及特質』有斐閣、大正七年、米國講座叢書第一編。
837. 丸山正彦『日本古来　財産相続法』東京、岩本米太郎。明治二一年。
838. 蘆野徳林『訳註無刑録』上、中、下巻、佐伯復堂訳註、刑務協会、昭和二—五年。
839. 荻生徂徠『明律國字解』第一—一六巻、近世後期。
840.『日本經濟叢書』巻二四、瀧本誠一編、日本経済叢書刊行会、大正五年。
841. 東晋太郎『太宰春臺の經濟倫理』大阪、敞文館、昭和一八年、黎明選書。
842. 内田銀蔵『内田銀蔵遺稿日本經濟史概要』。
843. 蒲生君平『今書』上、下、筒井酉司校合、江戸、播磨屋勝五郎、文久三年、蒲生秀実。
844. 昭和研究会『ブロック経済に関する研究—東亜ブロック経済研究会研究報告—』生活社、昭和一六年。
845. 三浦千春『租調考』三浦千春蔵版、明治三年序文。
846. 新見吉治『家族主義の教育』育芳社、昭和一二年。
847. 小泉信三『近世社会思想及社会運動上に於ける英吉利と露西亜』東京銀行集会所、昭和元年、銀行叢書、第六編。
848. Sombart, Werner／ゾムバルト・ヴェルナー『獨逸社会主義』難波田春夫訳、三省堂、昭和一一年。
849. 阿部重孝『教育學辞典』第一—五巻、阿部重考等編、岩波書店、昭和一一—一四年。
850. 福島政雄『日本教育原論』藤井書店、昭和一四年。
851. 福島政雄『四聖の教育的感化』目黒書店、昭和一五年。
852. 河合栄次郎編『学生と学園』日本評論社、昭和一四年。
853. 西晋一郎『教の由つて生ずる所』目黒書店、昭和五年。
854. 岡部爲吉『教育と内省』イデア書院、大正一二年。
855. 『大教育家文庫』第二—五、七—二四巻、岩波書店編、昭和一一—一四年。
856. 社会教育協会編『家庭教育指導叢書』第一輯、昭和一九年。
857. 『日本教育家文庫』第一、四、六、九、一一、一八、一九、二七、三〇、三二、三七、四〇、四四巻、北海出版社、昭和一一—一二年
858. Pestalozzi, Johann Heinrich／ペスタロッチー・ヨハン・ハインリヒ『ペスタロッチー全集』第一巻、小原國芳、イデア書院、昭和二年。
859. 福島政雄『評釈　稿本隠者の夕暮』渾沌社出版部、昭和五年、渾沌社教育叢書第一篇。
860. 稲富栄次郎『教育作用の本質』目黒書店、昭和一〇年。
861. 守内喜一郎『現代教育思潮統一の研究』目黒書店、昭和一三年。
862. 福島政雄『ペスタロッチの根本思想研究』目黒書店、昭和九年。
863. 福島政雄『ペスタロッチーの生命と思想』玉川学園出版部、昭和七年、玉川叢書第二〇篇。
864. 稲富榮次郎『プラトンの教育學』目黒書店、昭和八年。
865. 長田新『ナトルプに於けるペスタロッチの新生』イデア書院、大正一四年。
866. 長田新『現代教育哲學の根本問題』改造社、大正一五年。
867. 篠原助市『教育學』岩波書店、昭和一四年、岩波全書九二。
868. 辻幸三郎『教育哲學』内外出版株式会社、大正一三年。
869. 西晋一郎『教育と道徳』大村書店、大正一四年。
870. 椎尾辨匡『有信有業の教育　国民教育に於ける宗教教育』共生会出版部、昭和一〇年。
871. 福島政雄『日本教育源流考（聖徳太子の教化と教育思想）』目黒書店、昭和一一年。
872. 閑谷中學校國語漢文歴史科編『閑谷讀本　前、後篇、白木豊等編』伊里村（岡山県和気郡）昭和九年。
873. 新見吉治『ナチス祖國愛の教育』三友社、昭和一六年。
874. 長田新『近世西洋教育史』岩波書店、昭和一一年。
875. 津田榮『獨逸現代の教育思潮と制度』目黒書店、昭和五年。
876. 福島政雄『希臘教育史』目黒書店、昭和七年。
877. 島田牛稚『校外に於ける學生教護の實際的研究』大阪府中等学校校外教護聯盟、昭和七年。
878. Adler, Felix／アドラー・フェリックス『中小学校修身教授の理論及實際』西晋一郎、杢田興惣之助共訳、大村書店、大正一五年。
879. 佐藤熊治郎『味ひ方と考へ方の教育』藤井書店、昭和五年、精神科学叢書四。
880. 手島堵庵『前訓』上、下、京都、山本長兵衛等、寛政四年。標題紙には前訓、口教男子部、上とあり、後半下に女子口教を収む。

881. 手島堵庵『前訓』上、下、京都、山本長兵衛等、八文字屋仙治郎、寛政四年。標題紙には前訓、口教男子部、上とあり、巻後半下に女子口教を収む。
882. 稲富榮次郎『國民教育の課題』創元社、昭和一八年。
883. 守内喜一郎『協同社会教育の研究―我が国民教育の立場から』明治図書株式会社、昭和九年。
884. 本居宣長『うひ山ふみ』写本筆蹟見事なり。
885. 長倉矯介『公民教育の本質』明治圖書株式会社、昭和一三年。
886. 柳田國男『雪國の民俗』柳田国男、三木茂共著、養徳社、昭和一九年。
887. 『明治文化全集』第一九巻、風俗篇、吉野作造等編、日本評論社、昭和三年。
888. 柳田國男『日本の祭』弘文堂書房、昭和一八年。
889. 會澤正志齋『草偃和言』江戸、和泉屋金兵衛頒行、嘉永五年跋。会沢安、字は伯民。
890. 速水春曉齋『増補　日本年中行事大全』第一―三（第一―六巻）速水春曉斎編、森川保之畫、京都、丸屋善兵衛。
891. 貝原益軒刪補『日本歳時記』第一―七巻、四冊、京都、日新堂、貞享五年、名は篤信、別号は損軒。
892. 松下西峯編『國朝佳節録』大阪、森田庄太郎、貞享五年、松下見林。
893. Durkheim, Grafvon／デユルクハイム・グラーフ・フォン『獨逸精神』橋本文夫訳、アルス、昭和一六年（ナチス叢書）。
894. 会澤正志齋『新論』巻之上、下、江戸、京都、出雲寺文次郎等、安政四年、江戸、玉山堂蔵梓。
895. 松平定信『閑なるあまり』京都、元治一年跋。
896. 海軍兵學校編『闘戰經』神戸、五典書院、昭和九年。
897. 河田東岡『校正　孫子解』上、下、鳥取、尚古堂（江戸時代後期）、河田孝成。
898. 柴田春篤『孫子通俗辨』上、中、下巻、名古屋、奎文閣、慶応三年（柴田信）。
899. 孫武『官版　孫子十家註』第一―一三巻、四冊、孫星衍、呉人驥校、江戸、出雲寺萬次郎、嘉永六年。
900. 田邊元『最近の自然科學』岩波書店、大正四年、哲学叢書第二編。
901. 田邊元『數理哲學研究』岩波書店、大正一四年。
902. 石原純『相對性原理』岩波書店、大正一一年、科学叢書第一編。
903. 藤田謙造『温知堂雜著』藤田敏彦編、倉吉、明治四五年序。
904. 平田篤胤述『志都乃石屋　一名医道大意』上、下、門人等筆記、（平田篤胤）塾蔵版、文化八年巻末記、伊吹迺屋蔵版。
905. 天沼俊一『法隆寺の建築』天沼俊一、藤原義一共著、法隆寺編、法隆寺村（奈良県生駒郡）昭和六年。
906. 狩谷棭齋『本朝度量權衡攷附銭幣攷遺』上、下巻、日本古典全集刊行会、昭和二年、日本古典全集第二回。
907. 金治勇『米恩の書』帝教書房、昭和一六年。
908. 宇野圓三郎編『治水殖森　本源論　熊沢蕃山先生遺訓』岡山、野崎又六、明治三七年。
909. 山際靖『美學―日本美学への理念―』朝倉書店、昭和一六年。
910. 董文敏『畫禪室随筆』第一―四巻、三冊、汪汝祿編次、海僊王贏校、京都、聖華房（山田茂助）、天保一一年。

911. 位田甚之助筆『孝經習字帖（中江藤樹先生国訳孝經）』藤樹頌徳会編、藤樹頌徳会、昭和一一年。
912. 田邊尚雄『日本音樂講話』岩波書店、附録日本中世楽曲譜（7曲譜）。
913. 島田正蔵『體育原論』大同館書店、大正一五年。
914. 伊藤景久『一刀流兵法嫡子相傳之秘書』写本。
915. 木枝增一『國語の道—言葉・国語・語法—』大阪、出來島書店、昭和一七年。
916. 『岩波講座國語教育』第一—一二回、岩波書店、昭和一一—一二年。
918. 本居宣長『玉あられ』松阪（伊勢）柏屋兵助、京都、銭屋利兵衛、寛政一一年。
920. 太田豊年『紐鏡中の心』上、下巻、嘉永元年序、金花堂。
921. 角田貫次『漢字に現はれたる支那古代文化』大東文化協会、大正一四年、東洋研究部研究発表（1）。
922. 佐藤通次『獨和言林』白水社、昭和一一年。
923. 武田祐吉『古代文学講話』明世堂書店、昭和一八年。
924. 織田得能編『國文中の佛教文學』国語傳習所、明治三二年。
925. 伊藤信『梁川星巖翁附紅蘭女史』岐阜、梁川星巖翁遺徳顕彰会、大正一四年。
926. 武田祐吉『國文學研究　紙祇文学篇』大岡山書店、昭和一七年。
927. 栗田寛編『皇國の手夫理　一名　明教歌集』。
928. 田中常憲『大日本明倫歌詳釋』京都、大日本明倫歌詳釈刊行会、昭和一四、一五年。
929. 徳川光圀編『扶桑拾葉集』首巻、第一—三巻、大阪、石塚猪男蔵等、明治三一年。
930. 林諸鳥輯『日本紀　古事記　紀記歌集』上、下、江戸、尚古堂、天保八年跋。
931. 鹿持雅澄『萬葉集古義』首巻、第一—九冊、山田安栄等校、國書刊行会、明治四五—大正三年。
932. 『萬葉集總釋』第一—四、六—一二冊、武田祐吉等著、楽浪書院、昭和一〇—一一年。
933. 澤瀉久孝『萬葉集講話』大阪、出來島書店、昭和一七年。
934. 澤瀉久孝『萬葉集新釋』上巻、京都、星野書店、昭和一七年。
935. 大槻文彦『萬葉集修身歌』金港堂書籍株式会社、昭和四五年。
936. 齋藤茂吉『萬葉秀歌』上巻、岩波書店、昭和一五年、岩波新書五.
937. 佐佐木信綱『萬葉集選釋』明治書院、大正一二年、表紙失う。
938. 橘千蔭『萬葉集略解』第二編、名倉三熈郎校正、大阪、図書出版会社、明治二四年。
939. 香川景樹『古今和歌集正義』第一—二〇巻、四冊、大阪、積善館、明治四一年。
940. 本居宣長『頭書古今和歌集遠鏡　山崎久作　頭書』大阪、藤谷崇文館、大正四年、表紙脱落。
941. 崇徳天皇聖蹟敬仰会編『崇徳院御製集』坂出町（香川県）崇徳天皇聖跡敬仰会、大正一一年。
942. 青井常太郎『崇徳院御講義附録　頓證寺法楽詠』六〇首和歌等、崇徳天皇聖跡敬仰会（香川県綾歌郡役所内）大正一二年。
943. 太田道灌『太田道灌　慕景集』文化九年、巻末に天正一二年の奥書、侍従藤原共宗の写本により写せることを

記す。（書写奥書、右一巻文化九壬申年二月写之、田中氏蔵）。

944. 八田知紀『八田大人歌集　しのぶぐさ』第一―四編、一冊、京都、出雲寺松栢堂、安政二年跋（一巻、二編二巻、三編二巻、四編二巻）。

945. 門脇重綾『蠖園集』渡村（島根県会見郡）、門脇重雄、明治一一年。

946. 糟谷磯丸『磯丸全集』山村敏行編、渥美郡教育会（愛知県）大正一三年。

947. 北畠親房『北畠親房卿和歌拾遺』横井金男編、國學院大學学友会学術部、昭和一六年。

948. 周楞『誠拙禅師歌集』福泉東洋編、小坂村（神奈川県鎌倉郡）福泉東洋、大正二年。

949. 千葉胤明（撰解）『明治天皇御製集』大阪毎日新聞社、東京日日新聞社、大正一一年。

950. 昭憲皇太后『昭憲皇太后御集』宮内省編、東京、文部省、大正一三年。

951. 明治天皇『明治天皇御製』昭和年間?。

952. 明治天皇『明治天皇御製』上、中、下、文部省、昭和三年、四版、宮内省蔵版。

953. 杉浦幸平『明治天皇御製と皇國精神』藤井書店、昭和九年。

954. 角田貫次『靖國和歌集』長野、靖国和歌集出版事務所、昭和一一年。

955. 渡邊新三郎撰解『明治天皇御製謹解』実業之日本社、大正元年。

956. 今井鱸山『神樂催馬樂通解』明治書院、大正四年。

957. 久米幹文訓評『今昔宇治抄』大八洲學会、明治二七年。

958. 源隆國『史籍集覧　今昔物語』第二一―三一巻、世俗部一―八、八冊、近藤（圭造）活版所、明治一五年。

959. 藤原爲業『史籍集覧　大鏡』第一―八巻、五冊、屋代弘賢校正、近藤瓶城校訂、東京、近藤瓶城、明治一四年、附録大鏡異本陰書。

960. 『史籍集覧　續世継』第一―一〇巻、六冊、近藤瓶城校訂、東京、近藤瓶城、明治一六年、標題紙には今鏡とあり、一名「今鏡」。

961. 『史籍集覧　古今著聞集』第一―二〇巻、七冊、近藤瓶城校訂、近藤活版所、明治一七年。

962. 中山忠親撰『水鏡』巻上、中、下、屋代弘賢校正、東京、近藤瓶城、明治一四年。

963. 『平家物語』第一―一二巻、京都、村上勘兵衛、享保一二年。

964. 『史籍集覧　古事談』第一―六巻、近藤瓶城校訂、近藤活版所、明治一五年。西文庫958-962の連れ。

965. 考古學會編『伴大納言絵詞』下、考古学会、明治四三年。

966. 太田道灌『太田道灌略記』平田氏、文政三年写、内容は我宿草（太田道灌自記）に同じ。

967. 太田道灌『太田道灌自記』横須賀安枝、天保一五年写、新井白石跋文を付す。自記=我宿草。

968. 新井白石『校正標註　折たく柴の記』内藤耻叟評注校正、青山堂支店、明治二五年、標註校正五版。

969. 井上通女『井上通女全集』井上通女遺徳表彰会編、丸亀、井上文庫、明治四四年。

970. 小中村清矩『有聲録』廣文堂書店、大正四年、興行には石川文栄堂（訂正貼紙）発行とせり。

971. 三浦千春『荻園遺稿』呉秀三編、裳華房、明治三九年。
972. 藤原公任『真艸頭書　和漢朗詠集』巻上、下、大阪、稱光堂（柏原屋清右衛門）、京都、鬻書館（鉛屋安兵衛）、文正一三年。
973. 藤原明衡撰『新刊本朝文粋』一四巻八冊、京都、林甚右衛門、正保五年。
974. 廣瀬淡窓『遠思樓誌鈔』巻上、下、小林勝校、西まつ子写、昭和五年。
975. 廣瀬淡窓『遠思樓誌抄』第二編、上、下、劉翥君鳳校正、書写年・書写者不明。
976. 中山政陽編『日本英跡圖詞史』上、下巻、石井南橋評、阪谷朗廬閲、東京、明治一五年。
977. 谷重遠『秦山集』仁、義、禮、智、信巻（第一―四九巻五冊）東京、谷千城、明治四三年。
978. 徳川光圀『常山文集』序目、第一―二〇巻、七冊、附録、徳川綱條輯、享保八年跋、明治以後の複製版なるべし。
979. 遠藤隆吉『巣園集』巣園学舎出版部、昭和一二年、遠藤隆吉漢文叢書。
980. 古川柳邨『柳邨詩存』高松、香水唫社、昭和四年。
981. 池田草菴『青谿書院全集』第一、二編、宿南村（兵庫県養父郡）明治四二、大正二年。
982. 井上哲次郎『巽軒詩鈔』巻上、下、水島愼校字、冨山房、附録学芸論、心理新説序、寄中村敬宇翁書、読韓氏原道、冨山房、昭和一七年。
983. 副島種臣『蒼海全集』第一―六巻、副島道正編、東京、副島道正、昭和一〇年。
984. 李攀龍編選『唐詩選』第一―七巻、三冊、服部南郭考訂、若山（和歌山）、青霞堂（帯屋伊兵衛）弘化二年。
985. 沈徳潜選『古詩源』第一―一四巻、四冊、北京?、藜照山館蔵版、康熙五八年序。
986. 蘅塘退士編『唐詩三百首』北京、順邑聠興堂馮政記（刊）、清朝代。
987. 邵傳（緝）『杜律集解』五言第一―四巻、七言巻上、下、六冊、沈学樂校、京都、西村市郎右衛門、江戸、西村半兵衛、貞享三年。
988. 杜甫『杜詩偶評』第一―四巻、沈徳潜纂、潘承松校閲、江戸、出雲寺萬次郎、享和三年。
989. 巽世大編『文天祥文粋』第一―六巻、三冊、大阪、岡田郡玉堂、萬延元年。
990. 陳亮撰『陳龍川文鈔』第一―四巻、四冊、大橋訥菴校訂、江戸、玉山巖書屋（和泉屋金右衛門）安政六年、字は同父、號は龍川。
991. 張景星編選『宋詩別裁集』第一―九巻、二冊、金港堂（金鱗堂）明治一三年。
992. 劉戠山『劉戠山文抄』上、下巻、桑原忱撰、大阪、岡田群玉堂等、文久四年。
993. 薛季宣撰『艮齋先生常州浪語集』第一―三五巻、六冊、北京?、清代、字は士龍、號は艮齋。
994. 魏禧『魏叔子文選要』巻上、中、下、三冊、桑原鷙峯撰、江戸、須原屋茂兵衛等、文久三年。
995. 蕭統撰『文選正文』序目、第一―一二巻、一三冊、片山兼山訓点、久保謙重訂、京都、風月堂（風月庄左衛門）、天明四年元刻、文政一一年再刻。
996. 王陽明『王陽明詩集』第一―四巻、近藤元粋選評、大阪、田中宋栄堂、大正一四年。
997. 施耐庵『忠義水滸傳』前後編、岡島冠山訳編、共同出版株式会社、明治四〇年。
998. 五十川左武郎輯釈『評註　續文章軌範』第一―七巻、三冊、大阪、此村庄助等、明治一五年。
999. 陶潜『陶淵明全集　陶靖節集』第一―一〇巻、四冊、昭明太子撰、江戸、五車楼等、文政一三年、補刻。
1000. 井上勤訳述『全世界一大奇書原名「アラビヤン・ナイト」』渡辺義方校正、廣知社、明治一九年。

## 洋　書（邦訳を含む）

1001. Tagore, Rabindranath ／タゴール・ラビーンドラナード『タゴールの詩と言葉』吉田絃二郎訳、春陽堂、昭和七年、世界名作文庫 426.
1002. 佐藤通次『ファウスト論』京都、丁字屋書店、昭和一七年、日本学芸叢書三。
1003. Lessing, Gotthold Ephraim ／レッシング・ゴットホールド、エフライム『ラオコオン』柳田泉訳、春秋社、昭和二年。ラオコオン（レッシング著、柳田泉訳）とレオパルヂ集（ラコモ・レオパルヂ著、柳田泉訳）を合刻す。
1004. Strindberg, August ／ストリンドベルク・アウグスト『ルッテル』舟木重信訳、春陽堂、昭和七年、世界名作文庫 418。
1005. Tokyo University of Literature & Science, *A classified catalogue of books in European languages in the Library of the Tokyo University of Literature and Science; Table of contents with index*, Tokyo, 1934.
1006. Babier, Elie, *Leçons de philosophie*, Tome 1. & 2. 11. , 9e éd. Paris, Hachette, n. d. ca. 1926.
1007. Dugas, L. , *Philosophie*, 7e éd. Paris, Hachette, 1928.
1008. Küple, Oswald, *Einleitung in die Philosophie*, 2te verbes. Aufl. , Leipzig, S, Hirzel, 1898.
1009. Rogers, Arthur Kenyon, *A brief introduction to modern philosophy*, New York, Macmillan, 1914.
1010. Kaneko, Shoseki, *Ueber das Wesen und den Ursprung des Menschen*, übertragen von Minoru Kodachi, Osaka, Mishima-Kaibundo. 1932.
1011. Gilson, Étienne, *Le réalisme méthodigue*, Regensburg, Josef Habbel, 1930.
1012. Bain, Alexander, 1818-1903, *Logic: Deductive and inductive*, new & rev. ed. New York &c. , Amer, Bk. Co. , 1870(pref.).
1013. Bosanquet, Bernard, *The essential of logic being ten lectures of judgment and inference*, London, Macmillan, 1897.
1014. Hyslop, James H. , *The element of logic, theoretical and practical*, 5th ed. , New York, Charles Scribner's Sons,

1899.

1015. Jevons, W, Stanley, *Elementary lessons in logic: deductive and inductive*, Tokyo, Kaishindo, 1888.

1016. Mill, John Stuart, 1806-73, *A system of logic, ratiocinative and inductive*, London, George Routledge, 1892.

1017. Minto, William, *Logic, inductive and deductive*, London, John Murray, 1899.

1018. Morota, Y. , *An essay on Eastern Philosophy*, Leipzig, R. Voigtländer, 1905.

1019. Shu, Seyuan, *On the nature and destiny of man*, Nanking, 1933. 許思園著 ： 人性興人之使命（英文）。

1020. Kitamura, Sawakichi, *Grundriss der Ju-Lehre*, Tokyo, Marugen, 1935. 北村澤吉：儒学概論。

1021. Uno, T. , *Die Ethik des Konfuzianismus*, Berlin, Japaninstitut, 1927.

1022. Lao-tse, *Die Bahn und der rechte Weg des Lao-tse*, der chinesischen Urschrift nachgedacht von Alexander Ular, Lpg.

1023. Lao-tse, *Laotse Tao Tê King*, Des morgenlandes grosste weisheit, wiedergegehenvon, Josef kuhler Berlin & Leipizig Walther Rothsskild, 1908

1024. Lao-tse, *Tao-Tê-King*, hrsg. von J. G. Weisz, Leipzig, Philipp Reclam jun. , n. d. (Reclams universal Bibliothek, Nr. 6798).

1025. Falckenberg, Richard, *Geschichte der neueren Philosophie von Nikolaus von Kues bis zur Gegenwart*, 2te berb. verbe. & verm, Aufl.

1026. Fischer, Kuno, 1824-1890, *Einleitung in die Geschichte der neuern Philosophie*, 4te Aufl. , Heidel-berg, Carl Winter, n. d.

1027. Diogenes, *Diogenes Laertius; Leben und Meinungen berühmter Philosophen*, uebers. von Otto Aplet. Bd. 1-2. Leipzig, Felix Meiner, 1921.

1028. Nestle, Wilhelm, *Die vorsokratiker in Auswahl*, übers. & hrsg. von Wilhelm Nestle, Jena, Eugen Diederichs, 1922.

1029. Platon, *The dialogues of Plato*, tr. into English with analysis and introductions, vol. 1-5, 3rd ed. Oxford, at the Clarendon Press, 1892. (Contents).

1030. Platon, Platons Werke von *F. Schleiermacher*, Theil1: Bd. 1,2, Theil2: Bd. 1,2, Theil3: Bd. 1, 2te Aufl. , Berlin, Georg Reimer. (Contents).

1031. Platon, *Platonis Opera; recognovit brevique adnotatione critica instruxit Joannes Burnet*, Tomus 1-4, 5i, 5ii. Oxonii, Typographes Clarendoniano, 1905(Pref.), Contents.

1032. Riehl, A, *Plato: Ein populär-wissenschaftlicher vortrag*, 2te durchgesehen Aufl. , Halle a. S. , Max Niemeyer, 1912.

1033. Aristoteles, *Aristotelis ethicorum nicomacheorum*, libri decem, vol, 1&2. Ad codicum et veterum editionum fidem recognovit, commentariis llustravit, latinamgue lambini interpretationem castigagtam adjecit Carolus Zell. Heidelbergae, Mohr et Winter, 1820.

1034. *Aristotles, Philosophische Werks*, Bd. 1-3, Uebers. von Adolf Busse, Adolf Gudeman & Eugen Rolfes; hrsg. von Engen Rolfes. Leipzig, Felix Meiner, 1922.

1035. Ross, W. D. , *Ethica Nicomachea*, London, Oxford University Press, 1931.

1036. Aristoteles, *The Nicomachen ethics of Aristotle*, trans. by J. E. C. Weldon, 1897.

1037. Aristoteles, *The works of Aristotle*, vol. 8. Translated into English under the editorship of W. D. Ross. 2nd ed. Oxford, at the Clarendon Press, 1928.

1038. Seneca, Annaeus, Lucius, 4. B. C. -65, *Seneca's morals by way of abstract; to which is added, a discourse under the title of an after-thought by Sir Roger L'Estrange*, 12th ed. London, J. & T. Dormer, 1785.

1039. Epiktetos, 60-130, *The discourses of Epictetus; with the Encheiridion and fragments*, tr. by George Long. New York, Th. Y.

1040. Marcus Aurelius, 121-180, *The 4th book of the meditations of Marcus Aurelius Antoninus*, revised text with translation & comm. , & an appendix on the relations of the Emperor with Cornelius Fronto, by Hastings Crossley. London, Macmillan, 1882.

1041. Marcus Aulelius, 121-180, *Marc Aurels Selbstbetrachtungen. Einleitungen von Alexander von Gleichen-Russwurm*, Leipzig, Spamerschen Buchdruckerei (druck). n. d.

1042. Marcus Aurelius, 121-180, *The thought of the Emperor Marcus Aurelius Antoninus*, reprinted from the revised translation of George Long, London, George Bell & Sons, 1890.

1043. Watson, Paul Barron, *Marcus Aurelius Antoninus*, London, Sampson Law. Marston, Searle, & Rinington, 1884.

1044. Bréhier, Emile, *La philosophie de Plotin*, Paris, Boivin, 1928.

1045. Heinemann, Fritz, *Platin; Forschungen über die platinische Frage,Plotins Entwicklung und sein System*, Leipzig, Felix Meiner, 1921.

1046. Plotinos, 204-270, *Plotins Schriften*, übers. von Richard Harder. Bd. 1, Leipzig, Felix Meiner, 1930.

1047. Plotinos, 204-270, *Plotini Enneades recensuit Hermannus Fridericus Mueller*, vol. 1 & 2, Berolini, Weidmannos, 1878, 80.

1048. Plotinos, 204-270, *Plotinus: The ethical treatises, being the treatises of the 1st Ennead with Porphyry's life of Plotinus, and the Preller-Ritter extracts forming a conspectus of the Plotinian system*, translated from the Greek by Stephen Mackenna, vol. 1-5. London. Philip Lee Warner, 1917-21.

1049. Richter, Arthur, *Die Ethik des Plotin*, H. W. Schmidt, 1867.

1050. Richter, Arthur, *Plotin's Lehre vom Sein und die metaphysische Grundlage seiner Philosophie*, Halle, H. W.

Schmidt, 1867.
1051. Richter, Arthur, *Die Psychologie des Plotin*, Halle, H. W. Schmidt, 1867.
1052. Richter, Arthur, *Die Theologie und Physik des Plotin*, Halle, H. W. Schmidt, 1867.
1053. Richter, Arthur, *Ueber Leben und Geistesentwicklung des Plotin*, Halle, H. W. Schmidt, 1864.
1054. Augustinus, Aurelius, 354-430, *Bibliothek der Kirchenväter des heiligen Kirchenvaters Aurelius Augustinus ausgewählte Schriften aus dem Lateinischen übersetzt. Bd. 1-10*, Kempton & Muenchen, Jos. Koselschen Buchhandlung, 1911-1917.
1055. Anselmus, St. , 1033-1109, *St. Anselm-Proslogium; monologium; an appendix in behalf of the fool by Gaunilon; and cur deus homo*, translated from the Latin by Sidney Norton Deane. 2nd ed. , Chicago, Open Court Publ. Co. , 1910.
1056. Noack, Ludwig, *Johannes Scotus Eriugena: Sein Leben und seine Schriften. die Wissenschaft und Bildung seiner Zeit, die Voraussetzungen seines Denkens und Wissens und der Gehalt seiner Weltanschauung*, Leipzig, Erick Koschny, 1876.
1057. Scotus Eriugena, Johannes, 810-77, *Johannes Scotus Eriugena: Über die Eintheilung der Natur*, übers. von Ludwig Noack, 1ste Abth. Leipzig, Felix Meiner, 1870 (pref.)
1058. Gilson, Étienne, *Saint Thomas d'Aquin*, 5e ed. , Paris, Lecoffre, 1930.
1059. Thomas Aquinas, 1225-74, *The summa contra gentiles of Saint Thomas Aquinas Literally translated by the English Dominican Fathers from the latest Leonine edition*, Bk. 1,2,3i,3ii,4, London, Burns Oates & Washbourne. 1923, 24, 28, 29.
1060. Eckhart, Meister Johannes. 1260?-1327, *Meister Eckharts mystische Schriften: In unsere Sprach überträgen von Gustan Landauer*, Berlin, Karl Schnabel, n. d.
1061. Eckehart, Meister Johannes. 1260?-1327, *Meister Eckeharts Schriften und Predigten aus dem Mitterlhochdeutschen übers. & hrsg. von Zerman Büttner*, Bd. 1 & 2. Jena, Eugen Diederich, 1923.
1062. Martensen, H. , *Meister Eckhart: Ein theologische Studie*, Hamburg, Friedrich Perthes, 1842.
1063. James, William, 1842-1910, *Human immortality, two supposed objections to the doctrine*, 6th ed. London, Archibald Constable, 1906.
1064. James, Williams, 1842-1910, *Memories and studies*, London, Longmans. Green & Co. , 1912.
1065. James, William, 1842-1910, *The will to believe and other essays in popular philosophy*, London, Longmans, Green & Co. , 1907.
1066. Leibniz, Gottfried Wilhelm von, 1646-1716, *Discourse on metaphysics correspondence with Arnauld. Monadology;*

*tr. by George R. Montgomery*, Chic. & London, Open Court Publ. Co. , 1916.

1067. Leibniz, Gottfried Wilhelm von, 1646-1716, *Die Theodicee; übers. & erläut. von J. H. v. Kirchmann*, Leipzig, Durr'schen Buchhandlung, 1879.

1069. Kant, Immanuel, 1724-1804, *Immanuel Kant's Grundlegung zur Metaphysik der Sitten; hrsg. & erläut, von J. H. von Kirchmann*, Berlin, L. Heimann, 1870.

1070. Kant, Immanuel, 1724-1804, *Immanuel Kant's Kritik der reinen Vernunft; hrsg. von J. H. von Kirchmann*, 8te revidierte Aufl. , Leipzig, Durr'schen Buchhandlung, 1901.

1071. Kant, Immannuel, 1724-1804, *Immanuel Kant's Metaphysik der Sitten; hrsg. & erläut. von J. H. Kirchmann*, Leipzig, Durr'schen Buchhandlung 1870.

1072. Kant, Immannuel, 1724-1804, *Kritik der praktischen Vernunft; hrsg. von Karl Vorländer*, 8te Aufl. , Leipzig, Felix Meiner, 1922.

1073. Kant, Immannuel, 1724-1804, *Kritik der Urteilskraft; hrsg. von Karl Kehrbach*, Leipzig, Philipp Reclam jun. , n. d.

1074. Kant, Immannuel, 1724-1804, *Kritik der Urteilskraft; hrsg. von Karl Vorländer*, 6te Aufl. , Leipzig, Felix Meiner, 1924.

1075. Kant, Immannuel, 1724-1804, *The philosophy of Kant, as contained in extracts from his own writings*, Selected & tr. By John Watson. New ed. Glasgow, James Maclehose, 1894.

1076. Kant, Immannuel, 1724-1804, *Die Religion innerhalb der Grenzen der blossen vernunft; hrsg. von Karl Vorländer*, 3te Aufl. , Leipzig, Dürr' schen Buchhdl. , 1903.

1077. Fichte, Johann Gottlieb. 1762-1814, *Johann Gottlieb Fichte's Religions-Philosophie nach den Grundzügen ihrer Entwicklung dargestellt von Friedrich Zimmer*, Berlin, L. Schleiermacher, 1878.

1078. Schleiermacher, Friedrich, 1768-1834, *Die christliche Sitte nach den Grundsätzen der evangelischen Kirche im Zusammenhange darges*, von F. Schleiermacher; hrsg. von L. Jonas, 2. Aufl. , Berlin, G. Reimer, 1884.

1079. Schleiermacher, Friedrich, 1768-1834, *Friedrich Schleiermacher's Monologen; mit Einleit, Bibliog. & Inder. von Friedrich Michael Schiele*, Leipzig, Dürr' schen Buchandlung, 1902.

1080. Schleiermacher, Friedrich, 1768-1834, *Friedrich Schleiermacher's sämmtliche Werke; 3te Aufl.* , Zur Philosophie, 1. Bd. , Berlin, G. Reimer, 1846.

1081. Schleiermacher, Friedrich, 1768-1834, *Ueber die Religion: Reden an die Gebildeten unter ihren Verächthern*, 4te Aufl. , Berlin, G. Reimer, 1831. 福島政雄先生贈呈本。

1083. Schleiermacher, Friedrich, 1768-1834, *Friedrich Schleiermacher über die Religion: Reden an die Gebildeten unter ihren Verächtern. Einleitung von Martin Rade*, Berlin (Druck in Lpz.) n. d.

1084. Schleiermacher, Friedrich, 1768-1834, *Inaugural-Dissertation &c. über Schleirmacher* (Zusammengebundene Bd.), Breslaw &c. , 1887-1914. この論文集は錦田義富氏敬贈品。

1085. Herbart, Johann Friedrich,1776-1841, *Johann Friedrich Herbart's allgemeine praktische Philosophie,* 3. A. Hamburg & Leipzig, Leopold Voss, 1891.

1086. Hegel, Georg Wilhelm Friedrich, 1770-1831, *Phänomenologie des Geistes,* hrsg. von Johan Schulze, Berlin, Duncker u. Humblot, 1832.

1087. Erdmann, Johann Eduard, 1805-1892, *Grundriss der Geschichte der Philosophie,* bearb. von Benno Erdmann, Bd. 1. & 2, 4te Aufl. , Berlin, Wm. Hertz, 1896.

1088. Fichte, Johann Gottlieb, 1762-1814, *Die Anweisung zum seligen Lebens,* Neu hrsg. von Fritz Medicus, 2te A. Leipzig, Felix Meiner, 1921.

1089. Fichte, Johann Gottlieb, 1762-1814, *Grundlage des Naturrechts nach Prinzipien der Wissenschaftslehre,* Jena & Leipzig, Christian Ernst Gabler, 1796.

1090. Fichte, Johann Gottlieb, 1762-1814, *Grundlage der gesamten Wissenschaftslehre und Grundriss des Eingentümlichen der Wissenschaftslehre,* neue unveränderte Aufl. , Tübingen, Joh. Georg Cotta'sche Buchhandlung, 1802.

1091. Fichte, Johann Gottlieb, 1762-1814, *Johann Gottlieb Frihte, erste und zweite Einleitung in die Wissenschaftslehre,* neu hrsg. von Fritz Medicus, 2te Aufl. , Leipzig, Felix Meiner, 1920.

1092. Fichte, Johann Gottlieb, 1762-1814, *The science of ethics as based on the science of knowledge,* tr. By A. E. Kroeger, ed. by W. T. Harris, New York, D. Appleton, 1897.

1093. Hohlfeld, Paul, *Die Krause'sche Philosophie in ihrem geschichtlichen Zusammenhange und in ihrer Bedeutung für das Geistesleben der Gegenwart,* Jena, Hermann Costenoble,1879.

1094. Trendenburg, Friedrich Adolf, 1802-72, *Naturrecht auf dem Grunde der Ethik,* 2te ausgefürtere Aufl. , Leipzig, S. Hirzel, 1868.

1095. Bergson, Henri, 1859-1941, *Essai sur les données immédiates de la conscience, 2e éd.* , Paris, Félix Alcan, 1913.

1096. Lotze, Rudolf Hermann, 1817-81, *Kleine Schriften,* Bd. 1. & 2. , Leipzig, S. Hirzel, 1885, 86.

1097. Lotze, Rudolf Hermann, 1817-81, *Metaphysics in three books, ontology, cosmology, and psychology,* English translation. ed. by Bernard Bosanquet, Oxford, at the Clarendon Press, 1884.

1098. Hartmann, Eduard von, 1842-1906, *Kritische Grundlegung des transcendentalen Realismus; Eine Sichtung und Fortbildung der erkenntnistheoretischen Principien Kant's,* 3te neu durchges. & vermehrte Aufl. , Leipzig, Hermann Haacke, 1885(pref-).

1099. Hartmann, Eduard von, 1842-1906, *Das sittliche Be-*

*wusstsein; Eine Entwicklung seiner mannigfaltigen Gestalten in ihrem inneren zusammenhange mit besonderer Rücksicht auf brennende social und kirchliche Fragen der Gegenwart,* 2te durchges. Aufl. , Leipzig, Hermann Haacke, 1886(pref.)

1100. Koeber, Raphael, *Das philosophische System Eduard von Hartmann's,* Breslau, Wilhelm. Koebner, 1884.

1101. Wundt, Wilhelm, 1832-1920, *Einleitung in die Philosophie,* 9te Aufl. , Leipzig, Alfred kröner, 1922.

1102. Wundt, Wilhelm, 1832-12, *System der Philosophie,* 2te umgearb. Aufl. , Leipzig, Wilhelm. Engelmann, 1897.

1103. Dühring, Eugen Karl, 1833-1921, *Der Werth des Lebens,* 4te verb. Aufl. , Leipzig, O. R. Reisland, 1891. 著者署名入り。

1104. Lange, Friedrich Albert, 1828-75, *Geschichte des Materialismus und Kritik seiner Bedeutung in der Gegenwart,* 1. & 2. Buch, 7te Aufl. , Lpz. , J. Baedecker, 1902.

1105. Cohen, Hermann, 1842-1918, *Der Begriff der Religion im System der Philosophie,* Giessen, Alfred Töpelmann, 1915.

1106. Cohen, Hermann, 1842-1918, *Ethik des reinen Willens,* 3te Aufl. , Berlin, Bruno Cassirer, 1921.

1107. Cohen, Hermann, 1842-1918, *Religion und Sittlichkeit; Eine Betrachtung zur Grundlegung der Religionsphilosophie,* Berlin. M. Poppelauer, 1907.

1108. Seizyo-Gakuen, hrsg. , *Bücherverzeichnis der Bibliothek,* Paul Natorp, Tokyo, Seizyo-Gakuen, 1938.

1109. Rickert, Heinrich, 1863-1936, *Kulturwissenschaft und Naturwissenschaft,* 4. & 5te verbes. Aufl. , Tübingen, J. C. B. Mohr, 1921.

1110. Windelband, Wilhelm, 1848-1915, *Geschichte der alten Philosophie, Nebst einem Anhang: Abriss der Geschichte der Mathematik und der Naturwisssenschaften im Altertum, von Siggmund Günther,* 2te sorgfältig durchgeschene Aufl. , Mnchen, C. H. Beck'sche Verl-Buch-hdl, 1894.

1111. Katsube, Kenzo, *Wilhelm Diltheys Methode der Lebensphilosophie,* Hiroshima, Philosophischesinst. , Hiroshima Universität, 1931. 勝部謙造『ディルタイ生哲学の方法論』

1112. Husserl, Edmund, 1859-1938, *Ideen zu einer reinen Phänomenologie und phänomenologischen Philosophie,* 1. Buch, 2ter unveränderter Abdruck. Halle a. d. S. , Max Niemeyer, 1922. 3.

1113. Spinoza, Benedict de, 1632-77, *The principles of Descartes' philosophy by Benedictus de Spinoza,* tr. by Halbert Hains Britan, Open Court Publ. Co. , 1905.

1114. Spinoza, Benedict de, 1632-77, *Ethik.* Uebersetzt & mit einer Einleitung & einem Register versehen von Otto Baensch, Leipzig. Dürr'schen Buchhandlung, 1905.

1115. Spinoza, Benedict de, 1632-77, *The chief works of Benedict de Spinoza; tr. from the Latin,* With an introduction by R. H. M. Elwes, Vol. 2, rev. ed. London, George Bell &

Sons, 1909.

1116. Kozak, J. B. , *Masaryk as philosopher,* n. p. , nd. 著者贈呈本.

1117. Kozak, J. B. , *Masaryks Stellung zur Metaphysik,* Bonn, Friedrich Cohen, 1930. 著者贈呈本

1118. Dugas, L. , *Vocabulaire de psychologie,* 4ed. Paris, Hachette, c1929.

1119. Wundt, Wilhelm, 1832-1920, *Grundriss der Psychologie,* 4te neu bearb. Aufl. , Leipzig, Wilhelm.

1120. Allihn, F. H. Th. , *Die Grundlehren der allgemeinen Ethik, nebst einer Abhandlung über das Verhältniss der Religion zur Moral,* Leipzig, Louis Pernitzzsch, 1861.

1121. Buisson, Ferdinad, *Leçons de morale à l'usage de l'enseignement primaire,* 3e éd. Paris, Hachette, 1928.

1122. Gizycki, Georg von, *Moralphilosophie gemeinverständlich dargestellt,* 2te Aufl. , Leipzig, Hermann Haacke, 1888 (pref.)

1123. Hartenstein, G. , *Die Grundbegriffe der ethischen Wissenschaften,* Leipzig, F. A. Brockhaus, 1844.

1124. Rassenhofer, Gustav, *Positive Ethik: Die Verwirklichung des Sittlich-Seinsollenden,* Leipzig, F. A. Brockhaus, 1901.

1125. Sigwart, Christoph von, 1830-1904, *Vorfragen der Ethik,* Freiburg i. B. , J. C. B. Mohr, 1886.

1126. Sidgwick, Henry, *Outlines of the history of ethics for English readers,* 4th ed. London, Macmillan, 1896.

1127. Tezuka, Ryodo, *Chün Chen Tao: Studien über das von Konfucius vertretene Tao von Herrscher und Untertan,* Berlin, Würfel Verlag, 1930 (pref.) 手塚良道『君臣道』

1128. Bosanquet, Bernard, *What religion is,* London, Macmillan, 1926.

1129. Sasaki, Gessho, *Ein neues Licht aus dem Osten; verfasst & gusammengestellt von Gessho Sasaki,* Otto Elsner, 1922.

1130. Dogen (-zenzi) 1200-1253, *Syobogenzo-Zuimonki; Wortgetreue Niederschrift der lehrreichen Worte Dogen-Zenzis über den wahren Buddhismus, Ausgw. & übers, von Hidemasa Iwamoto,* Tokio, Sankibo, 1943. 道元『独文　正法眼蔵随聞記』岩本秀雅訳。

1131. Boehme, Jakab, 1575-1624, *The signature of all things with other writings,* London, J. M. Dent, New York, E. P. Dutton, n. d.

1132. Harnack, Adolf, *Das Wesen des Christentums; Sechzehn Vorlesungen vor Studierenden aller Facultäten im Wintersemester 1899/1900 an der Universität Berlin gehalten,* Leipzig, J. C. Hinrich'sche Buchhdl. , 1903.

1133. Pfeiffer, Franz. hrsg. , *Theologia Deutsch; Die lehret gar manchen lieblichen Unterschied göttlicher Wahrheit und sagt gar hohe und gar schöne Dinge von einem vollkommenen Leben,* 5te unveränderte Aufl. , Gütersloh, C. Bertelsmann, 1923.

1134. Bible, *Die Bibel, oder die ganze heilige Schrift des alten und neuen Testaments, nach deutschen uebersetzung [von] Martin Luthers mit einer Vorrede von Christian Ludwig Schäffer*, 11. Aufl. , Halberstadt & Heiligenstadt, Johann Christoph Dölle, 1824.

1135. Bible, *The gospel in many tongues*, ed. by John Sharp, Enl. & rev. ed. London, British & Foreign Bible Society, 1912.

1136. Bible, ΔΙΑΘΗΚΗ(H. KAINH), Text with critical apparatus, London, British & Foreign Bible Society, 1923.

1137. Bernhard von Clairvaux heil. , 1090-1153, *Die Reden des heil. Bernhard über das Hochlieb; zur Erweiterung ihres Leserkreises und ihrer Segenswirkung*, dt. bearb. von Victor Fernbacher, Leipzig, Dörffling & Franke, 1862.

1138. Hilty, Carl, 1883-1909, *Glück*, Teil1-3, Leipzig, Hinrich'sche Buchhandlung, Frauenfeld, Huber & Co. , 1920-22.

1139. *Versuch einer Critik aller Offenbarung*, Königsberg, Hartungschen Buchhandlung, 1792. 著者不詳だが Johann Gottlieb Fichte の著作と思われる。

1140. Butler, Dom Cuthbert, *Benedictine monarchism; studies in Benedictine life and rule*, 2nd ed. London, Longmans, Green & Co. , 1924.

1141. Gilson, Etienne, *Introduction à l'étude de Saint Augustin*, Paris, Libr. Philos. J. Vrin, 1931.

1142. Freytag, Gustav, *Martin Luther*, Chicago, Open Court Publ. Co. , 1897.

1143. Kitabatake-Chikafusa, *Jinno-shoto-ki; Buch von der Wahren Gott-Kaiser-Herrschafts-linie übers. eingeleitet und erläutert von Hermann Bohner*, 1Bd. Tokyo, Japanische-deutsches Kultur-Institut, 1935. 北畠親房『神皇正統記』東京、日独協会、昭和１０年。

1144. Schiller, Joh. C. Friedrich von, 1759-1805, *Geschichte des 30 jähringen Kriegs*, Leipzig, Philipp Reclam jun. , n. d.

1145. Grube, A. W. , *Biographische Miniaturbilder (B)*, Tokyo, Nankodo, 1895.

1146. Tyndall, John, *Life and letters of Faraday (From fragment of science)*, Tokyo, Z. P. Maruya & Co. , [1889(Meiji 22)].

1147. Leutheusser, Elisabeth, *Friedrich Fröbel-Stätten im Schwarzatal*, Weimar, Hermann Bölaus Nachfolger, n. d.

1148. Pestalozzi, Johann Heinrich, 1746-1827, *J. H. Pestalozzis Brief über seinen Aufenthalt in Stanz, für dem Schulgebrauch mit erläut*, Anmerk, hrsg. von Paul Cietz, Leipzig, Dürr'schen Buchhandlung, 1911.

1149. Guimps, Roger de, *Pestalozzi, his life and work;* tr. from French by J. Russell with an introduction by R. H. Quick, London George Allen, 1908.

1150. Dove, R. , *Allgemeine politische Geographie*, Berlin & Leipzig, Walther de Gruyter, 1920.

1151. Adler, Felix, 1851-, *The world crisis and its meaning*, New York & London, Appleton & Co. , 1915.

1152. Ihering, Rudolf von, 1818-92, *Der Kampf um's Recht*, 11te Aufl. , Tokyo, Nankodo, 1898.
1153. Ihering, Rudolf von, 1818-92, *Der zweck im Recht*, Bd. 1-2,2te umgearb. Aufl. , Leipzig, Breitkopf & Härtel, 1884, 86.
1154. Germany-constitution, *Die Verfassung des Deutschen Reichs*, vom 11. August, 1919, Berlin, Reichsdruckerei (print.), 1920.
1155. Nation Press, Inc. , *Decrees and constitution of Soviet Russia*, New York, the Nation Press, (ca 1918).
1156. Kurtschinsky, M. , *Der Apostel des Egoismus; Max Stirner und seine Philosophie der Anarchie, aus dem Russischen übers.* von Gregor von Glasenapp, Berlin, R. L. Prager, 1923.
1157. Rauh, F. , *Psychologie appliquées à la morale et à l'éducation par F. Rauh et G. Revault d'Alonnes*, 10e éd. , Paris, Hachette, n. d.
1158. Lange, Karl, *Staatsbürgerkunde für die höheren Schulen des Freistaates Braunschweig*, 2. Veränderte Aufl. , Braunschweig, H. Rieke, 1930.
1159. Adler, Felix, 1851-, *The moral instruction of children*, New York & London, Appleton, 1912.
1160. Chabot, Charles, *Moral théorique et notions historiques (Extraits des moralistes anciens et modernes)*, 10e éd. , Paris, Hachette, n. d.
1161. Challaye, Félicien Robert, *Cours de morale à l'usage des écoles primaires supérieures et les cours complémentaires (1re année)*, par Félicien Challaye et Marguerite Renier, Paris, Félix Alcan, 1927.
1162. Faye, Stéphane, *Morale; Introduction Civique; Droit Privé; Économie Politique*, 1re, 2e, 3e année, 8e éd. , Paris, Hachette, n. d.
1163. Murique, Mme, *Maman et petite Jeanne, premier livre de moral à l'usage des école primaires de filles*, Cours élémentaire, 2e éd. , Paris, Hachette, c1927.
1164. Schotten, Fritz, *Deutsche Reichs- und Rechtsgeschichte: eine Darstellung der geschichtlichen Entwicklung des deutschen Rechts in Verbindung mit der politischen Entwicklung Deutschlands-Ein dese– und Lehrbuch für das deutsche Volk*, Marburg, N. G. Elwertsch Verlags-Buchhandlung, 1929.
1165. Bell, G. , & Sons, *The Abbey history readers, rev.* by Francis Aidan Gasquet, Book1-6, London, G. Bell & Sons, 1929-31.
1166. Blackie & Sons, Ltd. , *Britain and her neighbours*, Book 1-7, London & Glasgow, Blackie & Sons, 1928-29.
1167. Jaspers, Karl, *Die Idee der Universität*, Berlin, Julius Springer. 1923.
1168. Ab der Halden, Chalres, *Leçon d'instruction civique (Programmes de deuxiéme année)*, Paris, Armand Colin, 1925.
1169. Du Bois-Reymond, Emil, 1818-96, *Ueber die Grenzen des*

*Naturerkennens: Die Sieben Welträtsel -zwei Vorträge*, Leipzig, Veit & Comp. , 1882. 64p. 以下には H. Höffding: Die Prinzipien der Ethik. (34p.) が挿入製本されている。

1170. Lalande, André, *Lectures sur la philosophie des sciences*, 2e éd. , Paris, Hachette.
1171. Brunschvicg, Léon, *Les étapes de la philosophie mathématique*, Paris, Felix Alcan, 1912.
1172. Dugas, L. , *Philosophie-mathématiques et vocabulaire philosophique*, nouvelle éd. , Paris, Hachette, 1929.
1173. Darwin Charles, 1809-1882, *The descent of man and selection in relation to sex*, New edition with illustrations, London, John Murray, 1901, (2nd ed.).
1174. Huxley, Thomas Henry, 1825-95, *Lessons in elementary physiology*, London, Macmillan, 1888.
1175. Croce, Benedetto, 1866-1952, *Grundriss der Aesthetik. Vier Vorlesungen. Autorisierte deutsche Ausgabe von Theodor Poppe*, Leipzig, Felix Meiner, 1913.
1176. Croce, Benedetto, 1866-1952, *The essence of aesthetic*, transl. by Douglas Ainslie, London, William Heinemann, 1921.
1177. Schiller, Joh. C. Friedrich von, 1759-1805, *Friedrich Schiller aesthetische Erziehung; ausgew. & eingeleitet von Alexander von Gleichen - Russwurm*, Jena & Leipzig, Eugen Diederichs, 1905.
1178. Mackowsky, Hans, *Michelangelo*, Berlin, Bruno Cassirer, 1921.
1179. Wehrli, A-G. , *Accademia di Belle Arti Venezia-Peintures* (Edition illustrato), Kilchberg (prés Zürich), n. d.
1180. Wenig, Christian, *Chr. Wenigs Handwörterbuch der deutschen Sprache mit Verzeichnungen der Aussprache und Betonung nebst Angabe der nächsten sinnverwandten Wörter und der gebräuchlichsten Fremdwörter und Eigennamen*, neu bearb. , von G. Schumann, 8te sorgf. Verbess, und vermehrte Aufl. , Köln, M. Du Mont-Schauberg'sche Buchhandlung, 1896.
1181. Routledge, (George) & Sons, *A French and English dictionary*, London, George Routledge & Sons, n. d.
1182. Benseler, Gustav Eduard, *Griechisch-deutsches Schul-Wörterbuch*, 10te, vierfach verbess. Aufl. , Leipzig, B. G. Teubner, 1896.
1183. Koch, Ernst, *Griechisches Lesebuch für das zweite Unterrichtsjahr*, Leipzig, B. G. Teubner, 1879.
1184. Kühner, Raphael, *Elementargrammatik der griechischen Sprache*, 32te Aufl. , Hannover, Hahn'sche Buchhandlung, 1877.
1185. Chambers, W. & R. (Ltd.), *Dictionary of the Latin Language in two parts*, Part 1: Latin-English, London & Edinburgh, 1895.
1186. Milton, John, 1608-74, *Paradise lost*, Vol. 1 & 2. London, Cassell, 1893.
1187. Shakespeare, William, 1564-1616, *Hamlet*, London & C, Cassell, 1894.

1188. Emerson, Ralph Waldo, 1803-1882, *The conduct of life: nine essays on fate, power, wealth, culture, worship, etc.* , London, G. Bell & Sons, 1910.
1189. Haym, R. , *Die romantische Schule: Ein Beitrag zur Geschichte des deutschen Geistes*, Berlin, Rudolf Gaertner, 1870.
1190. Ohno, Toyota, hrsg. , *Auswahl aus deutschen Klassikern als Grundlage für Vorlesungen in Doitsu-Kobun-kwai*, Heft 6, Tokio, Doitsu-Kobun-kwai, 1896.
1191. Dilthey, Wilhelm, 1838-1911, *Das Erlebnis und die Dichtung: Lessing, Goethe, Novalis, Hölderlin*, 8te Aufl. , Leipzig & Berlin, B. G. Teubner, 1922.
1192. Schiller, Joh. C. Friedrich von, 1759-1805, *Gedichte*, Leipzig, Philipp Reclam jun. , n. d.
1193. Goethe, Johann Wolfgang von, 1749-1832, *Goethes Faust*, Leipzig, Insel-Verlag, n. d.
1194. Goethe, Johann Wolfgang von, 1749-1832, *Götz von Berlichingen mit der eisernen Hand - ein Schauspiel in fünf Akten*, Leipzig, Philipp Reclam jun. n. d.
1195. Schiller, Joh. C. Friedrich von, 1759-1805, *Essays aesthetical and philosophical including the dissertation on the "connection between the animal and spiritual in man"* newly tr. from German, London, George Bell & Sons, 1910.
1196. Maeterlinck, Maurice, 1862-1950, *The treasure of the humble;* tr. by Alfred Sutro, London, George Allen, 1907.

## 道家関係冊子

155.1 笠木良明『忠誠なるべき日本青年の世界的陣容樹立の秋』。
188.43『例懺伽陀』西京（京都）鳩麟堂（岩垣伝右ヱ門）徳川中期、巻末奥付に「比叡山南舎蔵」の印あり。
203. 栗田元次『燒亡せる家蔵史料』東京、杏林舎、史学研究第七巻第二号別刷。
289.1 吉田松陰『松陰先生手翰』萩町（山口県）、松下村塾。
289.1 吉田松陰『留魂録』萩町（山口県）、松下村塾。
911.15 千種正三位有功卿咏赤穂義士和歌』。
911.15 宍戸眞徵編『涙松集』萩町（山口県）、松下村塾。
919.5 吉田松陰『縛吾集』萩町（山口県）、松下村塾。
159/A16. Adler, Felix, 1851, *The ideal of culture for business men*, New York, America, Ethical Union, 1924.
371.6/I57. *International Moral Education Congress*, 1st, University of London, Sept., 1908.

## 端本類

121.1 鹿子木貞信述『復興獨逸の精神と日本精神の史的發展』海軍省教育局、昭和四年。

121.1 吉田直志『東亜新秩序建設原理』。

121.3 政教社編『諸家の朱舜水觀』大會堂書店、明治年間後期。

121.4 安井小太郎編『日本朱子學派學統表』。

121.43 中島鹿吉『土佐遊學中の山崎闇齋』高知、南學、第一三号抜刷。

121.47 尾藤二洲『正學指掌』。

121.5 加藤盛一『全人論について』服部先生古稀祝賀記念論文集抜刷。

121.51 藤樹頌德會編『小川寮配置及平面圖　縮尺百分一』藤樹頌徳会、附録藤樹頌徳会小川寮説明書1冊。

121.51 藤樹書院設計圖　縮尺百分一、図面裏に「大洲至徳堂設計図」ペン書叢入れあり。

121.51 川田剛撰『藤樹先生年譜』。

121.51 藤樹頌徳會編『藤樹先生年譜』青柳村（滋賀県高島郡）昭和一二年。

121.56 大塩平八郎『跋藤樹先生致良知三大字眞蹟』青柳村（滋賀県高島郡）藤樹書院、名、後素、號、中齋。

121.8 會澤正志齋『退食間話』海軍兵學校、昭和八年、会沢安。

121.8 藤田東湖述『標註　弘道館述義』巻上、亀山雲平標註、同本二冊。

121.89 藤井専隋編『頌德會紀念　萬里先生嘉言集』杵築町（大分県）明治四五年.

123.7 石川清和堂『孝經展觀目録』昭和九年七月九日、於大阪書、林倶楽部、林秀一編、大阪、昭和九年。

123.7 中江藤樹国訳『頭註　國譯孝經』加藤盛一校訂訓注、藤樹頌徳會、昭和八年。

123.83 乾静齋編『論語抄　上』大阪、文莫会、昭和九年。

124.2 崇聖會『沖縄に於ける孔夫子の祭祀並に孔子廟建立の沿革概要』那覇、昭和九年。

125.41 周濂溪『大極圖説』広島、黒船コピー印刷、周敦頤。

125.46 保科正之講述『玉山講義』星野健編、会津若松、会津学研究所、昭和一二年。

126.『文昌帝君戒淫寶録』上、下、蘇文錫、民刻二八年、重刊。

126.『軒轅黄帝陰符經』蘇錫文、民国二七年。

126. 潘成雲輯『文昌帝君陰隲文註證』附教孝條約、上海、佛学推行社、民国一四年（弁言）。

126.『孚佑帝君浅註道德經』巻上、下、蘇錫文、民国二七年。

126. 尹喜『博大真人全集』上、下巻、蘇錫大、民国二八年、重刊。

126. 上海亜細亜民族聯誼協会中華個展研究部『孔子問禮於老子』上海、民国二九年。

126. 陳觀吾『老子道德經五千言転語』蘇錫文、民国二八年、重刊。

134.2 藤井健治郎『カントに於ける敬と程朱に於ける敬』狩野教授還暦記念支那学論叢抽印。

141.2 安倍三郎『知學的時間の長さに對する絶對的印象の一研究(1)(2)』東京、昭和八年、心理学研究第八巻第一、二輯抜刷、贈呈誌。

150.23 山本幹夫『理想主義の倫理學』。

152.6 中山青莪述『孝道講話　一枝梅』秋田、秋田県師範学校、昭和五年序。

152.6 田中金一『難き哉、孝!』徳山、昭和一一年。

155.1 吉田順信『忠孝の根據』鶴岡、昭和一四年。

158. 心學参前舍『石門心學史料展覧會目録（大正一三年一一月二三日・二四日開催）』東京、大正一三年。

158.1 廣島県振興課編『廣島心學の話　第一輯（及川儀右衛門筆）』広島県振興課、昭和一七年。

158.4 田鵬撰『心學五則』和歌山、和歌山県師範学校附属小学校、昭和一四年、（教学史料、郷土文献第一輯）。

170. 敬神奉公會編『時局下に於ける敬神奉公の実践』東京、昭和一三年。

171. 東晋太郎『儒家の神道における經濟倫理』西宮、昭和一七年、商学論究第二七号別刷。

171.6 瀧石登鯉『泰山先生と神道』。

178.7 金光教本部編『金光教教風の一斑』金光町（岡山県）昭和一一年。

180.2 村上専精『日本佛教の歴史及教義（講義要目）』。

183.1 川合清丸訳述『國訳　玉耶女經』日本国教大道社、明治四四年。

184.『佛教』講話要旨　講述者不明、広島、増田兄弟活版印刷所。

188.8 宗密述『華嚴原人論』吉田房一編、広島、吉田房一。

210.05 史談會編『史談會速記録』第399輯、史談會、昭和八年。

210.61 浅野長勲述『王政復古當時に於ける藝州藩國事畫力の実企談』広島、波多野文治、昭和二年。

222.01/Sh99. 朱熹撰『資治通鑑綱目全書』正編、巻五上、八下、九上下、一〇上下、一一―一九、二五―二七、三五、四二、四三上、下、四四―五〇、五三、続編巻三―一二、二五、二六、陳仁錫評閲、江戸時代。

288.4 中島鹿吉『土佐に於ける皇族の御実蹟と土佐精神』（高知）。

288.41 廣島縣教育会『我が広島県におかせらるる明治天皇御物語』間下多吉編、広島、昭和九年。

288.41 瓜生甚之丞『継體天皇祖考（解説篇）』台北、瓜生甚之丞、昭和一四年。

288.44『補校　上宮聖徳法王帝説證注』狩谷望之證注、平子尚補校、稲葉宮吉等校訂、東京、大正二年。

289.1 井上文庫維持會編『先賢位の上女史略傳』丸亀、大正四年。

289.1 中尾克己編『國家の大功臣　川合清丸先生』賀茂村（鳥取県八頭郡）昭和一〇年。

289.1/S 西郷隆盛『西郷南洲翁遺訓』鹿児島報徳会。

289.1/Y 天野御民編述『松下村塾零話』山口町（山口県）山陽堂、明治三〇年。

289.3 森信三『ペスタロッチー事蹟』同志同行社、昭和一六年。

321.16 村井藤次郎『法律解釋學と史觀』東京、昭和一三年、國民評論昭和一三年九月抜刷。

322.133 聖徳太子『十七條憲法』佐伯定胤和訳、東京、奥田正造、昭和七年。

322.133 聖徳太子『十七條憲法』佐伯定胤和訳、東京、奥田正造、昭和八年。

322.133 姉崎正治『三經義疏に参照して十七條憲法の意義内容』東京、昭和一七年、帝国学士院紀事第一巻第一号抜刷。

323.23 東晋太郎『財産権の倫理的考察』西宮、昭和一三年、商学論究第一四号抜刷。

331.15 矢部善兵衛『報徳式商店經營ノ体験ニ基ク我國経済生活批判』。

371.1 藤本恒雄『良知的教育―基礎教育の革新―』東京、昭和一三年。

371.5 本間俊平講述『天地化育の大任』東京府養正館、昭和一三年。

141.2/A12 Abe, Saburo, *Die Erscheinungsweisen der Zeitgestalten*, Sendai, Tohoku Kais.Universität, 1933.

141.2/A12 Abe, Saburo, *Neue Untersuchung über die absoluten Eindrücke im Gebiete der wahrnehmbaren Zeit*, Sendai, Tohoku Kais.Universität, 1935.

141.2/Ts53 Tsukahara, Masatsugu, *Problem of the relation of intensity of sensation to attention*, Hiroshima,1907. 塚原政次

361.1/G36 Germansky, B., *Der absolut nationale Mensch: Ein Beitrag zur theoretischen Soziologie*, Jerusalem, Eretz-Israel Press (Print), 1939.

371/4/L17 Lämmermann, H., *Anleitung zur psychologischen Beobachtung und Beurteilung der Schüler, hrsg. von Staatliches Schulamt Mannheim*, Dr.Haas, G.m.b.H., n.d.

483/9/I32 Ikeda, Iwaji, 1872-1923, *Further notes on the Gephyrea of Japan, with descriptions of some new species from the Marshall, Caroline and Palau Islands*, Tokyo, National Research Council of Japan,1924. 池田岩治

西文庫・番号無し An outline of statistical methods: as applied to economics, business, education, social and physical science, etc., by Herbert Arkin and Reymond R.Colton. 4 ed., New York, Barnes & Noble, 1939.

## 経典類（小冊子）仏教其他

178.6 黒住宗忠『袖珍御歌文集』第二巻、三木惟一編、今村（岡山県御津郡）黒住教日新社、大正四年。

183. 大乗本生心地観巻第三、報恩品第二下、大阪、プリント社。

183. 佐伯定胤講述『佛説盂蘭盆經講讃』渾沌社、昭和九年。

183. 佐伯定胤講述『佛説盂蘭盆經講讃』松本義懿編、渾沌社出版部、昭和一〇年。

183.『藥師瑠璃光如来本願功徳経』奥田正造、昭和一〇年。

183.4 奥田正造訳編『大方廣佛華嚴經入不思議解脱境界普賢行願品（和訳普賢行願品）』、奥田正造、昭和八年。

183.56 佐伯定胤講述『勝鬘經講讃』。

183.56 奥田正造（訳編）『勝鬘師子吼一乗大方便方廣經』奥田正造、昭和七年。

183.6 法隆寺版『維摩經大綱』テキスト。

183.6 佐伯定胤和歌『維摩詰所説經入不二法問品第九』、法隆寺村（奈良県）、昭和九年。

183.79 川合清丸訳『國譯父母恩重經』東京、飯坂圖収、明治四四年。

188.2 法隆寺版『太子和讃』。
188.2 法隆寺版『太子禮讃』二十二日会（法隆寺宝珠院）。
188.24 法隆寺版『五十法聚集』テキスト。
183.3 法母庵版『觀音經』勝鬘經、維摩経。
183.56 法隆寺版『勝鬘經』十大受章、三大願章、同本三部。
183.59 宮澤英心編『求道園禮誦要文（佛教教經）』花屋敷（兵庫県川辺郡）求道園、昭和九年。
183.6 法隆寺版『維摩經』方更品。
188.24 法隆寺版『太子和讃』。
188.24 法隆寺版『羅漢供作法　法隆寺相伝』東京、森江書店（調准）。
188.24 法隆寺版『唯識三十頌（法相宗觀学院蔵版）』同本二部。
188.73 親鸞『歎異鈔』阿刀田令造編、仙台、仙台求道館、昭和三年。
188.73 風祥堂『眞宗　在家勤行集』京都、大正一五年。

## （２）文学研究科所蔵

### 西晋一郎講義・講習録・書簡

A段

1.「ライプニッツの哲學」『哲學雜誌』第一四巻、明治三二年一〇月二日。
2.「宗教と愛國心」『學校教育』第一巻第九号、大正三年九月。
3.「師範系統の大学建設の必要」（大正九年一月号）「忠孝の説—日本道徳の本質—」（昭和一六年九月号）『學校教育』第七巻第一冊。
4.「道徳の本質」大正一一年三月、講習会、「教育及道徳」大正一二年六月、国民教育奨励会編纂。
5.「愛」「刑罰」「慈愛」「自愛」他『岩波哲学辞典』大正一一年十月。
6.「道徳教育」「修身研究」大正一二年四月号、英文科三年岡野紅枝筆記。
7.「我が国の国体と国民精神」昭和三年、教化資料より。
8.「道徳と國家」昭和三年七月二五日より三日間、廣島高師に於ケル文部省講習会。
9.「倫理學概論（中）」上、下は製本あり、西先生の東北大での講義筆録、昭和四年六月一二日、杉浦筆記。
10.「教育の利弊」『学校教育』第二〇〇号、昭和五年二月。
11.「意志に就いて　東洋思想に於る日本の思想」（意志について：昭和五年六月、教学の根本について：昭和一五年夏、日本儒学の特質：昭和一〇年一二月）。

12.「教師の生活とその徹底せる俸給観念」昭和五年七月二三日、兵庫県立高等女学校内、齊藤一也筆記。
13.「天の道人の道」『学校教育』』昭和五年一〇月号、「財産観念に於ける個人主義の減退」尚志会、大正四年七月、「時局に対するオイケン教授の意見に就て」『丁酉倫理会倫理講演集』第一四八輯九二―九五頁、「道徳教育に就て」熊本県男女師範学校生徒の為の講演、昭和七年五月二〇日、樫村勝筆記、「国民道徳について」西晋一郎先生御講演、大正一五年七月号。
14.「臣子の教育」、昭和六年三月一一日、埼玉県師範学校附属小学校主催埼玉教育研究会御講演、長義正氏筆記、「小学校児童の教育に就いて」『藤樹研究』第三巻第六号。
15.「歴史の性質に就て」昭和七年六月二日、午前十時より二時間、原本教学局、倫理学専攻笹内敏晴筆記。
16.「歴史の性質に就て」昭和七年六月三日、佐賀高等学校、倫理学専攻笹内敏晴筆記。
17.「我が國體に就いて」講演速記、於鹿児島高農、昭和七年六月六日、教学局、久保田意二郎筆記。
18.「教育と歴史」昭和七年一一月二四日~二九日、文部省主催長野県委託、思想問題講習開講収録。
19.「建國の精神」昭和八年二月一〇日、特別講義、二時間、於廣島高等工業学校。
20.「國民精神文化研究」『國民精神文化研究所報』第一号、昭和八年六月三〇日、向井斐子筆記、『教学と思想統一』所収。
21.「歴史と教育」昭和八年七月、青年教育普及会。
22.「國體と我國文化の現状」講演、昭和八年七月一七日、於東京商大如水會。
23.「國民道徳」西先生御講演、昭和八年七月三〇日―八月一日、於新居部會講習會。
24.「我が國柄の精髄―純一無雑な君臣の合一」昭和一〇年一月四日、大阪毎日新聞掲載のもの「東洋思想の反省」(『天の道人の道』)。
25.「倫理の成立」(要領筆記)昭和一〇年三月二二―二三日、六時間、倫理学専攻笹内敏晴筆記。
26.「アリストテレス倫理學序論」西先生御講述、昭和一〇年四月二七日~、田中惣衛門筆記。
27.「アリストテレス倫理學第一巻」西先生御講述、同左、田中惣衛門筆記。
28.「アリストテレス倫理學第二巻」西先生御講述、同左、田中惣衛門筆記。
29.「アリストテレス倫理學第三巻」西先生御講述、同左、田中惣衛門筆記。
30.「アリストテレス倫理學第四巻」西先生御講述、同左、田中惣衛門筆記。
31.「アリストテレス倫理學第八巻」西先生御講述、同左、田中惣衛門筆記。
32.「アリストテレス倫理學第九巻」西先生御講述、同左、田中惣衛門筆記。
33.「アリストテレス倫理學第十巻」西先生御講述、同左、田中惣衛門筆記。
34.「アリストテレス倫理學其の批評」西先生御講述、同左、田中惣衛門筆記。

35.「アリストテレス倫理學其のまとめ　アリストテレスの倫理之近代思想」西先生御講述、同左、田中惣衛門筆記。
36.「國民の教育」愛知県女史師範学校附属小学校御講演、昭和一〇年五月二五日。
37.「我國體の宗教性」大阪府第二回國民精神文化講習会、箕面瀧安寺、昭和一〇年一〇月、大阪府思想問題研究会、昭和一〇年二月。
38.「本教といふことに就て」『藤樹研究』（『天の道人の道』）昭和一一年四月。
39.「學問の態度」『國民精神文化研究所報』第一巻『国民精神文化』所載、昭和一三年三月、国民精神文化研究所「教育と思想統一」中。
40.「東西道徳の異国」『渾沌』昭和一四年一月、昭和一三年夏筆。
41.「人間即ち臣子」西全集一三巻⑧印、講學会編『教學論叢』昭和一三年一〇月。
42.「教育の根本」『渾沌』昭和一四年一月三日・五日、村上義幸筆記。
43.「教學の根本」昭和一六年六月、愛媛県、西先生愛媛会落会式、村上義幸筆記。
44.「稿を終へて」福山高等女學校、田中惣衛門、昭和一七年四月一日記、全集二〇巻中第一巻の「アリストテレス倫理学」を任されての記述。
45.「大槻教授市会議員立候補　應援演説」昭和一七年六月三日、西正寺、村上義幸筆記。
46.「おもひ出草講義」昭和一七年一一月―一二月、愛媛県国民学校訓導（長期講習会）のための自宅での講義（『武士道叢書』所載）。
47.「中江藤樹先生」西先生遺稿、昭和一八年四月、昭和二五年八月写（『続清風録』所収）。
48.「弔辞」昭和一八年一一月一五日、広島文理科大学学長塚原政次、同倫理学國體学科白井成允、藤樹頌徳会常任理事松本義款
49.「西博士著述論文目録」縄田二郎編、執筆者藤井種太郎他、昭和二九年三月。
50.「グリーン氏倫理學序論」『西晋一郎博士全集』第四巻の一に予定、年不明。
51.「二宮翁の經濟道徳論」（其の一―四）『西晋一郎博士全集』第一一巻、年不明。
52.「國民道徳論と國體論」『西晋一郎博士全集』一五巻の⑨の続きの①、年不明。
53.「コーエンの倫理説」斎藤一也筆記、年不明。
54.「東西道徳の異同」教学局、酒井馨筆記、年不明。
55.「西先生御講義　日本儒教　全」ノート、河原貞夫筆録、年不明。
56.「教育の根本問題」年不明。
57.「倫理學Ⅰ～Ⅲ（Ⅰはなし）」西先生講述、年不明。
58.「國體の尊嚴」松山市にての御講演題は皇位、洋書したのもあり、村上義幸筆記、年不明。
59.「國民思想統一の所在」『國民精神文化研究所所報』第五號、英文科三年平井寿ゑ子筆記、年不明。
60.「藤樹先生の學徳」西晋一郎先生御講述、一. 生涯及び著述に就いて、二. 教学、三. 孝、四. 無私、忠孝仁義（文

責者瀧山)、年不明。

61.「山本先生宛西先生書簡」二九通、写、年不明。

B段

1.「畿内沿革考」明治二三年一月六日朝、「太古共有ノ意義」昭和九年九月。

2.「普遍と特殊　不変と変化」『学校教育』大正三年一月号、「第一章実在の両相」『倫理哲学講話』所収。

3.「コーエンの倫理説」『哲学研究』大正六年一〇月、「教の由つて生ずる所」所載。倫理学専攻笹内敏晴筆記。

4.「道徳教育に就いて」西先生講義、大正一四年八月一九日、奈良県高田高等女学校における御講演。書記、倉西氏『我国の教』第一。

5.「道徳の性質」國民教育奨励会編纂、師範大學講座第一輯修身科、大正一五年三月下旬東京国体学教室学生光宝君筆記。

6.「我が國の國體と國民精神」西全集一五巻⑨の続きの③、昭和三年、二部。

7.「思想教本」文部大臣勝田主計氏序文、西晋一郎氏校訂、昭和三年一一月発行、大阪府学務督学係。

8.「道徳と國家普通教育」西晋一郎先生御講義、昭和四年六月一六・一七日、長岡女子師範學校附属小学校初等教育研究會。昭和一五年八月国体学研究室学生武藤君之を写す。

9.「我が國の教」西先生講演、昭和五年八月一・二日、第二回日光夏期大学、二部あり。筆記、倉西氏『我國の道』第二。

10.「報本反始について」藤樹先生の學徳、昭和六年六月、渾沌社、昭和四年八月六日、第二回藤樹書院夏期求道會。

11.「師範教育制度確立運動の趣意」『鹿児島教育』四五五号、昭和六年九月号、夏期大学号。

12.「道徳教育」『精神科学』昭和七年七月、『天の道人の道』所収。

13.「歴史に立脚する教育」西先生講演筆記、昭和七年七月二六・七・八日、愛知県幡豆郡教員協会主催夏期講習会。於西尾高等女学校。倉西氏『我国の教』第三。

14.「我が國體及び国民性に就いて」昭和八年三月三一日、思想問題小輯二、文部省教育局。

15.「道徳教育に就いて」昭和八年一二月二六日より三日間、宮崎県教育會講習会に於ける筆記、會文誌一〇・一一号。池田良三筆記、国体学教室学生縄田君之を写す。

16.「佛教に就いて」西博士講演、昭和九年。

17.「君主権の説と我が國体」昭和九年六月一一日、國民精神文化研究所。

18.「國民思想統一の所在」『公民教育』第四一号、昭和九年八月号所載。

19.「天地開闢即國家建立」『國民精神文化研究』第二年第三冊、昭和一〇年。

20.「國民の教育」『愛知教育』昭和一〇年九月号、昭和一〇年五月二五日、愛知県女子師範学校付属小学校。

21.「國民道徳に就て」西晋一郎氏講演、昭和一一年五月二二日、文責在記者岡山速記研究所、内海三津史。

22.「國家の創設と倫理の發生」昭和一一年八月二〇・二一・二二(三日間)、於鹿児島縣国民精神文化長期講習会。

23.「川辺郡教員精神作興記念大會に於ける西博士講演要項」川辺郡教員會、昭和一二年五月九日。

24.「日本教育の淵源」昭和一二年二学期、端山護筆記。
25.「崎門の神道と國體観」昭和一三年九・一一・一二月号。『渾沌』第一七巻、昭和一三年一〇月―一二月。
26.「教学の根本　其の一」西晋一郎先生御講演、村上義幸筆記、昭和一五年二月三日・五日・六日。『渾沌』昭和一四年。
27.「眞理と教學」昭和一五年六月二二日、兵庫県附属小学校。
28.「ロッチェの倫理説」『哲學雑誌』第一五巻第一五七号所載、年不明。
29.「実在と道徳」『倫理哲学講話』所収、年不明。
30.「西洋倫理學史　キリスト教の部」年不明。
31.「西洋倫理學史　ギリシャの部」年不明。
32.「西洋倫理學史　近世の部」年不明。
33.「西博士の著書に就て」『尚志教育叢書』第四編、『尚志』第一六一號、年不明。
34.「教學の根本に就て」尚志会、年不明。
35.「報本反始について」『渾沌』年不明。
36.「日本儒學」斉藤岳夫筆記、年不明。
37.「水戸學（下學邇言概括）」年不明。
38.「一　皇族ノ身分」「二　國体」「三　國史」年不明。
39.論文題目不明。神国としての日本の国体を論じた原稿。冒頭部分「プラトーは国家を最上の統一としたが…」五三枚。

C段

1.「直覺説と倫理主義」『哲學雑誌』明治三五年五月、第一七巻第一八三号。
2.「獨逸人の自由と英米人の自由」學校教育第四三號、大正六年五月。
3.「教育の根本と其意義」『教育界』大正一一年一月号。
4.「小学校の修身教授について」西晋一郎先生講述、昭和三年六月一七日、岡崎師範主催小学校教育研究會、於亀崎第一尋常高等小學校、杉浦幸平氏筆記、英語科三年渡部教子写す。
5.「国民道徳に就て」西先生広島高等師範徳育専攻科講義筆記、昭和三年七月四日より六日迄、『我國の道と教　其二』所収。
6.「倫理學の大意」『愛知教育』昭和三年九月、神谷氏の配慮により所載。『小学校に於ける修身教育』八月号、『国民道徳について』大正一五年七月号。
7.「道徳と國家普通教育」廣島文理科大學教授文學博士西晋一郎述、長岡女子師範學校附属小学校初等教育研究會、冊子、北越新報社、昭和四年七月二〇日。
8.「義公の徳業　3ノ1」研究所、昭和八年四月より九月迄。
9.「日本に於ける儒教精神」昭和八年一一月から昭和九年三月。
10.「母の日」『學校教育』第二六一号、昭和九年一二月号『天の道人の道』所収。
11.「訂補　國民の教育」公民教育研究会、昭和一〇年五月、『公民教育』昭和一〇年八月号所載。
12.「純論理派の主張に就て」と題した紙封筒の中に、論説「実践躬行」『學校教育』第二六六号、昭和一〇年三月一日、吉村筆記、「宗教諸團體の報國活動（一―六頁）」『丁酉倫理会倫理講演集』第四九一輯の表紙、「訂補　國民の教育」『公民教育』第五巻九号、昭和一〇年九月一日、。
13.「日本國家統一の心」昭和一〇年五月二七・二八・二九・三〇日、國民精神文化研究所にて、第六期研究會誌一四号（昭和一〇年七月)、一五号(一二月)所載。國体學教室学生馬渕君之を写す。

14.「國家の成立に就て」西晋一郎述、昭和一〇年一一月一九日、京都、梅原筆記。

15.「日本儒學」昭和一〇年一一月二〇日より二二日迄、國民精神文化研究所、昭和一一年三月一〇日より一三日迄(続)。

16.「熊澤蕃山」『國民精神文化』第二巻第一号、昭和一一年六月、『世界思潮』岩波、昭和四年二月、『東洋道徳研究』収録。

17.「日本精神と現代思想」『渾沌』昭和一二年四月・五月・六月號。

18.「国家種々の形態」富山県女子師範学校創立二〇周年記念講演概要筆記、昭和一二年五月三〇日、倫理学専攻笹内敏晴筆記。

19.「東西道徳の異同」昭和一三年六月一一日、名古屋市主催国民道徳に関する講演會、於中ノ町小学校、神谷信行筆記。『愛知教育』昭和一四年五月号所収。

20.「東西道徳の異同」西晋一郎先生講演、昭和一三年六月一一日、『愛知教育』第六一七号抜刷、昭和一四年五月号。

21.「日本精神」西晋一郎述、昭和一三年一月一四―一八日、教學局、國体学専攻一年久保幸松筆記。

22.「學問の綜合」『日本諸学振興委員會研究報告　第二篇　哲学』昭和一三年九月、教育局編纂『國家教學教育』収録。

23.「東西道徳の異同」廣島文理科大学教授西晋一郎博士講演、昭和一三年一一月一八日、女子師範学校。

24.「日本精神」昭和一四年九月三〇日、教學局。

25.「五、君臣ノ道」昭和一四年一一月、補足トシテ講ズ。

26.「天皇親政と臣民の道」西先生御講述、昭和一五年一一月二日より五日迄五回、於國民精神文化研究所。

27.「君臣の義と祭祀」西先生御講話、西田善男筆記。建国大学学生のため昭和一六年三月二六日・二七両日、於伊勢神宮皇學館大學惟神道場。

28.「皇位」『皇國大綱』所載、昭一六年五月。

29.「開館記念式に於ける西先生御講演」昭和一七年四月二九日午前一〇時より、速記者横山和夫。国体に関する研究所『言行録』収録。

30.「國體の本義と國民精神の昂揚」昭和一七年一一月一日、於宮崎市。

31.「教学院清風晋徳居士御葬儀弔辞」昭和一八年一一月一五日、廣島文理科大学学長塚原政次、同倫理學國体学科教室代表白井成允、門下藤樹頌徳會常任理事松本氏等の弔辞掲載。

32.「西先生ご逝去に当たる芳名名簿」山本空外他、電報(和綴じ冊子、緑色)、昭和一八年一一月一五日。

33. 縄田二郎(廣島文理科大学研究科)「日本神代史小考」昭和一九年九月。

34.「清風録関係」封書に縄田二郎氏関係文書「西先生顕彰会について」「縄田二郎関係業績・ノート・コピー」「西晋一郎先生廿周忌記念事業会、縮景園工事施工完了届　昭和三八年一二月」。

35. 縄田二郎「神道精神について」(講演要項)昭和五六年八月二六日於公会堂。

36. 縄田二郎「西晋一郎の生涯(一)」昭和六〇年九月二八日、『西晋一郎の生涯と思想』五曜書房、二〇〇三年の元原稿。

37. 縄田二郎「人生の意味」「国体論」（縄田二郎様宛封筒入り）昭和六〇年一二月執筆、市社会福祉協議会『老人大学文集』投稿。Jiro Nawata, What Is Shintoism?
38. 縄田二郎「西晋一郎の生涯（二）」昭和六二年九月二九日、『西晋一郎の生涯と思想』五曜書房、二〇〇三年の元原稿。
39. 「國民教育の反省」沖縄県思想問題講習会、昭和、年不明、七月二一日、二二日、谷口筆記。
40. 「歴史の力（一・二・三・四・七）」『渾沌』馬渕正巳筆記、年不明。
41. 「國家組織の様式と道徳の形態」『渾沌』年不明。
42. 「倫理學講義」西博士講述、國体一年水島潔写す、年不明。
43. 「意識論」『実践哲學概論』講義、年不明。
44. 「意識の構造」紫崎氏筆記、年不明。
45. 「四、神道思想の発展　五、明治以後の神道思想」年不明。
46. 「臣子としての教育」文學博士西晋一郎先生述、年不明、三月一一日埼玉県師範学校附属小学校主催埼玉教育研究会「小学校児童の教育に就て」長義正筆記。
47. 「水戸学」『中興鑑言』（三宅観瀾）、『保建大記』（栗山潜鋒著）、水戸学と維新、年不明。
48. 「勤労の尊尚」三枚原稿、精興社、年不明。
49. 「西博士全集　送假名法」西全集編集の方針、送り仮名の標記の規準など。四部あり。年不明。
50. 西順蔵「父と西晋一郎」年不明。
51. 倉田潔「隻手の聲を聞くもの」、北條時敬と西との関係、学長後継問題の記述あり。年不明。
52. 小林健三「日本神道史の研究」、年不明。
53. 「日本精神と現代思想」年不明。

## 2. 著作・講義・講演の分類

※倉西潔氏「東京府女子師範学校教諭」の「西博士の著書に就て」『尚志』第一六一号、尚志教育叢書第四編、昭和九年五—一五頁を参照した。

### (1) 道徳及び教育に関する主著

① **『グリーン氏倫理學序論解説』**(明治三三年、育成會)
**『グリーン氏倫理學全譯』**(明治三五年、金港堂)

明治三二年に西は東京帝国大学哲学科を卒業後、大学院に進学し、在籍時の明治三三年に育成會の企画で、アリストテレス、カント、フィヒテ等の西洋古今の代表的倫理学者の著作の解説書を執筆した(桑木厳翼、深作安文、綱島栄一、蟹江義丸等と分担)。その際、西が担当したのがトーマス・ヒル・グリーン(Thomas Hill Green:1836-1882)の倫理学であった。これが西の最初の著作となる。当時について、西は、「自分も随分グリーンに興味を持って読んだ」と述懐している。

② **『倫理哲学講話』**(大正四年四月、目黒書店)

西の論文の最初のものは、『丁酉倫理会倫理講演集』所載の「報恩の理論、汎神教と一神教」(第一三〇号、大正二年六月発行)で、次が同誌の「実在と道徳」(第一四二号、大正三年六月)である。前者は、『倫理哲学講話』の第三章「実在と道徳」に収められており、後者は『倫理哲学講話』のエッセンスといえる内容である。

③ **『普遍への復帰と報謝の生活』**(大正九年八月、日本社)

西が大正六年・七年・八年ごろに『思潮』『哲學研究』『丁酉倫理会倫理講演集』『學校教育』に執筆した論文に、新たに書き起こした論文を加えてまとめたものが本書となる。

④ **『倫理学の根本問題』**(大正一二年一二月、岩波書店)

本書の第四「自然の理性化」は大正九年九月の『哲学研究』上に発表され、第一「意識と道徳原理」中の「一道徳の特質」は大正一〇年五月一日に京都大学でなされた講演「倫理に就て」に基づき、その他はすべて大正一二年中に『哲学研究』『講座』『思想』に発表されたものである。本書では、実在と意識の関係が、西洋の思想家、プラトン、アリストテレス、プロティノス、スピノザ、カント、フィヒテ、ヘーゲル、コーヘン、ヘルバルト、シュライエルマッハー等を通じて多面的に語られるが、「実在は即ち意識なり」という自身の体験知ともいえる思想的確信を、我が国の「明治維新前までに達せられた大なる思想に内面的に接続すること」（序）が伏線として期されている作品である。

⑤ **『教育と道徳』**（大正一二年一二月、大村書店）

本書は大正八・九・一〇年に、『教育界』『丁酉倫理会倫理講演集』等の雑誌に掲載されたもので構成される。全編の主意は、教育は知徳体の総合を旨とし、それが真に生命をもち実となるためには道徳教育（徳育）がその基盤とならねばならないというものである。西の教え子たちは、いわゆる教育学書よりも本書から確乎たる教育上の信念を学ぶことになる。

⑥ **『教の由って生ずる所』**（昭和五年一〇月、目黒書店）

本著作は大正一三・四年および昭和二・三年のころ、『学校教育』に掲載された論文を編集したものである。本書では、教育は知識欲や好奇心さえあれば成り立つものではなく、そうした知的関心の基盤に徳が形成されねばならないことが主張される。具体的に、それは、我が国が重んじてきた父や師に対する敬愛信頼という道徳的構えであり、そうした道徳性に配慮した国民教育を通して真の人間教育が成立すると語られる。

⑦ **『実践哲學概論』**（昭和五年八月、岩波書店）

本書は前著『倫理学の根本問題』で伝えん睹する内容を、昭和四年の廣島高等師範学校徳育専攻科での講義用に実践哲學の内容として改編したものである。本書の内容による講義によって、学生たちは西の説く「実在即意識」の世界に導かれたという。

⑧ **『忠孝論』**（昭和六年一〇月、岩波書店）

先の『倫理学の根本問題』は大正一二年に刊行されたものだが、本書『忠孝論』の第二章「悪の説」の考究も大正一三年から一四年にかけて行われ、その内容は、「カントの悪の説に就て」『學校教育』、「悪に就て」『哲學研究』、「現実界の構造と悪」『丁酉倫理会倫理講演集』において発表された論文を基調とする。この著作の柱となる「忠孝論」は大正一五年七月の『精神科学』(創刊号)に掲載され、つづく昭和二年から六年にかけ、「記憶と時間」「物質性」「自然法と道徳法」「自然的必然性」「自由意志の説」が書かれ、本著作『忠孝論』が完結したのである。本書は西の代表作として広く認められ、「本書を得て我が國民道徳も盤石の理論的基盤を得た」(倉西潔)と評される。

⑨ **『國民道徳講話』**(昭和七年六月、藤井書店)

西は、児童少年の師たる職にある人々が国民道徳の史実に通じ、国民道徳の理を知った上で十分の自信をもつことの必要を痛感し、前著『忠孝論』における透徹した思想に依拠し、その内容を平明に書き起こしたものが本書である。

⑩ **『東洋倫理』**(昭和九年四月、岩波書店)

これまで西は西洋思想をベースに道徳・実践哲学や国家倫理を述べてきたが、本書ではそうした知見をふまえた上で、西洋と区別される東洋倫理の特徴が著される。大正十二年に公刊された本格的な倫理学著作『倫理学の根本問題』の序文で述べられた、「明治維新前までに達せられた大なる思想に内面的に接続する」という日本的東洋的課題が西洋研究のフィルターを介して儒教や老荘思想や宋学等を通して概念化されたものといえる。

## (2) 共著

① **『結婚論』西晋一郎・須郷侊太郎共譯**(大正一三年九月、内外出版株式會社)

コロンビア大学教授フェリックス・アドラー(Adler, Felix：1851-1933)の『結婚論』(Marriage and divorce,1905)の邦訳である。序文に、「結婚といふ人生の重要事に就て正しきを得てをる」ため我が国に紹介すると、西は序文にて記している。原著者のアドラーとは、世界的な近代倫理運動の旗手であり、一八七六(明治九)年にニューヨーク倫理教化協会(The New York Society for Ethical Culture)を設立した人物である。彼は後(一八九六年)に万国倫理鏡会連合(本部チューリッヒ)の会長を務めている。

② **『中小學校修身教授の理論及實際』西晋一郎・厺田與惣之助共譯**(大正一五年一二月、大村書店)

本書は同じくアドラーの『中小学校修身教授』(The Moral Instruction of Children,1892)の訳である。その中には道徳の本質論、幼児における道徳の発達の考察、実際の授業での例話があり、また、父母に対する幼児の従順を道徳教育の基本に置く点など参考になるべき者が多い、と序文に示されている。

③**『標註代表國民道徳書彙編』上巻、西晋一郎・磯野清編著**（昭和三年四月、明治圖書株式會社）

本書は、徳川時代における国民道徳諸説として、水戸学に属する會澤正志齋の新論と藤田東湖の弘道館述義とを収めたものである。とりわけ、西は前者の論を推重し、その中の国体論はこの種の論説の中でも最も正鵠を得たものと述べている。

## （3）小冊子その他

岩波講座等において公刊された小冊子および『精神科学』『学校教育』等で著した論文には次のようなものがある。

①**中江藤樹に関するもの**

（イ）「中江藤樹」（昭和三年七月、『岩波講座世界思潮』第四冊）

（ロ）「藤樹の學徳」（昭和六年、渾沌社）

（ハ）「藤樹研究」（昭和八年一〇月より毎月一回発行、渾沌社）この研究は、毎月、西によって行われる藤樹先生「孝経啓蒙」の略解を主とする。

②**「熊沢蕃山」**（昭和四年二月、岩波講座『世界思潮』第一〇冊）

③**「我國の教」**（昭和五年七月、海軍省教育局『思潮研究資料』第四一號）

④**「倫理學と教育」**（岩波講座『教育科学』第一〇冊）

⑤**「我國の道徳と他の國の道徳」**（建文館、『師範大學講座』第一八巻所載）

⑥**「我が國體及び國民性に就て」**（昭和八年三月、文部省、『思想問題小輯』二）

⑦**「天の道人の道」**（昭和四〇年一〇月、『學校教育』）

⑧**「教育制度改革」**（昭和六年、『學校教育』臨時號）

⑨**「幼少時の教育」**（昭和七年一〇月、『學校教育』）

⑩ **「道徳教育」**（昭和七年一〇月、『精神科学』）
⑪ **「生まれつきと教」**（昭和七年一一月、『學校教育』）
⑫ **「新日本の教育」**（昭和八年六月、『學校教育』）
⑬ **「教學」**（昭和九年一月、『尚志』第百五十四號）
⑭ **「慈愛とエロス」**（昭和九年一月、『精神科学』）
⑮ **「國民の常食」**（昭和九年三月、『學校教育』）

## （4）講義筆記

西が三十余年つづけた学校の講義こそはまさしく「学生の思想徳操の淵源」とされ、倉西潔筆記の写本が学生の間で頒布された。

① **「シュライエルマッヘル倫理學」**（昭和三年四月より四年三月に渡り徳育専攻科で講じられたもの）
② **「國民道徳に就いて」**（昭和三年七月徳育専攻科において講じられたもの）
③ **「哲學概論」**（昭和四年四月より五年三月に渡り徳育専攻科において講じられたもの）
④ **「チマイオスとパルメニデース」**（チマイオスは大正一五年夏信州木崎湖畔における講演、パルメニデースは昭和五年二月徳育専攻科において講じられたもの）
⑤ **「我國の教」**（倉西潔編集の西先生講演集）
⑥ **「我國の道」**（倉西潔編集の西先生講演集）
⑦ **「我國の道と教」**（倉西潔編集の西先生講演集）

倉西によれば、西は広島大学においては、西洋思想に関して、フィヒテ・ヘーゲル・シュライエルマッハー・ヘルバルトの思想、オーガスティンの三位一体論、プラトンの対話篇、アリストテレスの倫理学を講じ、東洋思想については、近思録、老子、荘子を講じたとされる。

## （5）講演

西は時間の許す限り各地で講演を行っている。倉西氏によれば次の講演がある。

①**「道徳の本質」**（大正一一年三月、廣島教育奨励會主催講演會、民有社発行の『教育及道徳』に掲載）
②**「道徳教育に就て」**（大正一四年八月、奈良縣高田高女、倉西潔編纂の「我國の教」に掲載）
③**「チマイオス」**（大正一五年八月、長野縣木崎湖畔夏期大學、プラトーの宇宙論の講義、倉西潔編纂の「チマイオスとパルメニデース」に掲載）
④**「東洋倫理」**（大正一五年か、長野縣下伊那郡教育會）
⑤**「國民道徳」**（昭和三年二月、廣島高等師範における文部省主催國體講演、寶文館発行の『國體講演集』第二編に掲載）
⑥**「道徳と國家」**（昭和三年七月、廣島高等師範における文部省講習、倉西潔編纂の「我國の道」に掲載）
⑦**「道徳と國家普通教育」**（昭和四年六月、新潟縣長岡女子師範）
⑧**「倫理學要旨」**（昭和四年七月、愛知縣知多郡教育會）
⑨**「近思録道體篇」**（昭和四年六月、長野縣下伊那郡教育會）
⑩**「我國の教」**（昭和五年八月、日光夏期大學、倉西潔編纂の「我國の教」に掲載）
⑪**「歴史に立脚する教育」**（昭和七年七月、愛知縣幡豆郡教育會、倉西潔編纂の「我國の教」に掲載）
⑫**「國民教育に就て」**（昭和七年一二月、京都、倉西潔編纂の「我國の道」に掲載）
⑬**「歴史と教育」**（昭和八年か、兵庫縣、青年教育普及會発行）
⑭**「國民道徳」**（昭和八年七月、愛媛縣新居郡）
⑮**「道徳教育に就て」**（昭和八年一二月、宮﨑縣教育會）
⑯**「國民思想統一の所在」**（昭和九年五月、國民精神文化研究所開所式記念講演會）
⑰**「君、父、師」**（昭和九年六月、東京市第一商業學校）

倉西によれば、西は、国民精神文化研究所においても常に稿を新たにし、入所生が敬慕するところであったとされる。また、古今東西の思想に精通した西の崇高な生き方の原動力となるものは何かを伺った際、西は、言下に、「北条時敬先生だ」と答えたという。西の内に、北条の精神が生きていたことが理解される。

# 3．関連文献（追想録、研究書、研究論文、講義録復刻版）

※隈元忠敬『西晋一郎の哲学』（渓水社、平成七年、二五七—二五九頁）と
縄田二郎『西晋一郎の生涯と思想』（五曜書房、平成一五年、二八〇—二八一頁）を主として参照した。

## （1）追想録

『清風録』西晋一郎先生十周忌記念事業会編、昭和二九年。
『続清風録』西晋一郎先生廿周忌記念事業会編、昭和三九年。

## （2）研究書

倉西潔『西先生の哲学に於ける道徳論』西晋一郎刊、昭和一三年。
縄田二郎『西晋一郎の生涯と思想』理想社、昭和二八年（五曜書房、平成一五年）。
隈元忠敬『西晋一郎の哲学』渓水社、平成七年。

## （3）研究論文

①広島哲学会『哲学』第四集、西晋一郎先生十周忌記念論文集、昭和二八年。
山本幹夫「プローティーノスと西倫理学」
②広島哲学会『哲学』第一五集、西晋一郎先生廿周忌記念論文集、昭和三八年。
白井成允「西先生の倫理学」
村上義幸「西哲学における道徳論の一考察」

縄田二郎「西哲学についての一私見」
木村光徳「西晋一郎博士と藤樹学」

③村上義幸

「西晋一郎博士の研究（一）」『鳥取大学学芸学部研究報告』第一二巻、昭和三六年。

「道徳教育における倫理学的基礎の研究―西晋一郎博士の研究（二）」同第一三巻、昭和三七年。

「道徳教育における倫理学的基礎の研究―西晋一郎博士の研究（三）」同第一四巻、昭和三八年。

「道徳教育における倫理学的基礎の研究―西晋一郎博士の研究（四）」同第一五巻、昭和三九年。

「道徳教育における倫理学的基礎の研究―西晋一郎博士の研究（五）」同第一六巻、昭和四〇年。

「道徳教育における倫理学的基礎の研究―西晋一郎博士の研究（六）」同第一七巻、昭和四一年。

「道徳教育における倫理学的基礎の研究―西晋一郎博士の研究（七）」同第一八巻、昭和四二年。

「道徳教育における倫理学的基礎の研究―西晋一郎博士の研究（八）」同第一九巻、昭和四三年。

「道徳教育における倫理学的基礎の研究―西晋一郎博士の研究（九）」同第二〇巻、昭和四四年。

④縄田二郎

「日本原始神話について」『広島女子短大紀要』第三巻、昭和二八年。

「西博士著述論文目録」『清風録』別冊、昭和二九年。

「西晋一郎の忠孝論」『現代道徳講座七』河出書房、昭和三〇年。

「日本神話の伝承」『広島女子短大紀要』第七巻、昭和三一年。

「西先生の遺稿三篇について」『続清風録』、昭和三九年。

「西晋一郎先生の国家道徳論」『神道宗教』第四一号、昭和四〇年。

「日本神話の体系化」『広島女子大紀要』第二巻、昭和四二年。

「神代と人代」『神道学』第五四号、昭和四二年。

「民俗宗教としての神道」『神道学』第九九号、昭和五三年。
「西哲学の本質」『広島工業大学研究紀要』第一四巻、昭和五五年。
「哲人西晋一郎」『広島工業大学研究紀要』第一八巻、昭和五五年。
「西晋一郎」『近代日本の倫理思想』大明堂、昭和五六年。
「西晋一郎」『広島県大百科辞典』中国新聞社、昭和五七年。
「日本国体論」『東京地区むすび会事務局』、昭和六一年。
「尚志の精神」『尚志会創立八十周年年記』、昭和六二年。
「西晋一郎の生涯Ⅰ」同左、第二一巻、昭和六二年。
「西晋一郎の生涯Ⅱ」同左、第二二巻、昭和六三年。
「西晋一郎の生涯Ⅲ」同左、第二三巻、昭和六四年。
「西晋一郎の生涯Ⅳ」同左、第二四巻、平成二年。
『西晋一郎の生涯と思想』五曜書房、平成一五年。

⑤隈元忠敬

「哲学研究」『広島県大百科辞典』中国新聞社、昭和五七年。
「フィヒテと西倫理学」広島大学『シンポジオン』第二九号、昭和五八年。
「西倫理学における自覚の構造」『広島工業大学研究紀要』第二五巻、平成三年。
「西倫理学における自由論」同左、第二六巻、平成四年。
「西倫理学における「一」の生成」同左、第二七巻、平成五年。
「西倫理学におけるフィヒテの受容」同左、第二八巻、平成六年。
「西倫理学における徳の体系」『人間と倫理』西日本法規出版、平成六年。
「西倫理学と藤樹学」『広島工業大学研究紀要』第二九巻、平成七年。

『西晋一郎の哲学』渓水社、平成七年。
Praktische Existenzkategorien im Anschluß an Fichte, Zur Fichte-Rezeption in der Hiroshima-Schuke, in "Kategorien der Existenz, Festschrift für Wolfgang Janke", Würzburg 1994.
Die Vernunft und das Selbstbewusstsein, Fichte-Rezeption in Japan in "Das geistige Erbe Euporas", Napoli 1994.

⑥衛藤吉則

「西晋一郎の思想－特殊即普遍のパラダイム」日本教育哲学会編『教育哲学研究』第九九号、平成一九年。

「西晋一郎における特殊即普遍のパラダイム―「和解」概念構築の手がかりとして」『ぷらくしす PRAXIS』第一三号、平成二三年。

「西晋一郎における特殊即普遍のパラダイム（２）―「和解」概念構築の手がかりとして」『ぷらくしす PRAXIS』第一四号、平成二四年。

"Shinichiro Nishi's Thought: The Paradigm of the Particular as Universal", In: "*Hiroshima Interdisciplinary Studies in the Humanities*", Vol. 14, 2016.

## （４）西晋一郎講義録　復刻版

※『人倫の道　西晋一郎語録』（寺田一清編、致知出版、平成一六年、二二五頁）、『老子講義』（本間日出男筆記、小南卓一編、渓水社、平成一三年）等を参照した。

木南卓一篇
『老子講義』（本間日出男筆記）渓水社。
『易・近思録講義』（野口、野木村筆記）渓水社
『日本儒教の精神―朱子学・仁斎学・徂徠学―』（野口、野木村筆記）渓水社。
『哲学入門』（倉西潔筆記）

『國民道徳』（本間日出男筆記）
『プラトン倫理学』（本間日出男筆記）
『アリストテレス倫理学』（本間日出男筆記）
『アウグスティヌスの倫理学』（本間日出男筆記）
『二宮尊徳の思想』（本間日出男筆記）
『教学論・文教論』（本間日出男筆記）

## 4．縄田二郎氏寄贈図書類

※縄田氏ご遺族の吉田尚子氏、伊藤和子氏、伊藤道子氏から広島大学大学院文学研究科倫理学研究室への寄贈図書類

西晋一郎『哲學入門』　寄贈者　伊藤和子（東京）100/N-81
西晋一郎『中江藤樹の学徳』　寄贈者　伊藤和子（東京）121.55/N-81
西晋一郎『藤樹學講話』　寄贈者　伊藤道子（名古屋）121.55/N-81
西晋一郎『藤樹學講話』　寄贈者　伊藤和子（東京）122.55/N-81
西晋一郎講述、本間日出男筆記『易・近思録講義』（第一刷／昭和一五年発行）寄贈者　伊藤道子（名古屋）123.1/N-81
西晋一郎『老子講義』　寄贈者　伊藤道子（名古屋）124.22/N-81
西晋一郎『実践哲學概論』（第一刷）　寄贈者　伊藤道子氏（名古屋）150/N-81
西晋一郎『倫理哲學講話』（再訂五版／昭和一五年）　寄贈者　伊藤道子（名古屋）150.4/N-81
西晋一郎『東洋道徳研究』　寄贈者　伊藤道子（名古屋）150.22/N-81
西晋一郎『東洋倫理』　寄贈者　伊藤道子（名古屋）150.22/N-81
西晋一郎『教育勅語衍義』　寄贈者　伊藤道子（名古屋）155/N-81
西晋一郎『國民道徳講話』　寄贈者　伊藤和子（東京）155/N-81
西晋一郎『尊徳・梅岩』　寄贈者　伊藤道子（名古屋）157/N-81
西晋一郎『数学論・文教論』　寄贈者　伊藤和子（東京）370.4/N-81
中江藤樹原著／西晋一郎通解『大學解並古本大學全解』　寄贈者　伊藤和子（東京）123.81/N-31
本間日出男筆記、西晋一郎先生講義『プラトン倫理学』　寄贈者　伊藤和子（東京）131.3/N-81
本間日出夫筆記、西晋一郎先生講義『アウグスティヌスの倫理』　寄贈者　伊藤和子（東京）132.1/N-81

本間日出夫筆記、西晋一郎先生講義『國民道德』 寄贈者 伊藤和子（東京） 155/N-81
木南卓一編著『西晋一郎先生遺墨遺教集』 寄贈者 伊藤和子（東京） 121.6/Ki-41
西晋一郎先生廿周年忌記念事業会編『続清風録』 寄贈者 伊藤和子（東京） 121.6/N-81/続
西晋一郎『実践哲學概論』（第二刷） 寄贈者 伊藤道子氏（名古屋） 未登録
西晋一郎『倫理學の根本問題』 寄贈者 伊藤道子（名古屋） 未登録
西晋一郎『忠孝論』 寄贈者 伊藤道子（名古屋） 未登録
西晋一郎『倫理哲學講話』（訂正一一版／昭和四年） 寄贈者 伊藤道子（名古屋） 未登録
西晋一郎『天の道人の道』 寄贈者 伊藤道子（名古屋） 未登録
藤樹先生原著／西晋一郎通釋『大學解通釋』 寄贈者 伊藤道子（名古屋） 未登録
西晋一郎『教育と道德』 寄贈者 伊藤道子（名古屋） 未登録
西晋一郎『哲學入門』 寄贈者 伊藤道子（名古屋） 未登録
西晋一郎先生述『道德論要旨』冊子 寄贈者 伊藤和子（東京） 未登録
西晋一郎先生述、木南卓一筆記『藤樹先生に学ぶ』冊子 寄贈者 伊藤和子（東京） 未登録
西晋一郎先生十周年忌記念事業会編『清風録』 寄贈者 伊藤和子（東京） 未登録
縄田二郎『西晋一郎の生涯と思想』 寄贈者 伊藤和子（東京） 121.6/N-59
ベルクソン／小林太一郎訳『精神力』 寄贈者 伊藤道子（名古屋） 135.4/B-38
井上順理 講演録『微衷録』 寄贈者 伊藤和子（東京） 155/I-57
木南卓一著『楠葉だより』 寄贈者 伊藤和子（東京） 914.6Ki-41/[1]
木南卓一著『楠葉だより』第二篇 寄贈者 伊藤和子（東京） 914.6Ki-41/2
木南卓一著『楠葉だより』第三篇 寄贈者 伊藤和子（東京） 914.6Ki-41/3
報徳経済學研究会編『報徳経済学研究』 寄贈者 伊藤道子（名古屋） 331.21/H-96

大阪鉄道局大阪鉄道局昭和一〇年『夏期特別講演会講演集』伊藤道子（名古屋）546.04/O-73
『中江藤樹文集』　寄贈者　伊藤道子（名古屋）918/Ts-54
縄田二郎『哲学の話　人生論』第五版、冊子　寄贈者　伊藤道子（名古屋）未登録
縄田二郎『日本国体論』冊子　寄贈者　伊藤道子（名古屋）３冊、未登録
縄田二郎『日本国体論』冊子　寄贈者　伊藤和子（東京）未登録
縄田二郎他『憲法復元改正運動』冊子　寄贈者　伊藤道子（名古屋）未登録
木南卓一『慈雲尊者と大和』冊子　寄贈者　伊藤道子（名古屋）未登録
木南卓一『儒教のこころ』冊子　寄贈者　伊藤道子（名古屋）未登録
木南卓一『林良齋研究』冊子　寄贈者　伊藤道子（名古屋）未登録
木南卓一『明恵上人法語』冊子　寄贈者　伊藤道子（名古屋）未登録
松本義懿『藤樹先生ゆかりの女性』寄贈者　伊藤道子（名古屋）未登録
哲学入門の会『木曜会30周年記念特集号』冊子　寄贈者　伊藤和子（東京）　未登録
四為の会会誌『古教照心の栞』（一）第一号、冊子　寄贈者　伊藤和子（東京）未登録
東洋古典講座百五十回記念誌『古教照心の栞』第二集、冊子　寄贈者　伊藤和子（東京）　未登録
木南卓一『葉山義文尼遺芳』冊子　寄贈者　伊藤和子（東京）未登録
吉田敏雄『元文部大臣橋田邦彦先生を偲びて』冊子　寄贈者　伊藤道子（名古屋）未登録
縄田二郎『西晋一郎の生涯と思想』（原稿）寄贈者　伊藤和子（東京）未登録
縄田二郎『西晋一郎の生涯と思想』（コピー）寄贈者　伊藤和子（東京）未登録
縄田二郎『私の人生　他』（コピー）その他書類　寄贈者　伊藤和子（東京）未登録
参考資料　（コピー）その他書類　寄贈者　伊藤道子（名古屋）未登録
その他　西関係の短冊、掛け軸、額を吉田氏（神奈川）・伊藤両氏（東京・名古屋）から寄贈（登録不可、衛藤吉則所蔵）

# 5. 西晋一郎略年譜

| 西暦 | 和暦 | 齢 | 出来事 | 論文・著書 |
|---|---|---|---|---|
| 一八七三 | 明治六 | 0 | 三月二九日鳥取市丸山にて誕生 | |
| 一八九三 | 明治二六 | 20 | 鳥取県立鳥取第一中学校卒業 | |
| 一八九六 | 明治二九 | 23 | 山口県高等学校卒業<br>東京帝国大学文科大学哲学科入学 | |
| 一八九九 | 明治三二 | 26 | 同卒業・同大学院入学<br>欧米各国師範教育取調嘱託（文部省） | 「ライプニッツの哲学」（『哲学雑誌』一五二・一五三号） |
| 一九〇〇 | 明治三三 | 27 | 東京工業学校英語教授嘱託 | 「ロッチェの倫理学」（『哲学雑誌』第一五七号）<br>「ロッチェの哲学」（『哲学叢書』第一巻第二集）井上哲次郎編 |
| 一九〇一 | 明治三四 | 28 | | 「グリーン氏倫理学序論」（『倫理学書解説』分冊第一〇）明治三八年一〇月育成会発行合冊本増補改訂『倫理学書解説』所収（第四）合冊本は誤植が多い |
| 一九〇二 | 明治三五 | 29 | 広島高等師範学校教授 | 『グリーン氏倫理学』（翻訳）金港堂 |
| 一九一〇 | 明治四三 | 37 | 広島高等師範学校生徒監 | 「音楽」（『丁未音楽会講演集』第一輯）講演筆記、丁未音楽会編三木佐助氏発行 |

| | | | |
|---|---|---|---|
| 一九一二 | 明治四五 | 39 | 「我が国民道徳と人道的道徳」（第『丁酉倫理』第一一四輯）<br>「西洋倫理に見えたる義理の弁」（『大道叢誌』第二八五号） |
| 一九一三 | 大正二 | 40 | 「報恩の理論、汎神教と一神教」（『丁酉倫理』第一三〇輯）『倫理哲学講話』所収（但し原文のままではない） |
| 一九一四 | 大正三 | 41 | 「普遍と特殊、不変と変化」（『学校教育』第一号）『倫理哲学講話』所収（但し原文のままではない）<br>「我邦の家庭」（『丁酉倫理』第一三七輯）<br>「人道的倫理と国民的生活」（『学校教育』第三号）<br>「実在と道徳」（『丁酉倫理』第一四二輯）『倫理哲学講話』所収（但し原文のままではない）<br>「宗教と愛国心」（『学校教育』第九号）<br>「人格と法則」（『学校教育』第一一号）<br>「時局に対するオイケン教授の意見に就て」（『丁酉倫理』第一四八輯） |
| 一九一五 | 大正四 | 42 | 「英人の見たる宗教と愛国」（『丁酉倫理』第一四九輯）<br>**『倫理哲学講話』育英書院**<br>「財産観念に於ける個人主義の減退」（『学校教育』第一九号）<br>「純論理派の主張に就て」（『哲学雑誌』第三〇巻第三四五号）<br>「宗教と独立せる修身教育」（『学校教育』第二六号） |
| 一九一六 | 大正五 | 43 | 「立憲的国民の養成とは何ぞや」（『丁酉倫理』第一六一輯）<br>「教育と戦争」（『教育界』第一五巻第四号）<br>「報本反始とは何ぞや」（『丁酉倫理』第一六二輯）『普遍への復帰と報謝の生活』所収「報本反始」<br>「人格の権利に就て」（『哲学研究』第一巻第六号）『普遍への復帰と報謝の生活』所収「人格の権利の根據」 |

| 西暦 | 和暦 | 年齢 | 事項 | 著作 |
| --- | --- | --- | --- | --- |
| 一九一七 | 大正六 | 44 | | 「国民道徳と宗教」(『丁酉倫理』第一七三輯)『普遍への復帰と報謝の生活』所収「我が国民道徳と宗教」<br>「独逸人の自由と英米人の自由」(『学校教育』第四三号)<br>「コーエンの倫理説」(『哲学研究』第一九号)『教の由って生ずる所』所収<br>「道徳の原理」(『思潮』創刊号)『普遍への復帰と報謝の生活』所収「道徳の原理に関する諸説」<br>「所感」(『尚志同窓会誌』第二八号)<br>「陸象山の学に就て」(『学校教育』第五〇号)『普遍への復帰と報謝の生活』所収「道徳宗教関係論より見たる陸象山の学」、『東洋道徳研究』再収「陸象山」 |
| 一九一八 | 大正七 | 45 | 徳育専攻科主幹 | 「心情の無限」(『哲学研究』第二八号)『普遍への復帰と報謝の生活』所収「感謝の無限」『東洋道徳研究』再収「心情の無限」<br>「宋代に於ける国家的精神の教養と范文正」(『学校教育』第六三)『普遍への復帰』所収「国家的精神教養の歴史的一例宋の社稷と范文正」、『東洋道徳研究』再収「范文正」 |
| 一九一九 | 大正八 | 46 | | 「復性」(『思潮』終刊号)『普遍への復帰と報謝の生活』所収<br>「復性の説」「ラッセル氏の社会改造論」(『学校教育』第七六号) |
| 一九二〇 | 大正九 | 47 | 文学博士の学位を授与 | 「師範系統の大学建設の必要」(『学校教育』第七八号)<br>「師範教育の性質」(『学校教育』第八〇号)<br>**『普遍への復帰と報謝の生活』日本社**<br>「自然と道徳」(『鹿児島教育』第一〇号) 同年八月講演の大要記<br>「自然の理性化」(『哲学研究』第五四・五五号)『倫理学の根本問題』所収「感謝、羞悪、惻隠」<br>「道徳教育に就て」(『学校教育』第八九号)『教育と道徳』所収「道徳教育」 |

| 西暦 | 和暦 | 年齢 | 事項 | 著作 |
|---|---|---|---|---|
| 一九二一 | 大正一〇 | 48 | 中華民国へ出発 | 「国民教育即人間教育」(『丁酉倫理』第二二〇輯)『教育と道徳』所収「道徳教育」<br>「教育の根本と其意義」(『教育界』一月号)『教育と道徳』所収「教育の意義」<br>「道徳の特質に就て」(『哲学研究』第六三号)『倫理学の根本問題』所収<br>「道徳の特質」大正一〇年五月京都大学において「倫理に就て」の講演とほぼ同じ。<br>「道徳と国家」(大正一〇年夏期講習会講演録) 同年一〇月 講演筆記、青島教育会発行<br>「人道的教育」(『学校教育』第一〇一号)『教育と道徳』所収<br>「訓育に就いて」『教育と道徳』所収 |
| 一九二二 | 大正一一 | 49 | | 「序文」『儒教道徳及其原理』服部富三郎氏著<br>「教育の作用」(『学校教育』第一〇五号)『教育と道徳』所収<br>「道徳の本質」(『教育及道徳』 講演筆記、大正一一年六月国民教育奨励会編民友社発行<br>「音読及問答法について」(『学校教育』第一〇八号)『教育と道徳』所収<br>「現代と老子の柔の教」(『丁酉倫理』第二四一輯)『教育と道徳』所収<br>西洋倫理学述語解説『岩波哲学事典』(岩波書店)<br>「人道的教育と国家的教育」(『学校教育』第一一四号)『教育と道徳』所収 |
| 一九二三 | 大正一二 | 50 | | 「規範」(『哲学研究』第八二号)『倫理学の根本問題』所収<br>「意識と道徳的意識」(『講座』第一号)『倫理学の根本問題』所収<br>「自然と道徳との干係」(『思想』第一六号)「自然と道徳」『倫理学の根本問題』所収<br>「児童の教育について」(『学校教育』第一一七号)『教育と道徳』所収<br>「道徳教育」(『修身研究』第一巻第一号)『倫理学の根本問題』所収<br>「倫理と宗教」(『講座』第五号)『倫理学の根本問題』所収<br>「教育の理想」(『学校教育』第一二〇号)『教育と道徳』所収 |

「道徳独自の実現方法」（『哲学研究』第八七号）『倫理学の根本問題』所収

「道徳的自覚」（『思想』第二二号）『倫理学の根本問題』所収

「ケーベル先生の追懐」（『思想』第二三号）

「道徳教育即教育」（『学校教育』第一二三号）『教育と道徳』所収

「シルレルの美的教育論」（『講座』第九号）『教の由って生ずる所』所収

「歴史的と芸術的」（『哲学研究』第九一号）『倫理学の根本問題』所収

**『倫理学の根本問題』岩波書店**

**『教育と道徳』大村書店**

「結婚の真理」（『改造』号数不明）『倫理学の根本問題』所収

「国民教育の方向」（大阪毎日新聞？）『教育と道徳』所収

「訓育に就いて」『教育と道徳』所収

「智識としての道徳」『倫理学の根本問題』所収

一九二四　大正一三　51

「普通教育に於ける国漢学の地位」（『学校教育』第一二六号）『教の由って生ずる所』所収

「カントの宗教論に見ゆる悪の論に就て」（『学校教育』第一三二号）『忠孝論』所収「カントの悪の説について」

「美と教育」『現代に於ける芸術教育の理論及び実際』講演筆記、大正一四年三月広島高師教育博物館編、モナス発行

「訓練と自由」（『学校教育』第一三五号）『教の由って生ずる所』所収

『結婚論』（共訳）アドラー著、須郷侊太郎氏と共訳、内外出版株式会社発行、同年九月付序文

「序言」『東洋倫理学』服部富三郎氏著

「個性教育」『教の由って生ずる所』所収

一九二五　大正一四　52

『倫理学の大意』大正一三年一一月大阪府主催講習会の「倫理と道徳」の講演大要筆記、大阪府教育課編

| | | | | |
|---|---|---|---|---|
| | | | | 「文化の自立と政治的自立」（『学校教育』第一四〇号）『教の由って生ずる所』所収<br>「悪に就て」（『哲学研究』第一一二号）『忠孝論』所収<br>「現実界の構造と悪」（『丁酉倫理』第二七四輯）『忠孝論』所収<br>「道徳教育について」講演筆記、昭和七年一二月倉西潔氏発行『我国の教』（非売品）所収<br>「公民教育」（『学校教育』第一四九号）『教の由って生ずる所』所収 |
| 一九二六 | 大正一五 | 53 | | 「道徳の性質」（『師範大学講座』第一輯）講演筆記、同年七月国民教育奨励会編民友社発行<br>「芸術に就いて」『現代芸術の批判と鑑賞』大正一二年より一三年冬に至る間の芸術講座の筆記、小日向定次郎氏編、なお『鹿児島教育』第四〇三号再収<br>「国民道徳について」（『愛知教育』七月号）講演筆記<br>「忠孝論」（『精神科学』第一巻第一号）『忠孝論』所収<br>「チマイオス篇講義」（『会文誌』第六・七号）講演筆記、『チマイオスとパルメニデス』所収<br>**『中小学校修身教授の理論及実際』（共訳）アドラー著、松田与惣之助氏と共訳、大村書店発行** |
| 一九二七 | 昭和二 | 54 | 東北帝国大学講師嘱託 | 「序文」『切腹哲學』和田克徳氏著<br>「記憶と時間」（『精神科学』第二巻第二号）『忠孝論』所収<br>「教育と政治」（『学校教育』第一六七号）『教の由って生ずる所』所収<br>「国民道徳論」（『教育時報』第八輯）講演筆記、大阪府教育会編 |
| 一九二八 | 昭和三 | 55 | | 「歴史の教訓」（『学校教育』第一七六号）『教の由って生ずる所』所収<br>「国民道徳」（『国体講演録』第二編）講演速記、同年一〇月文部省普通学務局篇<br>「物質性」（『精神科学』第三巻第二号）『忠孝論』所収 |

| 一九二九 | 昭和四 | 56 | 広島文理科大学教授（広島高等師範教授兼任） | **『代表国民道徳書彙編　上巻』磯野清氏と共編、明治図書発行**<br>『哲学概論』講義筆記、昭和六年三月（一〇年四月改版）、倉西潔氏発行（非売品）、昭和二三年九月、国立書院改版発行『哲学入門』<br>『シュライエルマッヘル倫理学』講義筆記、昭和七年五月、倉西潔氏発行（非売品）<br>「国民道徳の体系」（『新教育』第一〇巻第一号―第一一巻第二号）講演筆記、昭和三年七月―四年二月、大分師範附属小教育研究会発行<br>『国民道徳大要』講演筆記、同年九月石川県発行（非売品）<br>「中江藤樹」（『岩波講座　思潮』第四冊）『東洋道徳研究』所収「中江藤樹の学」<br>「国民道徳に就て」（『会文誌』第二一五号）講義筆記、『我国の道と教』（非売品）所収<br>「道徳と国家」講義筆記、『我国の道と教』（非売品）所収<br>「時勢の弊」（『学校教育』第一八五号）『教の由って生ずる所』所収<br>『東洋倫理講義』講演筆記、長野県下伊那郡教育会発行（非売品）<br>『我が国の国体と国民精神』（教化の資料第三種）文部省発行<br>「財産の倫理」（大阪朝日新聞）『教の由って生ずる所』所収<br>「熊沢蕃山」（『岩波講座　世界思潮』第一〇冊）『国民精神文化研第二巻第一号にも所載、『東洋道徳研究』所収「熊沢蕃山の学」<br>『歴史の教訓』大阪府天師教育学会発行（非売品）、西先生の論説を集めたもの<br>『道徳論要旨』（『教育講話叢書』一）講演速記、岐阜県学務課発行非売品）<br>「自然法と道徳法」（『精神科学』第四巻第二号）『忠孝論』所収<br>「跋文」『英文学史』小日向定次郎氏著<br>「教の由って生ずる所」（『学校教育』第一九二号）『教の由って生ずる所』所収<br>「故北條先生のことども」（『学校教育』第一九二号）『教の由って生ずる所』所収 |
|---|---|---|---|---|

一九三〇

昭和五

57

『道徳と国家普通教育』講演筆記、同年七月、長岡女師附小初等教育研究会発行（非売品）
「序文」『近松世話物に現はれたる道徳思想』名倉雄堯氏著
『倫理学要旨』講演速記、昭和五年二月、愛知県知多郡教員団発行（非売品）
「序文」『心肉第一線の料理』伊東氏著
「報本反始について」『藤樹先生の學徳』講演速記、渾沌社発行。なお「渾沌」第九巻第八号にも掲載
「社会主義に就いて」（『石川教育』第二八二号）講演筆記
「北条時敬先生」（『尚志』第一〇九号）
「藤樹の学徳」（『渾沌』第八巻第一一号）藤樹頌徳会発行『藤樹先生年譜』『藤樹先生の學徳』及び『藤樹研究』第六巻第一号再掲
「教育の利弊」（『学校教育』第二〇〇号）『教の由って生ずる所』所収
「パルメニデス篇講義」講義筆記、『チマイオスとパルメニデース』所収
「我国の道徳の教の立て方」（神道講座第五冊）神道攻究会発行。『我国の道と教』再収
『近思録講義』講演筆記、長野県下伊那郡教育会発行（非売品）
「意志について」（『会文誌』創刊号）講演筆記、『尚志』第一一九号再掲
「序文」『教育勅語謹解』今井秀一著
「巻頭言」（『会文誌』）
「序文」『人生と修養』今井秀一著
「自然的必然性」（『精神科学』昭和五年第三巻）『忠孝論』所収
『我国の教』（思想研究資料第四一号）海軍省教育局発行（非売品）『国家・教学・教育』所収
**『実践哲学概論』岩波書店**
「我国の教」講演筆記、『我国の教』及び『我国の道と教』所収
「藤樹の「孝」説」（『国體論』附録）講演筆記、昭和一〇年二月愛媛県教育会発行（非売品）

| 西暦 | 和暦 | 年齢 | 事項 | 著作 |
| --- | --- | --- | --- | --- |
| | | | | 「天の道人の道」(『学校教育法』第二〇八号)『天の道人の道』所収<br>「徳の樹立」(『文教の朝鮮』第六二号)講演速記<br>『模範中学修身』(第三巻、修文館)<br>**『教の由って生ずる所』目黒書店**<br>「経済問題と道徳問題」(第五回従業員学術講習会講演集)講演速記、同年一二月製鉄所従業員会館発行(非売品) |
| 一九三一 | 昭和六 | 58 | 欧米各国へ出張(渡航は翌六年一月から七月まで) | 「自由意志の説」(『思想』第一〇四・一〇五・一〇六号)『忠孝論』所収<br>**『忠孝論』岩波書店**<br>「教育制度改革」(『学校教育』第二二〇号)<br>「師範教育制度確立運動の趣意」(『鹿児島教育』第四五五号)<br>「学校制度改革について」(『尚志』第一三四号)<br>「小学校児童の教育に就て」(『藤樹研究』第三巻第六号)講演筆記<br>「序」『哲学入門』伊藤証信氏著<br>『新制中学修身』(第四巻、修文館) |
| 一九三二 | 昭和七 | 59 | 海軍兵学校教授嘱託<br>国民精神文化研究所所員兼任 | 「先づ思想の據り処を与ふること」『思想統制』創刊号<br>「幼少時の教育」(『学校教育』第二二八号)『天の道人の道』所収<br>**『国民道徳講話』(精神科学叢書七)藤井書店**<br>「倫理学と教育」(『岩波講座教育科学』第一〇冊)『国家・教学・教育』所収「教育の歴史性」<br>「歴史に立脚する教育」講演筆記、『我国の道と教』所収<br>「道徳教育」(『精神科学』第三巻、昭和七年)『天の道人の道』所収<br>「アシシの聖フランシスの寺」(『会文誌』第五号)<br>『国家と教育』講演筆記、大阪府学務課発行(非売品)<br>「道徳と国家」(『渾沌』第一一巻第一一・一二号、第一二巻第一・三号)講演筆記<br>「藤樹先生の教」(『渾沌』第一一巻第八号)講演筆記 |

一九三三　昭和八　60

「精神は精神の泉より」（『渾沌』第一一巻第八号）講演筆記
「広島高師教授時代の塚原博士」『塚原博士教育功労記念会誌』
「生レッキと教」（『学校教育』第二三五号）『天の道人の道』所収
「道徳上注意すべき事項」（『学校教育』第二三九号）講演速記、『天の道人の道』所収
「教育と歴史」（『思想問題講習開講収録』）講演速記、長崎県発行（非売品）
「国民教育について」講演筆記『我国の道と教』所収
『我国の教』倉西潔氏編纂発行（非売品）
「朱子学・仁斎学・徂徠学」（『岩波講座哲学』第三巻）『東洋倫理』所収「朱子学・仁斎学・徂徠学について」
「中島力造先生に就て」（『岳南叢書』第二輯）講演筆記、同年三月京都府立福知山中学校発行（非売品）「岳南会報」第三一号再掲
『我が国体及び国民性について』（思想問題小輯二）文部省発行、改版日本文化協会発行
「新日本の教育」（『学校教育』第二四二号）『天の道人の道』所収
「国民精神文化研究」（『国民精神文化研究所所報』第一号）『教学と思想統一』所収「学問の態度」
『チマイオスとパルメニデース』倉西潔氏発行（非売品）
「ミケネの城址」（『会文誌』第八号）
『歴史と教育』講演筆記、青年教育普及会発行
『我国の道』講演筆記、倉西潔刊（非売品）
「国民道徳と藤樹先生の教説」（『近江教育』第四五四号）講演速記、『藤樹研究』第二巻第五―一一号及び『藤樹先生を語る』再掲
「国体及び日本精神に就て」（『昭和八年度社会教育協議会講演集』）講演筆記、社会教育会長野支部発行（非売品）
『西先生教育論集』池辺正雄発行（非売品）
「序文」『日本精神と教育』清水敬治氏著

一九三四　昭和九　61

「藤樹先生「孝経啓蒙」の畧会」（『藤樹研究』第一巻第一号―第三巻第四号）『孝経啓蒙畧会』所収
「日本の教育について」（『教育思潮研究』第八巻第三輯）講演概要筆記、昭和九年七月東京帝国大学教育学談話会編
「日本精神と現代思想」（『修身教育の実際的研究』）講演筆記『渾沌』第一七巻第四、五、六号にも所収
「道徳教育に就いて」（『会文誌』第一〇・一一号）講演筆記
「人能く道を弘む」（『弘道』号数不明）『天の道人の道』所収
「実に就ける教育」『天の道人の道』所収
「東洋哲学史（日本第二部）」『岩波講座哲学（概説）』岩波書店
「教学」（『尚志』第一五四号）尚志教育叢書第二編及び『鹿児島教育』第四九五号再掲、『教学と思想統一』所収「我が教学」
「慈愛とエロス」（『精神科学』第一巻、昭和九年）『国家・教学・教育』所収
「国民の常食」（『学校教育』第二五二号）
『我国の道と教』倉西潔氏発行（非売品）
**『東洋倫理』岩波書店**
「我が国体と藤樹先生の学問」（『藤樹研究』第二巻第四号）『藤樹学講話』所収
「日本精神と現代思想」（『思想問題講習録』）講演筆記、島根県学務課発行（非売品）
「序文」『明治天皇御製と皇国精神』杉浦幸平氏著
「性道教」（『聖学』第二号）白木豊氏編輯『天の道人の道』所収
「国民思想統一の所在」（『国民精神文化研究所所報』第五号）講演筆記、『国民精神文化講演集』第一冊及び『公民教育』第四一号再掲。『教学と思想統一』所収「国民思想の統一」
「序文」『日本武士道論』磯野清氏著
「国民道徳」（『愛媛教育』第五六七号）講演筆記

| 一九三五 | 昭和一〇 | 62 | 教学刷新評議会委員 | 「我が国の道徳」(『日本精神叢説』第二集)講演筆記、昭和一〇年五月、大倉精神文化研究所発行<br>『天地開闢即国家建立』(『国民精神文化研究』第七冊)『人間即家国の説』所収<br>『我が国の教育』(原題「道徳一般の真理と我が国民道徳」)(『思想新輯』)講演速記(訂補)、昭和一〇年一一月、青年教育普及会発行<br>「我が国家と宗教」(『尚志』第七九二号)講義筆記、『尚志教育叢書』第六編再掲、『我が国家組織と宗教』(非売品)所収<br>「母の日」(『学校教育』第二六一号)『天の道人の道』所収「実践躬行」<br>「序文」『大御国振り』山添恒次郎氏著<br>「我が国柄の精髄」(大阪毎日新聞一月四日号)『天の道人の道』所収「東洋思想の反省」(原文補訂)<br>『国体論』講演筆記、同年三月愛媛県教育会発行(非売品)<br>「感想」(『藤樹研究』第三巻第一号)昭和九年一二月執筆<br>「藤樹神社の破損について」(『藤樹研究』第三巻第二号)<br>『我が国体の宗教性』(『思想叢書』第一一篇)講演筆記、同年一〇月大阪府思想問題研究会発行(非売品)<br>「実践躬行」(『学校教育』第二六六号)『天の道人の道』所収<br>『教学と思想統一』国民精神文化研究所(『国民精神文化類輯』第五輯)<br>『易・近思録講義』講演筆記、昭和一五年一月、本間日出男氏発行(非売品)<br>『我が国家組織と宗教』昭和九年一一月より一〇年三月に及ぶ講義筆記、倉西潔氏発行(非売品)<br>「国民の教育」(『愛知教育』第五七三号)速記、別に小冊子の単行本がある(愛知女子師範附属小学校発行)<br>「国民の教育」(『公民教育』第五巻第九号)講演筆記(訂補)<br>「藤樹先生著「経解」」(『藤樹研究』第三巻第五号—第四巻第三号)『藤樹学講話』所収「学問の要領」 |
|---|---|---|---|---|

| 一九三六 | 昭和一一 | 63 | 日本諸学振興委員会常任委員嘱託 |
| --- | --- | --- | --- |

「藤樹先生の孝の賛辞略解」（『藤樹研究』第三巻第五号）
「長養」（『学校教育』第二六九号）『天の道人の道』所収
『国体と我国文化の現状』講演速記、一二月、長野県発行（非売品）
『日本国体』（『憲法教育資料』）講演速記、同年九月、文部省発行、改版日本文化協会発行
「神聖なる我日本国体」（『講演集』於昭和一〇年夏期特別講演会）講演筆記、昭和一一年三月大阪鉄道局発行
「如実と人為的事実」（『国民精神文化月報』第七号）『国家・教学・教育』所収
「我が国の道徳と他の国の道徳」（『師範大学講座修身倫理』第二巻）建文館発行
「我が国の教育」青年教育普及会発行
「日本儒学の特質」（『岩波講座東洋思潮』）『東洋道徳研究』所収
「童蒙訓について」（『藤樹研究』第三巻第一二号）
「我が国家と宗教」『尚志』（尚志教育叢書第六編　第一七一二号）
「神代伝説の尊重」（『学校教育』第二七六号）『天の道人の道』所収
「歴史の力」（『精神科学』第一巻、昭和一一年）『国家・教学・教育』所収
「所感」（『藤樹研究』第四巻第二号）『国家・教学・教育』（序文）所収
**『代表的国学者の日本精神観』明治図書　磯野清氏との共著**
「父母の遺体」（『藤樹研究』第四巻第三号）
「本教といふことに就て」（『藤樹研究』第四巻第四号）『天の道人の道』所収
「日本倫理の普遍性」（『偕行社記事』四月号）
『老子講義』講演筆記、昭和一三年九月第一版、昭和一四年四月改版、本間日出男氏発行（非売品）
「国民教育に就て」（『藤樹研究』第四巻第五・七号）講演筆記
「古事記は教の書なり」（『学校教育』第二八二号）『天の道人の道』所収

| 一九三七 | 昭和一二 | 64 | 文教審議会委員・教育審議会委員・教学局参与 | 「藤樹先生雑著「孝」略解」（『藤樹研究』第四巻第六号）『藤樹学講話』所収「孝の説」<br>「序文」『言語の国民陶冶力と教育』著者不明、『尚志』第一八一号再掲<br>「西洋思想史大意」（『渾沌』第一五巻六・七・一〇・一二号）講演筆記<br>『二宮尊徳の道徳経済思想』（『会文誌』特輯号）講義筆記、原題「本邦道徳経済思想—二宮尊徳ヲ主トシテ」昭和一一年一二月同誌編輯部刊行、後単行本（非売品）<br>「序文」『孝経習字帳』位田甚之助氏書<br>「日本精神といふことに就て」（『藤樹研究』第四巻第七号）<br>「序文」『日本三十至孝画伝』秋山大鳳氏著<br>「大学解通釈」（『藤樹研究』第四巻第八号以降）昭和一二年五月に至る。『大学解通釈』所収<br>「序文」『国民教育の反省と訓育』玉木俊雄氏著<br>「文化の性質に就いて」（日本文化講習会要旨）講演要旨、昭和一三年三月教学局編<br>「教育効果反省の目標」（『学校教育』第二八七号）『国家・教学・教育』所収<br>「吉田松陰について」（松陰読書会記念録）講演筆記、昭和一二年三月同会発行（非売品）<br>「序文」『国訳孝経』富山女子師範富山高等女学校発行<br>「旅の感想」（『藤樹研究』第四巻第一二号）<br>『我が国体と国民性』講演筆記、台湾総督府文教局発行（非売品）<br>「国民と国語」（『学校教育』第二九〇号）講演速記（補訂）、『国家・教学・教育』所収<br>「歴史の力」（『渾沌』第一六巻、一―八）講演筆記<br>「年末感想」（『藤樹研究』第五巻第一号）昭和一一年一二月執筆 |

「台湾に於ける教育に因みて」（『藤樹研究』第五巻第二号）昭和一二年一月執筆

「尚徳」『鳥城』第五八号、鳥取県鳥取第一中学校校友会発行（非売品）

「国家構成の様式」（『弘道』第五三七号）『国家・教学・教育』所収、他にもほぼ道内王の講演筆記がある。

「礼記に見えたる礼の意義」（『国民精神文化研究』第二四冊）小糸夏次郎氏との共著『礼の意義と構造』乾、昭和一六年九月畝傍書房再版発行

「性と教」（『精神科学』第二巻、昭和一二年）『国家・教学・教育』所収

「飲食を慎む」（『藤樹研究』第五巻第四号）

「気節を尚ぶ」（『学校教育』第二九四号）

「垂加神道」原稿、『東洋道徳研究』所収

**『天の道人の道』目黒書店**

「中庸解通釈」（『藤樹研究』第五巻第六―一一）『中庸解通釈』所収

「道徳教育について」（『現代教育学大系　各科編』第五巻）大槻正一氏と共著『道徳教育論』第六章

『教学と学芸』（国民精神文化類輯第二一輯）国民精神文化研究所

『教育勅語謹解』講演速記、同年一二月、大日本忠孝顕彰会発行（非売品）

「（藤樹先生の）教学の説」講演速記、『藤樹学講話』所収

「日本儒教と教育」『岩波講座国語教育』西川平吉氏代筆

「孝子畫伝」に就て」（『藤樹研究』第五巻第九号）

「新論」について」（『茨城教育』昭和一三年二・三・四月号）講演筆記

「宗教・道徳・気節」（『渾沌』第一七巻第一号）講演筆記

「道理と教」（『学校教育』第三〇〇号）

「教学に就いて」（清水・西・平泉三博士講演集）講演筆記、昭和一三年五月、千葉教育会発行（非売品）

「中庸続解通釈」（『藤樹研究』第五巻第一二号以下）昭和一六年一二月に至る。『中庸解通釈』所収

「高知への旅」（『藤樹研究』第五巻第一二号）同年同月執筆

| 西暦 | 和暦 | 年齢 | 事項 | 著作 |
| --- | --- | --- | --- | --- |
| 一九三八 | 昭和一三 | 65 | 満州国へ出張 | 『道徳教育論』（『現代教育学大系　各科編』第五巻（共著）<br>『新日本修身』（第五巻、東京修文館）<br><br>「日本教育の淵源」（『渾沌』第一七巻第一号）講演筆記<br>「国家精神総動員は歴史的継続」（『学校教育』第三〇二号）<br>「藤樹先生と陽明学」（『藤樹研究』第六巻第二号）<br>「序文」『西先生の哲学に於ける道徳論』倉西潔氏著、同月発行<br>「藤樹先生について感想」（『藤樹研究』第六巻第四号）<br>**『太極図説・通書・西銘・正蒙』岩波文庫、小糸夏次郎と共編、岩波書店**<br>「二宮尊徳翁の思想」（『報徳経済学研究』第一輯）講演速記、昭和一九年一月同会発行<br>「科学の性質」（『国民精神文化講演集』第六冊）講演速記、同年九月同研究所発行<br>『東西道徳の異同』講演筆記、同年一二月長野縣上伊那郡第四部教員会発行（非売品）<br>「序文」『二宮翁道徳哲学之新研究』石原惣六氏著、同年一〇月発行<br>「人心を正しくすること」（『藤樹研究』第六巻第五号）『渾沌』第一七巻第六号再掲<br>「勇に就て」（『藤樹研究』第六巻第六号）<br>「東西道徳の異同」（『愛知教育』第六一七号）講演筆記、昭和一四年五月発行<br>『東西道徳の異同について』講演筆記、昭和一四年二月、福島高商市谷信義氏発行（非売品）<br>「東西道徳の異同」（『渾沌』第一七巻第一―六号）講演筆記<br>「国家組織の様式と道徳の形態」（『渾沌』第一七巻第八号）講演筆記<br>「崎門の神道と国体観」（『渾沌』第一七巻第九・一一・一二号）講演筆記。『東洋道徳研究』所収<br>「夏の旅」（『藤樹研究』第六巻第九号）教学・教育』所収 |

| 一九三九 | 昭和一四 | 66 | 内務省神社局参与 |
|---|---|---|---|

「学問の綜合」（『日本諸学振興委員会研究報告』第二篇哲学）『国家・教学・教育』所収

**『尊徳、梅岩』（大教育家文庫5）岩波書店**

「教育界は教学刷新といふことにいかほどの理解と関心とをもって居るであらうか」（『精神科学』昭和一三年第四巻）『尚志』第二〇六号、尚志教育叢書第一三編再掲、『国家・教学・教育』所収「教学刷新の急務」

「文化の性質」（『社会衛生』第三巻第五号）講演概要筆記

「東西教育の異同」（『阿波教育』昭和一三年一一月号）講演筆記

『我国体と教学の特色』講演筆記、儒道研究会発行、但し先生に無許可で発行

「国民精神作興に就いて」（『図書館雑誌』第三二年第一二号）放送講演速記

「歳暮所感」（『藤樹研究』第六巻第一二号）『国家・教学・教育』所収

**『孝経啓蒙略解』目黒書店**

「鍛錬的教育」（『学校教育』第三一五号）『国家・教学・教育』所収

「君臣ありて父子あり」（『精神科学』昭和一四年第一巻）『国家・教学・教育』所収

「年頭所感」（『藤樹研究』第七巻第一号）

「序文」『我国の修身教育』堀之内恒夫氏著、同年三月発行

「我が国体に就いて」（『国防研究』第一〇六号）講演速記、播州国防研究会本部発行

**『真正なる国家』（国民精神文化研究第四冊）国民精神文化研究所発行**

「興亜の道」（『学校教育』第三一九号）『国家・教学・教育』所収

「欧州に於ける「モナスチズム」及び「ミスチシズム」」講義筆記

「正名」（『弘道』第五六三号）『国家・教学・教育』所収

「序文」『言語美と国語の教育』山田正紀氏著、同年七月発行

**『大学解通釈』目黒書店**

| | | | | |
|---|---|---|---|---|
| 一九四〇 | 昭和一五 | 67 | 依願免本官並兼官、広島文理科大学名誉教授 | 「玄米食の経験」（『興健』第三巻第六号）<br>「何の処に手を下すべき」（『藤樹研究』第七巻第七号）<br>「臣民と公民」（『文部時報』第六〇五号）『国家・教学・教育』所収<br>「藤樹の明徳説」講演速記、『藤樹学講話』所収「明徳論」<br>**『国家・教学・教育』目黒書店**<br>「国民学校案の根本精神」（『学校教育』第三二四号）<br>「夏の旅」（『藤樹研究』第七巻第九号）<br>**『教学の説』（教学新書一）講演筆記、目黒書店**<br>「新国家思想」（『教育パンフレット』第三五四輯）<br>「序文」『新日本の教育』石原惣六氏著、昭和一五年一一月発行<br>「中を執り正に嚮ふ」（『精神科学』昭和一四年、第二巻）『尚志』第二二五号再掲<br>「歳暮所感」（『藤樹研究』第七巻第一二号）<br>「序文」『米と日本民族』金治勇氏著、昭和一五年一一月発行<br>「序文」『勅語奉載謹話』今井秀一氏述<br>「年頭所感」（『藤樹研究』第八巻第一号）<br>**『東洋道徳研究』岩波書店**<br>「国民道徳論と国体論」（『学校教育』第三二八号）<br>「科学と精神」（『丁酉倫理』第四四七号）<br>「教学の根本」（『渾沌』昭和一四年一・三・五・六月号）講演筆記<br>「教学と教育」（『興亜教育の本義と実践』第一輯）国民教育聯盟編<br>**『教育勅語衍義』講演速記、『教育勅語謹解』訂補、賢文館発行、昭和一九年九月、朝倉書店改版発行**<br>「我が短所を知ってこれを改めるのが急務」（『学校教育』第三三二号）<br>「道は一なり」（『精神科学』特輯号（皇化の哲理）<br>「学問の新体制」（毎日新聞広島版）談話筆記<br>「教学の根本に就て」（『尚志』第二二二号）講演速記、同年一〇月発行 |

**『勤労の尊尚』（勤労叢書一） 講演筆記、目黒書店**
「論語は如何なる意味で学問であるか」（『丁酉倫理』第四五七輯）
「日本の教学」（『学校教育』第三四二号） 講演速記、昭和一六年一月発行
「序文」『国體の本義詳説』 磯野清氏著

一九四一　昭和一六　68　神祇院参与

**『藤樹学講話』 目黒書店　講演速記及び『藤樹研究』寄稿論文**
「教即ち人生」（『学校教育』第三四四号）
「皇位」『皇国学大綱』 鹿子木員信氏編輯
「浅見先生について」（『近江教育』号数不明） 講演筆記
「教学の根本」講演筆記（三篇）、同年一〇月、西先生愛媛の会発行（非売品）
「国民道徳大意」（『教学叢書』特輯一七） 教学局発行
「序文」『教学論叢』 講学会編、同年一〇月発行
**『文教論』 昭和一五年八―一〇月講義原稿、建国大学研究院刊**
「聖賢の教と祖師の教」（『国民精神文化』第七巻第七号）『人間即家国の説』所収
「忠孝の説―日本道徳の本質」（『文芸春秋』第一九巻第九号）
「藤樹先生書簡の解釈」（『藤樹研究』第一〇巻第七号以下）
「人間即ち臣子」（『教学論叢』） 講学会編、目黒書店発行、後に『人間即家国の説』と書き改められる。
「哲学特別学会成績につき卑見」（『日本諸学振興委員会研究報告』特輯第二篇） 教学局編
「序文」『実記頼山陽』 小田進氏著、昭和一七年三月発行
「序文」『教学新論』 長義正氏著、昭和一七年二月発行
**『礼の意義と構造』（国民文化研究所） 畝傍書房 （共著）**

一九四二　昭和一七　69

**『我が国の家』（『家庭教育指導叢書』第五輯） 文部省社会教育局発行**
「国体」（『精神科学』特輯号（国體思想論））『人間即家国の説』所収「祝詞と国體」

| 西暦 | 和暦 | 年齢 | 事項 | 著作 |
|---|---|---|---|---|
| 一九四三 | 昭和一八 | 70 | 御進講始の儀に漢書進講「政を為すの道」 | 「職域奉公の覚悟を鞏固ならしむる教育としての智育」（『文部時報』第七六〇号）<br>「建国精神と王道」（『研究期報』第七六〇号）<br>「祭政一致の旨について」『皇国学論叢』講学会編、目黒書店発行、『人間即家国の説』所収（改稿）<br>「大倉精神文化研究所」『国史論纂』大倉邦彦先生献呈論文集、同年二月執筆<br>**『国民道徳講話』藤井書店**<br>「政を為すの道」（『渾沌』第二一巻第九号）漢書進講の写しによる。<br>「錬成の意味」（『学信』第一号）非売品<br>「中江藤樹先生」遺稿<br>「国家と文化」（『日本思想戦叢書』第三輯）講演速記、大日本言論報国会編<br>『古事記講話』講話筆記、期道会謄写印刷発行（非売品）<br>**『中庸解通釈』（黎明選書）敞文館発行**<br>「宗教諸団体の報国行動」（『丁酉倫理』第四九二輯）『人間即家国の説』所収<br>「神代史」遺稿、『人間即家国の説』所収<br>「天子親政と臣民現成」遺稿、『人間即家国の説』所収<br>「教学と文化、国体と国史」遺稿（「皇位」補訂）『人間即家国の説』所収 |
| 一九四四 | 昭和一九 | | 一一月一三日逝去（広島市鉄砲町） | 「内外の弁」遺稿絶筆<br>**『人間即家国の説』明世堂書店**<br>**『慈雲尊者の神道』講演速記、樹下快淳氏編、大日本雄弁会講談社発行**<br>**『教育勅語行義』（改訂版）朝倉書店** |
| 一九四八 | 昭和二三 | | | **『チマイオスとパルメニデース』カホリ書房改版発行**<br>**『哲学入門』（『哲学概論』改版）、国立書院発行** |

※参照　主要著作についてはゴチック体で示した。
縄田二郎編『西博士著述論文目録』（九五四年三月、倉西潔・村上義幸の調査・業績を受け継ぐ）
西晋一郎先生十周忌記念事業会編『清風録』（柳盛社印刷所（印刷）、一九五四年）
隈元忠敬『西晋一郎の哲学』（渓水社、一九九五年）
縄田二郎『西晋一郎先生の生涯と哲学』（理想社、一九五三年）
縄田二郎『西晋一郎の生涯と思想』（五曜書房、二〇〇三年）
寺田一清編『人倫の道　西晋一郎語録』（致知出版、二〇〇四年）

# あとがき

筆者が西晋一郎の思想に取り組むようになったのは、平成一八年春、研究室にかかってきた一本の電話がきっかけである。それは、当時、教育哲学会理事であった森田尚人氏からのもので、依頼の内容は、「わが国の戦前・戦中と戦後をつなぐ教育哲学研究のアイデンティティを学会として考究したい。衛藤さんは広島大学にいるので、戦前・戦中の国体論を主導した広島高等師範教授西晋一郎の思想を浮き彫りにしてくれないか」というものだった。戦後に生まれたわたしたちの世代は、戦前・戦中の闘争的排他的な全体主義やその歴史に対して冷静かつ客観的に相対視するクリティカルな思考を身につけている。そのようなフィルターを通して、第二次大戦のただなかに生き、西洋近代哲学や宋学にも通じた西晋一郎とその倫理思想は何を語りかけてくれるのか。一年間の集中した研究の後、翌平成一九年一〇月の教育哲学会第五〇回大会の課題研究「戦後教育哲学の出発」（当時の小笠原道雄代表理事・森田尚人理事による企画）において、西思想の全体像を素描すべく「西晋一郎の思想―特殊即普遍のパラダイム」を発表した（『教育哲学研究』第九九号に掲載）。

その後、西理論が採る、「虚（一切のエゴやとらわれを捨て去った境位）」を根本原理とする具体的普遍の図式に注目し、文部科学省科学研究費補助金研究「「和解」概念の再構築―平和への応用倫理学的アプローチ」（基盤B：代表越智貢、研究分担者衛藤吉則）を通して「和解・平和」理論としての可能性を考究していった。その理論は、普遍の側からわたしたちの頭越しに下される価値の強要や、一切の普遍化を排除する不可知論的な相対主義や、衆愚化するポピュリズム、さらには功利主義や唯物論の見方とは対極に位置づくものであった。それは、不完全な個々の特殊が各自の意識を介して内在する普遍（虚）に呼応し変容する程度に応じて、自分らしい具体的な普遍を実現するという〈存在論的な主体変容〉の見方を支持する理論であった。そこには、危惧される、異質な者に対する「同質化の強要」「排他性」「闘争性」あるいは「ファッショ的全体主義」の要素を見いだすことはできない。それどころか逆に、このような〈虚〉を原理とするパラダイムを通じて初めて、各々の意義を容認する〈多様性〉と〈共生〉がともに保持され、かつ全体としての〈持続的な発展〉が真に実現しうると考えることも可能である。この科学研究費に基づく筆者の研究成果は、論文「西晋一郎における特殊即普遍のパラダイム―「和解」概念構築の手がかりとして」として本科研の研究母体である広島大学応用倫理学研究プロジェクトセンターの研究誌『ぷらくしす PRAXIS』（第一三号・一四号）に、また英語論文"Shinichiro Nishi's Thought: The Paradigm of the Particular as Universal"として広島大学の外国語論文雑誌"*Hiroshima Interdisciplinary Studies in the Humanities*"（Vol. 14, 2016, pp.1-7）に掲載された。そして、以上の諸論文に資料編を加えまとめたものが本書となる。

本書以前の西思想に関する研究については、かれが戦前の国体論を主導したという時代的・思想的な背景ゆえか、その数は少ない。ただ、そのなかでも、西の教え子である村上義幸氏（元鳥取大学教授）、縄田二郎氏（広島女子大学名誉教授）、隈元忠敬氏（広島大学名誉教授）の論文・著作は、西の〈生と思想〉に真摯に向き合った学術的な言及といえる。とりわけ、著書として刊行された縄田氏の『西晋一郎先生の生涯と哲学』（理想社、昭和二八年）は西の生涯と思索の詳細な経緯を知る貴重な著作であり、隈元氏による『西晋一郎の哲学』（渓水社、平成七年）は西の哲学を体系的にまとめた戦後初の本格的な理論著作といえる。筆者もまた、かれら同様の精神でもって西倫理学を内側から追思考することに努めた。その作業を通して、筆者は、〈虚〉という純化した精神の次元に立つ西の倫理思想の内に、あらゆる対立を超えたホリスティックな物の見方と実践への指針を見ることができた。しかも、そうした姿勢は広島大学倫理学研究室の精神風土として今日まで確実に受け継がれているように感じとれる。わたしたちは、この〈広島倫理学の原点〉としての西倫理学を「和解・平和」理論として、広島の地からその意義を発信し問うことができたらと思う。

冒頭で紹介した森田氏は、筆者の学会発表の後に、東京大学での自身の学生時代を回顧し、次のようなコメントを寄せてくれた。「当時は、支配的だった決定論的なマルクス主義に対してどう反論するかということがぼくたちの最大の課題でした。丸山真男が多くの若者をひきつけたのは社会問題、国際問題を特殊―普遍の独自の枠組で分析してみせたことにあったように思います。それは主体を通して全体社会へ通じる道筋を指し示すものでした。それがヘーゲルの「具体的普遍」から来ているのだと言われていました。衛藤さんの報告をうかがいながら、丸山たちはそういう西たちの思考に鍛えられていたんだと考えました。その思考の枠組は戦後になって意図的に封印されましたから、ぼくたちはその源泉を知らされぬまま、応用問題を華麗に解いてみせる丸山たちに魅了されたのではないかと思いました。」

本書の試みを通じて、森田氏が課題として与えてくれた、わが国の戦前・戦中・戦後の教育哲学研究のアイデンティティの内実と、〈特殊即普遍のパラダイム〉を基盤とする西の「具体的普遍」論の思想構造と意義の一端を描き出すことができたとすれば幸いである。

最後に、本研究を進めるにあたり、ご協力・ご支援いただいた方々に謝意を述べ稿を閉じることとしたい。

まず、本研究のきっかけを与えてくださった教育哲学会元代表理事の森田尚人氏（元中央大学教授）・小笠原道雄氏（広島文化学園教授、広島大学名誉教授）、「和解・平和」の科研研究として費用と討議の場を提供くださった越智貢代表（広島大学名誉教授）をはじめとする科研メンバーの方々、資料面で協力をいただいた、故縄田二郎氏（県立広島女子大学名誉教授）のご息女である吉田尚子氏・伊藤和子氏・伊藤道子氏、ならびに吉田公平氏（東洋大学名誉教授）、行安茂氏（岡山大学名誉教授）、宮本道代氏（神智学田中文庫）、久保田啓一氏（広島大学大学院文学研究科長）、妹尾好信氏（広島大学教授）、松田正典氏（広島大学仏教青年会前理事長、広島大学名誉教授）、友成有紀氏（東京大学仏教青年会主事）、広島大学文書館の石田雅春氏（広島大学准教授）・高杉洋平氏（広島大学助教）、山口県立図書館、また西文庫資料の整理をサポートしてくれた広島大学大学院文学研究科博士後期課程の中本慶彦氏や広島大学平和科学研究センター教育研究補助職員で妻の衛藤優子に深く感謝する次第である。最後に、本書の出版に際して厳正で有益な査読を経て許可をくださった広島大学図書館の寺本康俊図書館長（広島大学教授・副学長）・高橋努元図書館部長・上田大輔主査・山下真佑美主任はじめ職員の皆様に心より感謝申し上げたい。

前広島大学仏教青年会理事長
広島大学名誉教授　松田正典氏

東京大学仏教青年会主事
友成有紀氏

西晋一郎の教え子で西研究の先駆者
広島女子大学名誉教授
縄田二郎氏
（『廣島高等師範学校第貳拾八回卒業記念アルバム』昭和八年三月から）

貴重な西晋一郎関係資料を提供して下さった縄田二郎氏のご息女
写真右から順に：伊藤道子氏（三女）、吉田尚子氏（長女）、伊藤和子氏（二女）

創造の密意……21, 47
即非の論理……31, 58

【た】
体系……36
対象意識……57
多元的正義論……84
多元論……35
多様性……9, 12, 85
知行合一……59, 63
「忠」……23, 77, 78, 85
中空構造……34
超越……25, 26, 27
テロリズム……9, 11, 84, 85
天皇……81, 82
天皇制……15
同質化……9, 81, 84, 85
道徳法則……60, 61, 63
特殊即普遍のパラダイム……10, 13, 14, 16, 24, 25, 26, 69, 71, 80, 81, 82, 84, 85

【な】
内観……9, 43, 67, 80, 81
内在……25, 26, 34, 71
ナショナリズム……13, 14, 16, 24, 69, 70, 80, 81
任意の意志……60
認識主観の欺瞞性……22, 24
「望ましいもの(desirable)」……20
「望まれるもの(desired)」……20

【は】
排他的闘争的ナショナリズム……70
汎神論……26
反省の反省……44
万有在神論……26
非連続的連続……45
不完全さの自知……83
不動の動者……34, 36
負の連鎖……9, 11, 85
普遍論争……26, 27, 37
平和・和解……9, 12, 14, 16, 80, 83, 84
ホリズム……68

【ま】
「誠」……77, 78, 85
窓口理論……12, 16, 84
民族……10, 13, 29, 72, 73, 84
無機界……55
無限定性……34, 36, 44, 46, 50, 52, 62, 66, 67, 71, 75, 80, 81
無限の反省……43, 51, 52
モラル……12, 37, 57, 61, 71

【や】
唯物論……16
有機界……55
有神論……26

【ら】
リアリティ……32, 50, 57, 68
理性……21, 47, 81
流動……28, 34, 47
「礼」……78

【わ】
和解……9, 10, 85

## 事項索引

【あ】
「愛」……77, 78, 85
頭越しの正義……10, 84
意識せしむるもの……42, 43, 53
異質な者の排除……85
一元論……13, 20, 35, 36
一即多……34, 35
「趣」……25, 38, 71

【か】
間隙……52, 76
観念論……19
客観的で包括的な共有理論……10
「虚」……32, 33, 34, 35, 43, 44, 50, 52, 77, 79, 80, 85
教育哲学のアイデンティティ……15
具体的普遍（具体的な普遍）……9, 29, 62, 74, 85
君主……77, 82, 83
「敬」……48, 49, 51, 77, 78, 85
形式論理……57
形相……36, 37, 76
「孝」……23, 77, 78, 85
功利主義……16
功利的なグローバリズム……11
互譲……78
御進講……82
悟性……30
国家主義的イデオロギー……15, 16, 85
根本悪……60, 62
根本智……43

【さ】
自意識……40, 44, 45, 50, 52
自己意識……21, 40, 41, 43, 47, 55, 57, 67, 71, 75, 81, 85
自己尺度の否定……57
自己創造……10, 12
自然界……30, 55, 56, 65
自然の理性化……51
持続的な発展……9
自由意志……46, 52, 59, 60, 61, 62, 63, 68
自由界……45, 55, 56
修身……18
主客合一……30, 41, 44, 45, 50, 56, 85
主体変容……10, 12, 13, 24, 27, 28, 40, 47, 52, 53, 54, 71, 85
瞬間……30, 54
純粋意識……30, 32, 33, 43, 44, 45, 50, 53
純動……34, 56
純流動……34
「譲」……77, 78, 81, 85
状況相対主義……12, 13, 84
所有衝動……69, 70, 71, 81
心界……55
人格……16, 17, 75, 82
新カント派……19
真実在……24, 27, 57, 66
神智学……26
人智学……22
神秘主義……22
新プラトン主義……22
正義……10, 11, 12, 73, 84, 85
精神界……45, 56, 65
精神の絶対的選択……81, 82, 83
聖戦……11
生命……23, 26, 34, 37, 40, 47, 55, 66
絶対精神……28, 50, 83
絶対的自由……40
絶対的創造……36, 59, 71, 81
善意志……50
全体化……69, 85
全体論……68
選択意志……60, 61, 62, 63, 64
創造……27, 34, 53, 56
創造衝動……69, 70

# 人名索引

【あ】
アリストテレス(Aristotle) …… 34

【か】
カント(Immanuel Kant)
…… 20, 30, 31, 50, 59, 60, 61, 62, 63, 65
隈元忠敬 …… 17
グリーン(Thomas Hill Green) …… 19, 20
ケーベル(Raphael von Koeber) …… 19
孔子 …… 81

【さ】
シュタイナー(Rudolf Steiner)
…… 13, 22, 85
シュタインタール(Hermann Steinthal)
…… 22
シュティルナー(Max Stirner) …… 13
白井成允 …… 17

【た】
デューイ(John Dewey) …… 13

【な】
中江藤樹 …… 23, 27
中島力造 …… 19
西田幾多郎 …… 16, 17

【は】
I・H・フィヒテ
(Immanuel Hermann Fichte) …… 22
J・G・フィヒテ
(Johann Gottlieb Fichte) …… 20, 22
プロティノス(Plotinus) …… 27
ヘーゲル(Georg Wilhelm Friedrich Hegel)
…… 27, 28, 55, 83
ベルクソン(Henri-Louis Bergson) …… 27
ヘルバルト(Johann Friedrich Herbart)
…… 22
ベンサム(Jeremy Bentham) …… 19

【ま】
マルチノー(Richard de Martino) …… 21
森信三 …… 17
ミル(John Stuart Mill) …… 19

【や】
ヤコブ・ベーメ(Jakob Böhme) …… 22

【ら】
ロールズ(John Rawls) …… 13
老子 …… 34
ロッツェ(Rudolf Hermann Lotze) …… 19

**著者略歴**

衛藤吉則（えとうよしのり）

1961年福岡県生まれ
広島大学大学院教育学研究科博士後期
課程単位取得退学 博士（教育学）
現在、広島大学大学院文学研究科教授

**主要著作・単著論文**

『シュタイナー教育思想の再構築−その学問としての妥当性を問う』（ナカニシヤ出版、2017年）、『松本清張にみるノンフィクションとフィクションのはざま−「哲学館事件」（『小説東京帝国大学』）を読み解く』（御茶の水書房、2015年）、『教育と倫理』（共著：ナカニシヤ出版、2008年）、『岩波応用倫理学講義　6教育』（共著：岩波書店、2005年）、"Shinichiro Nishi's Thought: The Paradigm of the Particular as Universal", In: *Hiroshima Interdisciplinary Studies in the Humanities*, 14, pp.17-26, 2016.「西晋一郎の思想−特殊即普遍のパラダイム」『教育哲学研究』（教育哲学会）99、147-152頁。

西晋一郎の思想 —広島から「平和・和解」を問う—

2018年1月31日　初版　発行

著　　者　衛藤吉則
発 行 所　広島大学出版会
〒739-8512　東広島市鏡山一丁目2番2号
広島大学図書館内
TEL 082-424-6226　FAX 082-424-6211
URL https://www.hiroshima-u.ac.jp/press
印刷・製本　サンヨーメディア印刷株式会社

ISBN978-4-903068-42-8